全国科学技术名词审定委员会

公 布

档 案 学 名 词

ARCHIVES TERMINOLOGY

2024

档案学名词审定委员会

科学出版社

北 京

内 容 简 介

本书收录的是全国科学技术名词审定委员会审定公布的档案学名词，内容包括：总论、文件管理、档案管理、档案文献编纂、档案保护、电子文件管理、历史文书、中国档案事业史、外国档案事业史9个分支学科，共1 682条。这些名词供科研、教学、生产、经营及新闻出版等部门遵照使用。

图书在版编目(CIP)数据

档案学名词/档案学名词审定委员会审定. —北京:科学出版社，2024.6
全国科学技术名词审定委员会公布
ISBN 978-7-03-078600-5

Ⅰ.①档… Ⅱ.①档… Ⅲ.①档案学-名词术语 Ⅳ.①G270-61

中国国家版本馆CIP数据核字(2024)第106204号

责任编辑:杜振雷 乔远波 刘英红/责任校对:贾娜娜
责任印制:师艳茹/封面设计:润一文化

科学出版社 出版
北京东黄城根北街16号
邮政编码:100717
http://www.sciencep.com
北京建宏印刷有限公司印刷
科学出版社发行 各地新华书店经销

*

2024年6月第 一 版 开本:787×1092 1/16
2024年6月第一次印刷 印张:13
字数:268 000
定价:148.00元
(如有印装质量问题,我社负责调换)

全国科学技术名词审定委员会
第七届委员会

档案学名词审定委员会

主　　任：冯惠玲
副 主 任：赵国俊　张　斌　乔　健
委　　员（以姓氏笔画为序）：

王　萍　卞昭玲　任　越　刘　永　刘越男　李财富　吴建华
何　振　沈　蕾　张芳霖　张照余　陈永生　陈忠海　陈艳红
金　波　周耀林　赵爱国　赵淑梅　侯希文　徐拥军　覃兆刿
傅荣校　薛匡勇

撰写及审阅专家（以姓氏笔画为序）：

丁华东　王　健　王良城　王英玮　曲春梅　刘越男　安小米
连志英　何　庄　沈　蕾　张　宁　张　斌　张全海　张美芳
张照余　周耀林　赵国俊　宫晓东　徐拥军　黄霄羽　梁继红
蒋卫荣

秘 书 长：梁继红
秘　　书：张全海

附：各分支（章）撰稿人和审稿人

科目	撰稿人	审稿人
总论	王英玮、宫晓东	徐拥军
文件管理	王健	赵国俊
档案管理	张斌、张宁	张照余
档案文献编纂	梁继红	丁华东
档案保护	张美芳	周耀林
电子文件管理	刘越男	王良城
历史文书	梁继红、何庄	沈蕾
中国档案事业史	梁继红、何庄、张全海	蒋卫荣
外国档案事业史	黄霄羽	曲春梅
英文		安小米、连志英

白春礼序

　　科技名词伴随科技发展而生,是概念的名称,承载着知识和信息。如果说语言是记录文明的符号,那么科技名词就是记录科技概念的符号,是科技知识得以传承的载体。我国古代科技成果的传承,即得益于此。《山海经》记录了山、川、陵、台及几十种矿物名;《尔雅》19篇中,有16篇解释名物词,可谓是我国最早的术语词典;《梦溪笔谈》第一次给"石油"命名并一直沿用至今;《农政全书》创造了大量农业、土壤及水利工程名词;《本草纲目》使用了数百种植物和矿物岩石名称。延传至今的古代科技术语,体现着圣哲们对科技概念定名的深入思考,在文化传承、科技交流的历史长河中做出了不可磨灭的贡献。

　　科技名词规范工作是一项基础性工作。我们知道,一个学科的概念体系是由若干个科技名词搭建起来的,所有学科概念体系整合起来,就构成了人类完整的科学知识架构。如果说概念体系构成了一个学科的"大厦",那么科技名词就是其中的"砖瓦"。科技名词审定和公布,就是为了生产出标准、优质的"砖瓦"。

　　科技名词规范工作是一项需要重视的基础性工作。科技名词的审定就是依照一定的程序、原则、方法对科技名词进行规范化、标准化,在厘清概念的基础上恰当定名。其中,对概念的把握和厘清至关重要,因为如果概念不清晰、名称不规范,那么势必会影响科学研究工作的顺利开展,甚至会影响对事物的认知和决策。举个例子,我们在讨论科技成果转化问题时,经常会有"科技与经济'两张皮'""科技对经济发展贡献太少"等说法,尽管在通常的语境中会把科学和技术连在一起表述,但严格说起来,这会导致在认知上没有厘清科学与技术之间的差异,而简单把技术研发和生产实际之间脱节的问题理解为科学研究与生产实际之间的脱节。一般认为,科学主要揭示自然的本质和内在规律,回答"是什么"和"为什么"的问题;技术以改造自然为目的,回答"做什么"和"怎么做"的问题。科学主要表现为知识形态,是创造知识的研究;技术则具有物化形态,是综合利用知识于需求的研究。科学、技术是不同类型的创新活动,有着不同的发展规律,体现不同的价值,需要形成对不同性质的研发活动进行分类支持、分类评价的科学管理体系。从这个角度来看,科技名词规范工作是一项必不可少的基础性工作。我非常同意老一辈专家叶笃正的观点,他认为:"科技名词规范化工作的作用比我们想象的还要大,是一项事关我国科技事业发展的基础设施建设工作!"

科技名词规范工作是一项需要长期坚持的基础性工作。我国科技名词规范工作已经有 110 年的历史。1909 年清政府成立编订名词馆,1932 年南京国民政府成立国立编译馆,都是为了学习、引进、吸收西方科学技术,对译名和学术名词进行规范统一。中华人民共和国成立后,"学术名词统一工作委员会"随即成立。1985 年,为了更好地促进我国科学技术的发展,推动我国从科技弱国向科技大国迈进,国家成立了"全国自然科学名词审定委员会",主要对自然科学领域的名词进行规范统一。1996 年,国家批准将"全国自然科学名词审定委员会"改为"全国科学技术名词审定委员会",是为了响应科教兴国战略,促进我国由科技大国向科技强国迈进,而将工作范围由自然科学技术领域扩展到工程技术、人文社会科学等领域。科学技术发展到今天,信息技术和互联网技术在不断突进,前沿科技在不断取得突破,新的科学领域在不断产生,新概念、新名词在不断涌现,科技名词规范工作仍然任重道远。

110 年的科技名词规范工作,在推动我国科技发展的同时,也在促进我国科学文化的传承。科技名词承载着科学和文化,一个学科的名词,能够勾勒出学科的面貌、历史、现状和发展趋势。我们不断地对学科名词进行审定、公布、入库,形成规模并提供使用,从这个角度来看,这项工作又有几分盛世修典的意味,可谓"功在当代,利在千秋"。

在党和国家的重视下,我们依靠数千位专家学者,已经审定公布了 65 个学科领域的近50 万条科技名词,基本建成了科技名词体系,推动了科技名词规范化事业协调可持续发展。同时,在全国科学技术名词审定委员会的组织和推动下,海峡两岸科技名词的交流对照统一工作也取得了显著成果。两岸专家已在 30 多个学科领域开展了名词交流对照活动,出版了 20 多种两岸科学名词对照本和多部工具书,为两岸和平发展做出了贡献。

作为全国科学技术名词审定委员会现任主任委员,我要感谢历届委员会所付出的努力。同时,我也深感责任重大。

十九大的胜利召开具有划时代意义,标志着我们进入了新时代。新时代,创新成为引领发展的第一动力。习近平总书记在十九大报告中,从战略高度强调了创新,指出创新是建设现代化经济体系的战略支撑,创新处于国家发展全局的核心位置。在深入实施创新驱动发展战略中,科技名词规范工作是其基本组成部分,因为科技的交流与传播、知识的协同与管理、信息的传输与共享,都需要一个基于科学的、规范统一的科技名词体系和科技名词服务平台作为支撑。

我们要把握好新时代的战略定位,适应新时代新形势的要求,加强与科技的协同发展。一方面,要继续发扬科学民主、严谨求实的精神,保证审定公布成果的权威性和规范性。科技名词审定是一项既具规范性又有研究性,既具协调性又有长期性的综合性工作。在长期的科技名词审定工作实践中,全国科学技术名词审定委员会积累了丰富的经验,形成了一套完整的组织和审定流程。这一流程,有利于确立公布名词的权威性,有利于保证公布名词的规范性。但是,我们仍然要创新审定机制,高质高效地完成科技名词审定公布任务。另一方面,在做好科技名词审定公布工作的同时,我们要瞄准世界科技前沿,服务于前瞻性基础研究。习近平总书记在党的十九大报告中特别提到天宫、蛟龙、天眼、悟空、墨子、大飞机等重大科技成果,这些都是随着我国科技发展诞生的新概念、新名词,是科技名词规范工作需要关注的热点。围绕新时代中国特色社会主义发展的重大课题,服务于前瞻性基础研究、新的科学领域、新的科学理论体系,应该是新时代科技名词规范工作所关注的重点。

未来,我们要大力提升服务能力,为科技创新提供坚强有力的基础保障。全国科学技术名词审定委员会第七届委员会成立以来,在创新科学传播模式、推动成果转化应用等方面做了很多努力。例如,及时为 113 号、115 号、117 号、118 号元素确定中文名称,联合中国科学院、国家语言文字工作委员会召开四个新元素中文名称发布会,与媒体合作开展推广普及,引起社会关注。利用大数据统计、机器学习、自然语言处理等技术,开发面向全球华语圈的术语知识服务平台和基于用户实际需求的应用软件,受到使用者的好评。今后,全国科学技术名词审定委员会还要进一步加强战略前瞻,积极应对信息技术与经济社会交汇融合的趋势,探索知识服务、成果转化的新模式、新手段,从支撑创新发展战略的高度,提升服务能力,切实发挥科技名词规范工作的价值和作用。

使命呼唤担当,使命引领未来,新时代赋予我们新使命。全国科学技术名词审定委员会只有准确把握科技名词规范工作的战略定位,创新思路,扎实推进,才能在新时代有所作为。

是为序。

2018 年春

路甬祥序

我国是一个人口众多、历史悠久的文明古国，自古以来就十分重视语言文字的统一，主张"书同文、车同轨"，把语言文字的统一作为民族团结、国家统一和强盛的重要基础和象征。我国古代科学技术十分发达，以四大发明为代表的古代文明，曾使我国居于世界之巅，成为世界科技发展史上的光辉篇章。伴随科学技术产生、传播的科技名词，从古代起就已成为中华文化的重要组成部分，在促进国家科技进步、社会发展和维护国家统一方面发挥着重要作用。

我国的科技名词规范统一活动有着十分悠久的历史。古代科学著作记载的大量科技名词术语，标志着我国古代科技之发达及科技名词之活跃与丰富。然而，建立正式的名词审定组织机构则是在清朝末年。1909 年，我国成立了编订名词馆，专门从事科学名词的审定、规范工作。中华人民共和国成立后，由于国家的高度重视，这项工作得以更加系统地、大规模地开展。1950 年政务院设立的学术名词统一工作委员会，以及 1985 年国务院批准成立的全国自然科学名词审定委员会（现更名为全国科学技术名词审定委员会，简称全国科技名词委），都是政府授权代表国家审定和公布规范科技名词的权威性机构和专业队伍。他们肩负着国家和民族赋予的光荣使命，秉承着振兴中华的神圣职责，为科技名词规范统一事业默默耕耘，为我国科学技术的发展做出了基础性的贡献。

规范和统一科技名词，不仅在消除社会上的名词混乱现象、保障民族语言的纯洁与健康发展等方面极为重要，而且在保障和促进科技进步、支撑学科发展方面也具有重要意义。一个学科的名词术语的准确定名及推广，对这个学科的建立与发展极为重要。任何一门学科（或科学），都必须有自己的一套系统完善的名词来支撑，否则这门学科就立不起来，就不能成为独立的学科。郭沫若先生曾将科技名词的规范与统一称为"乃是一个独立自主国家在学术工作上所必须具备的条件，也是实现学术中国化的最起码的条件"，精辟地指出了这项基础性、支撑性工作的本质。

在长期的社会实践中，人们认识到科技名词的规范和统一工作对一个国家的科技发展和文化传承非常重要，是实现科技现代化的一项支撑性的系统工程。没有这样一个系统的规范化的支撑条件,不仅现代科技的协调发展将遇到极大困难,而且在科技日益渗透到人们生活各方面、各环节的今天,还将给教育、传播、交流、经贸等多方面带来困难和损害。

全国科技名词委自成立以来,已走过近20年的历程,前两任主任钱三强院士和卢嘉锡院士为我国的科技名词统一事业倾注了大量的心血和精力,在他们的正确领导和广大专家的共同努力下,取得了卓著的成就。2002年,我接任此工作,时逢国家科技、经济飞速发展之际,因而倍感责任的重大;及至今日,全国科技名词委已组建了60个学科名词审定分委员会,公布了50多个学科的63种科技名词,在自然科学、工程技术与社会科学方面均取得了协调发展,科技名词蔚然成体系。而且,海峡两岸科技名词对照统一工作也取得了可喜的成绩。对此,我实感欣慰。这些成就无不凝聚着专家学者们的心血与汗水,无不闪烁着专家学者们的集体智慧。历史将会永远铭刻广大专家学者孜孜以求、精益求精的艰辛劳作和为祖国科技发展做出的奠基性贡献。宋健院士曾在1990年全国科技名词委的大会上说过:"历史将表明,这个委员会的工作将对中华民族的进步起到奠基性的推动作用。"这个预见性的评价是毫不为过的。

科技名词的规范和统一工作不仅是科技发展的基础,也是现代社会信息交流、教育和科学普及的基础,因此,它是一项具有广泛社会意义的建设工作。当今,我国的科学技术已取得突飞猛进的发展,许多学科领域已接近或达到国际前沿水平。与此同时,自然科学、工程技术与社会科学之间交叉融合的趋势越来越显著,科学技术迅速普及至社会各个层面,科学技术同社会进步、经济发展已紧密地融为一体,并带动着各项事业的发展。所以,不仅科学技术发展本身产生的许多新概念、新名词需要规范和统一,而且由于科学技术的社会化,社会各领域也需要科技名词有一个更好的规范。另外,随着香港、澳门的回归,海峡两岸科技、文化、经贸交流不断扩大,祖国实现完全统一更加迫近,两岸科技名词对照统一任务也十分迫切。因而,我们的名词工作不仅对科技发展具有重要的价值和意义,而且在经济发展、社会进步、政治稳定、民族团结、国家统一和繁荣等方面都具有不可替代的特殊价值和意义。

最近,中央提出树立和落实科学发展观,这对科技名词工作提出了更高的要求。我们要按照科学发展观的要求,求真务实,开拓创新。科学发展观的本质与核心是以人为本,我们要建设一支优秀的名词工作队伍,既要保持和发扬老一辈科技名词工作者的优良传统,坚持真理、实事求是、甘于寂寞、淡泊名利,又要根据新形势的要求,面向未来、协调发展、与时俱进、锐意创新。此外,我们要充分利用网络等现代科技手段,使规范科技名词得到更好的传播和应用,为迅速提高全民文化素质做出更大贡献。科学发展观的基本要求是坚持以人为本,全面、协调、可持续发展,因此,科技名词工作既要紧密围绕当前国民经济建设形势,着重开展好科技领域的学科名词审定工作,同时又要在强调经济社会及人与自然协调发展的思想指导下,开展好社会科学、文化教育和资源、生态、环境领域的科学名词审定工作,促进各个学科领域的相互融合和共同繁荣。科学发展观非常注重可持续发展的理念,因此,我们在不断丰富和发展已建立的科技名词体系的同时,还要进一步研究具有中国特色的术语学理论,以创建中国的术语学派。研究和建立中国特色的术语学理论,也是一种知识创新,是实现科技名词工作可持续发展的必由之路,我们应当为此付出更大的努力。

当前国际社会已处于以知识经济为走向的全球经济时代,科学技术发展的步伐将会越来越快。我国已加入世界贸易组织,我国的经济也正在迅速融入世界经济主流,因而国内外科技、文化、经贸的交流将越来越广泛和深入。可以预言,21世纪中国的经济和中国的语言文字都将对国际社会产生空前的影响。因此,在今后10年到20年之间,科技名词工作将变得更具现实意义,也更加迫切。"路漫漫其修远兮,吾将上下而求索",我们应当在今后的工作中,进一步解放思想,务实创新,不断前进。不仅要及时地总结这些年来取得的工作经验,更要从本质上认识这项工作的内在规律,不断地开创科技名词工作新局面,做出我们这代人应当做出的历史性贡献。

2004 年深秋

卢 嘉 锡 序

科技名词伴随科学技术而生,犹如人之诞生其名也随之产生一样。科技名词反映着科学研究的成果,带有时代的信息,铭刻着文化观念,是人类科学知识在语言中的结晶。作为科技交流和知识传播的载体,科技名词在科技发展和社会进步中起着重要作用。

在长期的社会实践中,人们认识到科技名词的统一和规范化是一个国家和民族发展科学技术的重要的基础性工作,是实现科技现代化的一项支撑性的系统工程。没有这样一个系统的规范化的支撑条件,科学技术的协调发展将遇到极大的困难。试想,假如在天文学领域没有关于各类天体的统一命名,那么,人们在浩瀚的宇宙中,看到的只能是无序的混乱,很难找到科学的规律。如是,天文学就很难发展。其他学科也是这样。

古往今来,名词工作一直受到人们的重视。严济慈先生60多年前说过,"凡百工作,首重定名;每举其名,即知其事"。这句话反映了我国学术界长期以来对名词统一工作的认识和做法。古代的孔子曾说"名不正则言不顺",指出了名实相副的必要性。荀子也曾说"名有固善,径易而不拂,谓之善名",意为名有完善之名,平易好懂而不被人误解之名,可以说是好名。他的"正名篇"即是专门论述名词术语命名问题的。近代的严复则有"一名之立,旬月踟蹰"之说。可见在这些有学问的人眼里,"定名"不是一件随便的事情。任何一门科学都包含很多事实、思想和专业名词,科学思想是由科学事实和专业名词构成的。如果表达科学思想的专业名词不正确,那么科学事实也就难以令人相信了。

科技名词的统一和规范化标志着一个国家科技发展的水平。我国历来重视名词的统一与规范工作。从清朝末年的编订名词馆,到1932年成立的国立编译馆,以及中华人民共和国成立之初的学术名词统一工作委员会,直至1985年成立的全国自然科学名词审定委员会(现已改名为全国科学技术名词审定委员会,简称全国科技名词委),其使命和职责都是相同的,都是审定和公布规范名词的权威性机构。现在,参与全国科技名词委领导工作的单位有中国科学院、科学技术部、教育部、中国科学技术协会、国家自然科学基金委员会、新闻出版署、国家质量技术监督局、国家广播电影电视总局、国家知识产权局和国家语言文字工作委员会,这些部委各自选派了有关领导干部担任全国科技名词委的领导,有力地推动了科技名词的统一和推广应用工作。

全国科技名词委成立以后,我国的科技名词统一工作进入了一个新的阶段。在第一任主任委员钱三强同志的组织带领下,经过广大专家的艰苦努力,名词规范和统一工作取得了显著的成绩。1992年钱三强同志不幸谢世。我接任后,继续推动和开展这项工作。在国家和有关部门的支持及广大专家学者的努力下,全国科技名词委15年来按学科共组建了50多个学科的名词审定分委员会,有1 800多位专家、学者参加名词审定工作,还有更多的专家、学者参加书面审查和座谈讨论等,形成的科技名词工作队伍规模之大、水平层次之高前所未有。15年间共审定公布了包括理、工、农、医及交叉学科等各学科领域的名词共计50多种。而且,对名词加注定义的工作经试点后业已逐渐展开。另外,遵照术语学理论,根据汉语汉字特点,结合科技名词审定工作实践,全国科技名词委制定并逐步完善了一套名词审定工作的原则与方法。可以说,在20世纪的最后15年中,我国基本上建立起了比较完整的科技名词体系,为我国科技名词的规范和统一奠定了良好的基础,对我国科研、教学和学术交流起到了很好的作用。

在科技名词审定工作中,全国科技名词委密切结合科技发展和国民经济建设的需要,及时调整工作方针和任务,拓展新的学科领域开展名词审定工作,以更好地为社会服务、为国民经济建设服务。近年来,又对科技新词的定名和海峡两岸科技名词对照统一工作给予了特别的重视。科技新词的审定和发布试用工作已取得了初步成效,显示了名词统一工作的活力,跟上了科技发展的步伐,起到了引导社会的作用。两岸科技名词对照统一工作是一项有利于祖国统一大业的基础性工作。全国科技名词委作为我国专门从事科技名词统一的机构,始终把此项工作视为自己责无旁贷的历史性任务。通过这些年的积极努力,我们已经取得了可喜的成绩。做好这项工作,必将对弘扬民族文化,促进两岸科教、文化、经贸的交流与发展做出历史性的贡献。

科技名词浩如烟海,门类繁多,规范和统一科技名词是一项相当繁重且复杂的长期工作。在科技名词审定工作中既要注意同国际上的名词命名原则与方法相衔接,又要依据和发挥博大精深的汉语文化,按照科技的概念和内涵,创造和规范出符合科技规律和汉语文字结构特点的科技名词。因而,这又是一项艰苦细致的工作。广大专家学者字斟句酌,精益求精,以高度的社会责任感和敬业精神投身于这项事业。可以说,全国科技名词委公布的名词是广大专家学者心血的结晶。这里，我代表全国科技名词委，向所有参与这项工作的专家学者致以崇高的敬意和衷心的感谢！

审定和统一科技名词是为了推广应用。要使全国科技名词委众多专家多年的劳动成果——规范名词，成为社会各界及每位公民自觉遵守的规范，需要全社会的理解和支持。国务院和4个有关部委[国家科学技术委员会(今科学技术部)、中国科学院、国家教育委员会(今教育部)和新闻出版署]已分别于1987年和1990年行文全国，要求全国各科研、教学、生产、经营及新闻出版等单位遵照使用全国科技名词委审定公布的名词。希望社会各界自觉认真地执行，共同做好这项对科技发展、社会进步和国家统一极为重要的基础工作，为振兴中华而努力。

值此全国科技名词委成立15周年、科技名词书改装之际，写了以上这些话。是为序。

卢嘉锡

2000年夏

钱 三 强 序

科技名词术语是科学概念的语言符号。人类在推动科学技术向前发展的历史长河中,同时产生和发展了各种科技名词术语,作为思想和认识交流的工具,进而推动科学技术的发展。

我国是一个历史悠久的文明古国,在科技史上谱写过光辉篇章。中国科技名词术语,以汉语为主导,经过了几千年的演化和发展,在语言形式和结构上体现了我国语言文字的特点和规律,简明扼要,寓意深切。我国古代的科学著作,如已被译为英、德、法、俄、日等文字的《本草纲目》《天工开物》等,包含大量科技名词术语。从元、明以后,国人开始翻译西方科技著作,创译了大批科技名词术语,为传播科学知识,发展我国的科学技术起到了积极作用。

统一科技名词术语是一个国家发展科学技术所必须具备的基础条件之一。世界经济发达国家都十分关心和重视科技名词术语的统一。我国早在 1909 年就成立了编订名词馆,后又于 1919 年中国科学社成立了科学名词审定委员会,1928 年大学院成立了译名统一委员会。1932 年成立了国立编译馆,在当时教育部的主持下先后拟订和审查了各学科的名词草案。

中华人民共和国成立后,国家决定在政务院文化教育委员会下,设立学术名词统一工作委员会,郭沫若任主任委员。委员会分设自然科学、社会科学、医药卫生、艺术科学和时事名词五大组,聘任了各专业著名科学家、专家,审定和出版了一批科学名词,为中华人民共和国成立后科学技术的交流和发展起到了重要作用。后来,由于历史的原因,这一重要工作陷于停顿。

当今,世界科学技术迅速发展,新学科、新概念、新理论、新方法不断涌现,相应地出现了大批新的科技名词术语。统一科技名词术语,对科学知识的传播,新学科的开拓,新理论的建立,国内外科技交流,学科和行业之间的沟通,科技成果的推广、应用和生产技术的发展,科技图书文献的编纂、出版和检索,科技情报的传递等方面,都是不可缺少的。特别是计算机技术的推广使用,对统一科技名词术语提出了更紧迫的要求。

为适应这种新形势的需要,经国务院批准,1985 年 4 月正式成立了全国自然科学名词审定委员会。委员会的任务是确定工作方针,拟定科技名词术语审定工作计划、实施方案和步骤,组织审定自然科学各学科名词术语,并予以公布。根据国务院授权,委员会审定公布的名词术语,科研、教学、生产、经营及新闻出版等各部门,均应遵照使用。

全国自然科学名词审定委员会由中国科学院、国家科学技术委员会、国家教育委员会、中国科学技术协会、国家技术监督局、国家新闻出版署、国家自然科学基金委员会分别委派了正、副主任担任领导工作。在中国科协各专业学会密切配合下,逐步建立各专业审定分委员会,并已建立起一支由各学科著名专家、学者组成的近千人的审定队伍,负责审定本学科的名词术语。我国的名词审定工作进入了一个新的阶段。

这次名词术语审定工作是对科学概念进行汉语订名,同时附以相应的英文名称,既有我国语言特色,又方便国内外科技交流。通过实践,初步探索了具有我国特色的科技名词术语审定的原则与方法,以及名词术语的学科分类、相关概念等问题,并开始探讨当代术语学的理论和方法,以期逐步建立起符合我国语言规律的自然科学名词术语体系。

统一我国的科技名词术语,是一项繁重的任务,因为它既是一项专业性很强的学术性工作,又涉及亿万人使用习惯的问题。审定工作中我们要认真处理好科学性、系统性和通俗性之间的关系,主科与副科间的关系,学科间交叉名词术语的协调一致,专家集中审定与广泛听取意见等问题。

汉语是世界五分之一人口使用的语言,也是联合国的工作语言之一。除我国外,世界上还有一些国家和地区使用汉语,或使用与汉语关系密切的语言。做好我国的科技名词术语统一工作,为今后对外科技交流创造了更好的条件,使我中华儿女,在世界科技进步中发挥更大的作用,做出重要的贡献。

统一我国科技名词术语需要较长的时间和过程,随着科学技术的不断发展,科技名词术语的审定工作,需要不断地发展、补充和完善。我们将本着实事求是的原则、严谨的科学态度做好审定工作,成熟一批公布一批,供各界使用。我们特别希望得到科技界、教育界、经济界、文化界、新闻出版界等各方面同志的关心、支持和帮助,共同为早日实现我国科技名词术语的统一和规范化而努力。

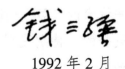

1992 年 2 月

前　言

2009 年 12 月，受全国科学技术名词审定委员会委托，中国人民大学信息资源管理学院承担组织档案学名词编写与审定工作，冯惠玲教授为总负责人。经过约半年的筹备，在组织机制上，档案学名词审定工作以档案学学科教学指导委员会为主体组建档案学名词审定委员会，组建《档案学名词》审定组，承担《档案学名词》词条框架和释义的审核工作；以中国人民大学信息资源管理学院档案学专业教师为主体，组建《档案学名词》编写组，具体承担《档案学名词》词条的选取和释义撰写等工作。档案学名词审定，是继 20 世纪 90 年代《档案学词典》编写之后在档案学名词术语方面又一项具有重大基础意义的学术工作。

自 2010 年 8 月档案学名词审定委员会成立，并召开第一次档案学名词审定工作大会以来，档案学名词审定工作分为以下五个阶段：第一阶段，从 2010 年 8 月至 2012 年 12 月，确定档案学名词的收词范围、选词来源、编排体例、条目构成和释义方式；第二阶段，从 2013 年 1 月至 2016 年 12 月，完成档案学名词词条的释义工作；第三阶段，从 2017 年 1 月至 2019 年 12 月，完成词条的统筹查重和词条的英文翻译审核工作；第四阶段，从 2020 年 1 月至 2021 年 12 月，完成专家审核工作；第五阶段，从 2022 年 1 月至 2023 年 4 月，完成针对专家意见的重点补正和词条终审工作。目前已完成的《档案学名词》包含 9 个分支学科框架、共计 1 682 个词条的释义。

与 20 世纪 90 年代的《档案学词典》相比，《档案学名词》在词条框架结构方面，具有突出的时代特征。首先，它根据全国科学技术名词审定委员会工作的要求，力求科学全面地构建档案学名词体系，推进档案学名词规范化，呈现出现阶段档案学基本概念及其逻辑框架。其次，《档案学名词》既是档案学研究的最新成果，又是新时代档案事业信息化、社会化和数字化转型的实践结果。最后，档案学名词审定工作根据新时代文化发展和学科建设要求，重视对中国档案传统话语及其概念体系的整理。《档案学名词》确立了总论、文件管理、档案管理、档案文献编纂、档案保护、电子文件管理、历史文书、中国档案事业史、外国档案事业史共 9 个分支学科的分类框架。在每个分支学科下，再细分二级类目，纲举目张，互有统摄，而在二级类目之下则采取暗分类的方式，在类目之间、词条之间力求建构起一个逻辑严密的档案学基础概念与名词体系。

在条目具体构成和词条释义方面，需要说明的具体做法如下：第一，《档案学名词》原则上不收组织机构名、制度法规名以及历史人物名等专有名词，但个别分支如中国档案事业史中收入了部分因泛化而具有一定义涵和学术特点的专有名词。第二，它沿用了档案学研究中基础性或已成为通识性的结论，以及国内外档案工作相关标准，在释义上首先选用"属概念加种差"的定义方法，但也有些词条使用了描述性定义方法。第三，由于档案学具有较大知识跨度，《档案学名词》借用了相关学科词汇，在对这些词汇释义时，特别强调档案学视野和背景，凸显档案学知识特征。第四，特别要指出的是，《档案学名词》对部分词条释义时，存在两种或两种以上义项并列的情况。这一方面是为了客观地保留学术界具有重要影响和学术价值的不同观点，另一方面是为了全面反映不同时代同词不同义的现象。中国历史悠久，语言文字变迁产生的同词不同义现象，在历史文书分支中尤为凸显。在释义中保留同词不同时代的不同义项，是一次有意义的系统知识整理。

在档案学名词审定工作中，档案界许多专家做出重要贡献，各分支负责专家精心撰稿并根据审阅意见多次修改，其中总论为王英玮、宫晓东负责，文件管理为王健负责，档案管理为张斌、张宁负责，档案文献编纂为梁继红负责，档案保护为张美芳负责，电子文件管理为刘越男负责，历史文书为梁继红、何庄负责，中国档案事业史为梁继红、何庄、张全海负责，外国档案事业史为黄霄羽负责。以上分支条目完成稿分别请相关领域专家徐拥军、赵国俊、张照余、丁华东、周耀林、王良城、沈蕾、蒋卫荣、曲春梅作集中专门审稿，安小米和连志英审订全书词条英文译名，冯惠玲统审。中央档案馆国家档案局有关专家、档案学学科教学指导委员会的全体委员以及其他专家或以参加会议，或以邮件方式，提出很多宝贵的修订意见。在此，向中央档案馆国家档案局原一级巡视员王良城、政策法规司原司长杜梅、档案科学技术研究所聂曼影研究馆员和中国第一历史档案馆原副馆长胡忠良，以及所有参与词条撰写、审阅、英文词条审核的专家学者表示特别谢意！此外，需要指出的是，按照全国科学技术名词审定委员会制定的《科学技术名词审定原则及方法》，个别分支学科的专有条目，如外国档案机构名称、外国档案法规名称、档案会议名称，暂时还不能纳入本名词体系中。在此，向有关专家的辛勤付出和给予的充分理解表示感谢。

《档案学名词》的公布、出版是现阶段的研究成果，我们特别期待收到来自各界的批评指正意见，纠正不足和纰缪，以待再版修正，不断推进档案学名词审定工作趋于科学严密与完善。

档案学名词审定委员会

2023 年 4 月

编 排 说 明

一、本书公布的是档案学名词,共 1 682 条,每条名词均给出了定义或注释。

二、本书名词分为 9 个部分:总论、文件管理、档案管理、档案文献编纂、档案保护、电子文件管理、历
史文书、中国档案事业史、外国档案事业史。

三、正文按汉文名所属学科的相关概念体系排列。汉文名后给出了与该词概念相对应的英文名。

四、每个汉文名都附有相应的定义或注释。定义一般只给出其基本内涵,注释则扼要说明其特点。
当一个汉文名有不同的概念时,则用(1)、(2)等表示。

五、一个汉文名对应几个英文同义词时,英文词之间用";"分开。

六、凡英文词的首字母大、小写均可时,一律小写;英文除必须用复数者外,一般用单数形式。

七、主要异名和释文中的条目用楷体表示。"全称""简称"是与正名等效使用的名词;"又称"为非
推荐名,只在一定范围内使用;"俗称"为非学术用语;"曾称"为被淘汰的旧名。

八、正文后所附的英汉索引按英文字母顺序排列;汉英索引按汉语拼音顺序排列。所示号码为该词
在正文中的序码。索引中带"＊"者为规范名的异名或在释文中出现的条目。

目　录

正文

01. 总　　论

01.01　档案学学科

01.01.001　档案学　archival science
以档案现象为研究对象,以揭示档案现象的本质和规律为目标的一门综合性学科。

01.01.002　文书学　studies of official records management
揭示文件的本质属性,探索文件形成与运转处理的规律,研究科学处理与管理文件的理论、原则与技术、方法的一门学科。

01.01.003　档案学史　history of archival science
研究档案学思想、理论形成和发展的历史过程及其规律和特点的档案学分支学科。

01.01.004　中国档案事业史　history of Chinese archival enterprise
研究中国档案现象产生、发展的历史过程及其客观规律与特点的档案学分支学科。

01.01.005　外国档案事业史　history of foreign archival enterprise
研究国外档案现象产生、发展的历史过程及其客观规律与特点的档案学分支学科。

01.01.006　档案管理学　studies of archives management
研究档案管理的一般理论、原则、方法的档案学分支学科。

01.01.007　科技档案管理学　studies of science and technology archives management
专门研究科学技术档案管理的一般理论、原

则、方法的档案学分支学科。

01.01.008　科技文件管理学　studies of science and technology records management
专门研究科技文件形成、积累和归档等的档案学分支学科。

01.01.009　档案文献编纂学　studies of archival documentation compilation
研究档案文献的编辑、加工及出版的理论、原则与方法的档案学分支学科。

01.01.010　档案保护技术学　studies of archival preservation and conservation technology
研究文件与档案制成材料的自然性状和保护技术的档案学分支学科。

01.01.011　档案法学　studies of archival laws
研究档案法规制订、实施的理论、原则与方法的档案学分支学科。

01.01.012　档案术语学　studies of archival terminology
研究档案学专门用语规范化、标准化的理论和原则的档案学分支学科。

01.01.013　比较档案学　comparative studies of archival science
采用比较研究方法,研究各国、各地区、各领域、各时期档案学理论与档案工作的规律和特点的档案学分支学科。

01.01.014　电子文件管理学　studies of elec-

tronic records management
研究电子文件及其管理的一般理论、原则、方法的档案学分支学科。

01.01.015　文件生命周期理论 records life cycle；life cycle of records
对文件从产生到最终销毁或永久保存的整个过程形成的体系化理性思考和认知，是文件和档案全过程管理的理论基础。该理论认为：文件从产生到最终销毁或永久保存，是一个完整的生命过程；这个过程依据文件的价值形态和作用方式可以划分为不同的阶段；每一阶段的文件由于其功用和价值的特点而与特定的保管场所和管理方式之间存在一种内在的联系。

01.01.016　文件连续体理论 records continuum theory
澳大利亚档案学者弗兰克·厄普沃德、苏·麦克米什等人于20世纪90年代提出并发展的文件管理理论。该理论的主要内容是通过文件连续体模型来展示的。该模型共有四个轴、十六个坐标及四个维度，揭示了文件运动在时空上的延伸性和连续性，提供了置于时空中的文件管理的多维视角。该理论是文件管理和社会记忆建构的重要理论基础。

01.01.017　文件档案一体化管理 integrated management of records and archives
简称"文档一体化"。是以系统思想为指导，充分发挥现代信息技术的优势，将文件工作和机关档案工作密切结合为一个统一整体，统一筹划、协同运行、全过程控制、融合发展的机构文件和档案管理形态。

01.02　档案及其种类

01.02.001　档案 archives
国家机构、社会组织及个人从事社会活动中直接形成的具有保存价值的各种文字、图表、音像、数字等不同形式的历史记录。

01.02.002　原始记录 original documentation
用文字、图表、音像、数字等形式所表示的最初记载。

01.02.003　实体档案 physical archives
由档案内容及其载体组成的物理形态的档案。

01.02.004　档案信息 archival information
档案的内容及表达档案内容的文字、图表、音像、数字等信息。

01.02.005　档案资产 archival assets
经过评估认定具有资产属性的档案。

01.02.006　业务档案 business archives
组织机构在主要业务活动中形成的档案。

01.02.007　私人档案 private archives
人们在私人活动中形成的、为个人所有的档案。

01.02.008　历史档案 historical archives
中华人民共和国成立以前形成的档案的统称，包括革命历史档案和旧政权档案。

01.02.009　甲骨档案 archives on bones or tortoise shells
中国商周时期在占卜活动中形成的以龟甲、兽骨为载体的档案。

01.02.010　金文档案 archives on bronze objects
中国古代铸刻于青铜礼器上具有书史记事性质的铭文档案。多形成于两周时期。

01.02.011　石刻档案 archives on stones
以石材为载体的书史记事档案。

01.02.012　缣帛档案 silk archives
中国古代以丝织品为载体而形成的书史记事

档案。

01.02.013 舆图档案 ancient map archives

古代地图档案。

01.02.014 纸质档案 paper archives

以纸张作为载体的档案。

01.02.015 音像档案 audio-visual archives

又称"声像档案"。组织机构和个人形成的记录声音或影像的档案。

01.02.016 照片档案 picture archives

使用照相器材记录的音像档案。

01.02.017 影片档案 film archives

用电影拍摄装置记录的音像档案。

01.02.018 录音档案 audio archives

用录音装置记录的音像档案。

01.02.019 唱片档案 CD archives

以机械录音方法将人们在社会实践中的声响活动录制在具有声槽的塑制片状圆盘载体上而形成的档案。录音档案的一种。

01.02.020 录像档案 video archives

用录像装置记录的音像档案。

01.02.021 缩微档案 microfilm archives

用缩微拍照方式记录在缩微平片或缩微胶卷上的档案。

01.02.022 机读档案 machine-readable archives

用机器设备识读的档案。

01.02.023 电子档案 electronic archives

具有凭证、查考和保存价值并归档保存的电子文件。

01.02.024 文书档案 archives of daily operation in administrative business

组织机构在党务、行政管理等活动中形成的档案。

01.02.025 科学技术档案 science and technology archives

简称"科技档案"。组织机构或个人在科技和生产活动中直接形成的、保存备查的信息记录。

01.02.026 专门档案 archives of specialized activity

组织机构在从事专业性活动中形成的有保存价值的档案。

01.02.027 会计档案 accounting archives

各种社会实践主体在会计核算专业活动中形成的专门档案。

01.02.028 人事档案 personnel archives

组织、人事管理部门或政府人才管理部门在人事管理活动中形成的,关于个人经历和德才表现,并以个人为单位集中保存起来以备查考的人事材料。

01.02.029 干部档案 archives of the leaders

组织人事等有关部门,按照党的干部政策,在培养、选拔和任用干部等工作中,形成的记载干部经历、政治思想、品德作风、业务能力、工作表现、工作实绩等内容的文件材料。

01.02.030 撤销机关档案 archives of dismissing institution

中华人民共和国成立后由于机构改革和行政区划调整等原因而被撤销的机关、单位形成的档案。

01.02.031 谱牒档案 genealogical archives

记载着一姓一族的氏系来源、世代系统、著名人物的传记与事迹以及有关政治、经济等方面内容的重要史籍资料。

01.02.032 名人档案 archives of famous persons

著名人士在从事非公务活动中形成并保存的档案。

01.02.033 公共档案 public archives
国家机构或其他公共组织在公务活动中形成的具有保存价值并为社会共有的档案。

01.02.034 国家档案全宗 national archival fonds
归国家所有、由国家统一管理的一切档案的总和。

01.02.035 中华人民共和国档案 archives of the People's Republic of China
1949 年 10 月 1 日中华人民共和国成立后归国家所有的档案。

01.02.036 革命历史档案 history archives of revolution
1949 年 10 月 1 日中华人民共和国成立之前,由中国共产党及其所领导的政权、军队、企事业单位、社团等社会组织及个人所形成的归国家所有的档案。

01.02.037 旧政权档案 archives of old regimes

1949 年 10 月 1 日中华人民共和国成立之前,历代政府形成的档案。

01.02.038 明清档案 archives of Ming and Qing Dynasties
我国明、清王朝在其统治活动中形成的档案。

01.02.039 民国档案 archives of the Republican period
中华人民共和国成立之前,中华民国政府机构、社团组织及个人形成的档案(革命历史档案除外)。

01.02.040 散失档案 removed archives; dispersed archives; displaced archives
又称"离散档案"。从法定保管处所或原始形成国家中流失的档案。

01.02.041 口述历史 oral history
档案馆或研究者为补充档案之不足,对个人进行有计划采访的结果。通常为笔录、录音、录像等形式。

01.03 档 案 价 值

01.03.001 档案价值 archival value
档案对国家机构、社会组织或个人的有用性。

01.03.002 第一价值 primary value
文件对其形成者所具有的价值,分别体现为行政管理价值、法律价值、财务价值和科技价值。由美国档案学者西奥多·谢伦伯格提出。

01.03.003 原始价值 original value
文件对其形成者的第一价值。

01.03.004 第二价值 secondary value
文件对其形成者以外的其他利用者所具有的价值,包括证据价值和情报价值。由美国档案学者西奥多·谢伦伯格提出。

01.03.005 从属价值 subordinate value

文件对其他机关和个人利用者的第二价值。

01.03.006 凭证价值 evidential value
又称"证据价值"。档案在行政、法律、经济、科学以及处理其他各种事务中可作为凭证的价值。

01.03.007 参考价值 reference value
档案所含信息对各项工作、科学研究以及满足个人需要有参考作用的价值。

01.03.008 现实价值 realistic value
档案对现实的社会实践活动所具有的有用性。

01.03.009 历史价值 historical value
档案对未来社会具有的利用价值。

01.04 档案事业与档案机构

01.04.001 档案事业 archival enterprise
国家对档案现象所进行的规划设计、法制建设、行政管理、组织机构建设、专业队伍建设、业务技术标准建设、档案业务工作、档案信息资源合理配置和有效利用等各项工作的总称。

01.04.002 档案事业管理 archival enterprise management
国家依法对档案事业所履行的职责和活动。

01.04.003 档案事业管理体制 archival enterprise management system
国家有关档案机构设置和管理权限划分及其相应关系的制度。

01.04.004 中华人民共和国档案法 Archives Law of the People's Republic of China
中国的档案基本法。1987 年 9 月 5 日由全国人民代表大会常务委员会通过，经修订于 2020 年 6 月 20 日重新公布。

01.04.005 档案集中统一管理原则 principle of centralized control of archives
国家有关档案管理的基本原则，即实行统一领导、分级管理，维护档案的安全，便于社会各方面利用。

01.04.006 条块结合管理模式 the management model of integration of different professional sectors and local administrative departments
中国计划经济体制下形成的档案工作管理体制。所谓"条"是指各专业（行业）系统；所谓"块"是指各级地方档案行政管辖区域。

01.04.007 档案馆网 network of archives；archival network
国家统一规划、统一批准，由各级各类档案馆构成的网络体系。

01.04.008 档案机构 archival institution
依法承担档案管理职责的组织机构。

01.04.009 档案行政管理机构 archives administration；archives authority
各级党和政府管理档案事业的职能机构。

01.04.010 档案局 archives bureau；archives administration
中国县级以上人民政府依法设置的专门负责档案事务的行政机关。

01.04.011 档案馆 archives
集中管理特定范围档案的专门机构。

01.04.012 公共档案馆 public archives
负责永久保管为社会所有的档案，依法向公众开放并提供利用服务的档案馆。

01.04.013 国家档案馆 state archives
负责永久保管国有档案，依法向社会公开提供利用服务的档案馆。

01.04.014 专业档案馆 archives of specialized field
管理特定范围专业档案的档案馆。

01.04.015 综合档案馆 comprehensive archives
按照行政区划或历史时期设置的管理规定范围内多种门类档案的具有文化事业机构性质的档案馆。

01.04.016 城市建设档案馆 urban construction archives；urban development archives
管理城市规划、建设及其管理活动档案的专业档案馆。

01.04.017 部门档案馆 unit archives

专业主管部门设置的管理本部门及其直属机构档案的档案馆。

01.04.018 企业档案馆 business archives; enterprise archives
企业设置的管理本企业档案的档案馆。

01.04.019 事业单位档案馆 public institution archives
事业单位设置的管理本单位档案的档案馆。

01.04.020 文件中心 records center
介于文件形成机构和档案馆之间的中间性或过渡性文件管理机构。

01.04.021 商业性文件中心 commercial records center
一种私人创办的独立核算、自负盈亏的营利性、服务型企业,借助高科技手段为有需要的企业、机构、组织和个人提供商业性、专业性和社会化的文件信息管理服务。

01.04.022 档案中介机构 archival intermediary agent
有偿开展档案业务服务的组织或机构。

01.04.023 档案寄存中心 archival deposit center
有偿开展档案保存业务的组织机构。

01.04.024 档案事务所 archival affairs office
有偿开展档案综合服务的组织机构。

01.04.025 现行文件阅览中心 current records reading center
依据《中华人民共和国政府信息公开条例》设立的供社会公共公开查询政府现行文件的机构。

01.04.026 档案室 archives room; records office
国家机构、企事业单位或其他社会组织内部设置的集中管理本单位档案的专门机构。

01.05 档 案 工 作

01.05.001 档案工作 archival work
国家或组织依法管理档案和档案事业的活动。

01.05.002 档案管理 archives management
管理档案实体和档案内容的业务活动。

01.05.003 档案行政 archives administration
各级档案行政管理部门依法开展的规划、监督、指导、检查和服务活动。

01.05.004 档案教育 archival education
档案教育与培训机构从事的培养档案专门人才的活动。

01.05.005 档案科学技术研究工作 archival scientific and technological research work
简称"档案科研"。人们为探寻档案现象运动规律和档案管理技术手段组织、开展的专门研究活动。

01.05.006 档案宣传工作 archival propaganda work
简称"档案宣传"。档案部门为强化公众档案意识和普及档案知识所开展的各种形式的信息传递活动。

01.05.007 档案国际合作与交流工作 archival international cooperation and communication work
档案工作者与其他国家或地区的同行开展的业务活动或学术往来。

01.05.008 档案、图书、情报管理一体化 integrated management of archives, books and information
将档案、图书、情报作为信息资源整体开展的管理活动。

01.05.009 档案缩微化 archives microfilming

采用缩微影像技术对传统载体档案或电子档案所进行的复制备份活动。

01.05.010 档案信息化 archives informatization

运用信息技术对归档文件、数据信息资源及档案进行采集、整合、维护、处置和提供利用服务的管理过程和工作方式。

01.05.011 档案数字化 archives digitization

采用信息技术对实体档案所进行的复制备份活动。

01.05.012 档案工作基本原则 basic principles of archival work

国家对档案工作制定的指导思想、基本要求和目标。我国档案工作实行统一领导、分级管理的原则，维护档案完整与安全，便于社会各方面的利用。

01.05.013 档案工作管理体制 management system of archival work

国家或组织机构针对档案工作进行的权利与责任的分配。

01.05.014 档案室立卷制度 filing system for Danganshi; filing system for records office

由档案室统一进行的集中立卷的制度。

01.05.015 文书处理部门立卷制度 filing system for records processing unit

由文件形成部门针对本部门所形成的归档文件材料进行立卷的制度。

01.05.016 档案开放 public access to archives; disclosure of archives

档案馆将达到一定期限、无须控制使用的档案向社会公开，提供利用的活动。

01.05.017 档案网站 archives website

档案机构在互联网上建立的站点，是传播档案信息、开展档案业务活动、提供档案服务等的信息平台。

01.05.018 档案公布 making archives public; publication of archives

将档案或档案的特定内容通过某种形式首次公布于众。

01.05.019 档案职业道德 archival professional ethics

从事档案工作应具备的基本素养。

01.05.020 档案专业教育 archival professional education

教育机构按照国家教育培养要求，并根据档案工作实际需要，所开展的档案学理论和档案管理方法的专门教育活动。

01.05.021 档案高等专业教育 archival higher professional education

高等院校所开展的档案专业教育。

01.05.022 档案中等专业教育 archival secondary professional education

职业学校所开展的档案专业教育。

01.05.023 档案继续教育 archival continuing education

面向在职档案工作人员所开展的档案专业教育。

01.05.024 档案工作标准 standards for archival work

档案业务活动的规范性文件。

01.05.025 档案工作标准化 standardization of archival work

通过科学地制定、执行、修订档案工作标准，逐步实现档案工作统一化和规范化的过程。

01.05.026 档案工作标准体系 standards system for archival work

各种档案工作标准按其内在联系形成的有机整体。

01.05.027　档案工作者　archivist　　　　　　　　专职或兼职从事档案工作的人员。

02. 文 件 管 理

02.01　文 件 概 述

02.01.001　文件　records
国家机关及其他社会组织或个人在各项活动中为处置事务的需要而直接形成的、具有特定效用的信息记录。从形成者和使用范围的角度,文件可分为公务文件和私人文件。

02.01.002　公务文件　official records
简称"公文"。国家机关及其他社会组织在公务活动中,经履行规定程序而直接形成的具有规范体式和法定效用的信息记录。

02.01.003　私人文件　private records
简称"私文"。宗族、家庭、个人在处置自身事务的活动中,经履行一定(规定或者约定俗成)的程序而直接形成的具有一定体式和效用的信息记录。

02.01.004　法定作者　legal author
享有并履行法律赋予的文件制发权的国家机关及其他社会组织、个人。

02.01.005　文件体式　style, structure and format of records
文件的文体归属、结构、格式的统称。

02.01.006　文件效用　records effectiveness
文件的效力功用,对相关国家机关及其他社会组织和个人行为或者过程所产生的约束性或者权威性影响。

02.01.007　文件执行效用　records execution effectiveness
文件在处置现实事务过程中依法对相关方行为所产生的强制影响。公文和部分私文的执行效用是法定的,另外一部分私文的执行效用是按照社会公序良俗约定的。

02.01.008　文件效用时间范围　duration of records effectiveness
文件执行效用所及的时间范围。

02.01.009　文件效用空间范围　space scope of records effectiveness
文件执行效用所及的空间范围。

02.01.010　文件效用人员范围　personnel scope of records effectiveness
文件执行效用所及的人员范围。

02.01.011　文件历史效用　historical effectiveness of records
文件在印证历史事实方面所形成的权威性影响。

02.01.012　文件执行效用生成要件　requirements for records execution effectiveness
文件执行效用生成需要满足的必要条件,包括实质要件和形式要件。

02.01.013　公文执行效用生成实质要件　essentials requirements for official records execution effectiveness
公文执行效用生成需要满足的实质性必要条件。公文的作者必须依法存在,享有与文件内容一致的法定权利,能以自己的名义和行为享有、承担、履行同文件产生的实际后果相适应的法定权利和义务;公文的内容必须合法,不得与宪法、法律和其他效用等级高的文件相抵触,应与相同效用等级的文件协调一致;公文的内容必须限于作者的法定权限范围内,越权无效;公文内容必须为作者真实意思的表示。

02.01.014 公文执行效用生成形式要件
form requirements for official records execution effectiveness
公文执行效用生成需要满足的形式性必要条件。公文的形成或处理必须履行法定的程序,符合法定的时限规定;公文的体式应规范、完整、正确,有法定体式的必须按其制作;公文中必须有能对作者合法性、真实性、权力范围,以及对作者意思表示和文件形成过程的真实性提供证据的内容或标记符号;公文中须有准确反映文件现行效用时间范围的标记,至少应反映文件的生效时间。

02.01.015 撤销文件 revocation of records
文件效用处置的一种方式。文件被撤销视作自始不产生效用。

02.01.016 废止文件 annulment of records
文件效用处置的一种方式。文件被废止视作自废止之日起不再产生效用。

02.01.017 文件功能 records function
文件的有利作用。使权威性和凭证性信息可以有效实现打破时间和空间限制的传递。

02.01.018 领导指导作用 role of guidance and instruction
公文功能的具体表现形式之一。指其在传递领导、指导机构意志和要求方面的作用。

02.01.019 行为规范作用 role of code of conduct
公文功能的具体表现形式之一。主要指规范性文件在生效期间,在国家强制力的保护下,对人们不作为或作为及怎样作为产生规范作用。

02.01.020 宣传教育作用 role of publicity and education

公文功能的具体表现形式之一。指其在思想观点、价值取向方面对社会公众进行宣示和教化以促进身心发展的作用。

02.01.021 公务联系作用 role of business communications
公文功能的具体表现形式之一。指其在国家机关及其他社会组织之间相互交流信息、通报情况、接洽事务、协同配合方面的作用。

02.01.022 凭证依据作用 role of evidence
公文功能的具体表现形式之一。指其在日常工作中成为工作查考和凭证依据方面的作用。

02.01.023 纸质文件 paper records
以纸张为信息载体的文件。

02.01.024 感光介质文件 light-sensitive medium records
以感光胶片、相纸等感光材料为载体的文件。

02.01.025 磁介质文件 magnetic medium records
以磁带、磁鼓、磁盘等磁性材料为载体的文件。

02.01.026 规范性文件 normative records
以强制力推行的用以规定各种行为规范的文件,包括各种法规、法令、规章等。

02.01.027 领导指导性文件 guidance and supervision records
以领导、指导机关名义制发的用于颁布政令、部署工作、指示方向和办法、批复事项的文件。

02.01.028 报请性文件 report or request for approval records
被领导、被指导的机关向所属上级机关汇报工作、反映情况、答复询问、提出建议、请求指示或批准时使用的文件。

02.01.029 商洽性文件 negotiation records

无传递方向限制且内容多为平等协商讨论一般事项的文件。

02.01.030 契约类文件 contract records
由当事双方或数方为实现一定的目的,依法明确相互权利、义务而签订的作为工作依据或法律凭证的文件。

02.01.031 会议文件 conference records
在会议中形成和使用的文件材料。

02.01.032 密件 classified records
包含涉密信息,按照法律或者其他规定需要保守秘密的文件。

02.01.033 绝密文件 top secret records
涉及党和国家最重要的秘密,一旦泄露,会使国家的安全和利益遭受特别严重的损害的文件。

02.01.034 机密文件 secret records
涉及党和国家重要的秘密,一旦泄露,会使党和国家的安全和利益遭受严重损害的文件。

02.01.035 秘密文件 confidential records
涉及党和国家一般的秘密,一旦泄露,会使国家的安全和利益遭受损害的文件。

02.01.036 内部文件 internal records
限于党和国家机关内部或专业系统范围内使用,内容虽不涉密,但不宜或不必对社会公开的文件。

02.01.037 限国内公开文件 records limited to domestic access
内容虽不涉密,但不宜向国外公布而仅在国内公布的文件。

02.01.038 公布性文件 publicly available records
内容自始不涉及任何秘密和敏感信息,可在国内外直接公之于众的文件。

02.01.039 公开性文件 records open to access
内容已不涉及任何秘密和敏感信息,可依法打破限制公开供社会各方面阅知使用的文件。

02.01.040 特急件 top urgent records
内容至关重要且特别紧急,必须在最短的时间内以最快的速度优先传递、处理的文件。

02.01.041 急件 urgent records
内容重要且紧急,要求打破工作常规迅速传递、处理或在规定的时限内办理完毕的文件。

02.01.042 平件 regular processing records
无保密和时限方面的特殊要求,按工作常规传递、处理的文件。

02.01.043 发文 issued records
本机关制发的发往其他机关,或只发至本机关内部机构的公文。

02.01.044 收文 incoming records
本机关收到的其他国家机关、社会组织、个人制发的文件。

02.01.045 文种 records type
文件种类的名称。为概括表明文件的特性与使用范围而赋予每种文件的统一、规范的称谓。

02.01.046 通用文种 common types of records
各级各类国家机关、社会组织在管理活动中普遍使用的公文文种。

02.01.047 专用文种 specific types of records
在国家机关和一定的专业社会组织或专门的业务活动领域内,因特殊需要而专门形成和使用的公文文种。

02.01.048 文种选用规则 rule for selection of records type
为正确辨别、选用文种而制定的统一规范和说明。

02.01.049　条例　rules; regulations

规范性文件的一种,适用于对某一方面的工作作比较全面、系统的规定。对于党的领导机关而言,条例可作为党内规章的名称;对于国家权力机关而言,条例可作为国家法律、地方性法规、民族自治地方有关法规文件的名称;对于国家行政机关而言,条例可作为国务院制定的行政法规的名称。

02.01.050　规定　stipulation; provision

规范性文件的一种,用于对某一方面的工作作部分的规定。可作为国家法律、地方性法规、行政法规和规章以及各种社会组织内部规章制度的名称。

02.01.051　办法　measures

规范性文件的一种。用于对某一项工作作具体的规定,如确立具体的活动规则,提出处理问题的精细准则与程序规范,确定执行有关法律、法规、规章的方法措施,补充完善其他法律、法规、规章等。可作为国家法律、地方性法规、行政法规和规章以及各种社会组织内部规章制度的名称。

02.01.052　命令　order

领导指导性文件的一种。适用于公布行政法规和规章、宣布施行重大强制性措施、批准授予和晋升衔级、嘉奖有关单位和人员。

02.01.053　决定　decision

领导指导性文件的一种。适用于对重要事项作出决策和部署、奖惩有关单位和人员、变更或者撤销下级机关不适当的决定事项。

02.01.054　批复　official reply

领导指导性文件的一种。适用于答复下级机关的请示事项。

02.01.055　通知　notice

领导指导性文件的一种。适用于发布、传达要求下级机关执行和有关单位周知或者执行的事项,批转、转发公文。

02.01.056　通报　important notification

领导指导性文件的一种。适用于表彰先进、批评错误、传达重要精神和告知重要情况。

02.01.057　决议　resolution

领导指导性文件的一种。适用于会议讨论通过的重大决策事项。

02.01.058　议案　proposal

会议文件的一种。适用于各级人民政府按照法律程序向同级人民代表大会或者人民代表大会常务委员会提请审议事项。

02.01.059　纪要　meeting minutes

会议文件的一种。适用于记载会议主要情况和议定事项。

02.01.060　报告　report

报请性文件的一种。适用于向上级机关汇报工作、反映情况、回复询问。

02.01.061　请示　request for reply

报请性文件的一种。适用于向上级机关请求指示、批准。

02.01.062　公告　announcement to the public

公布性文件的一种。适用于向国内外宣布重要事项或者法定事项。

02.01.063　通告　circular

公布性文件的一种。适用于在一定范围内公布应当遵守或者周知的事项。

02.01.064　公报　communique

公布性文件的一种。适用于公布重要决定或者重大事项。

02.01.065　函　official letter

商洽性文件的一种。适用于不相隶属机关之间商洽工作、询问和答复问题、请求批准和答复审批事项。

02.01.066　意见　opinions

兼具领导指导性、报请性、商洽性的特殊文

件。适用于对重要问题提出见解和处理办法。可以根据具体情况和工作需要分别用作上行文、下行文和平行文。作为上行文，应按请示性公文的程序和要求办理。所提意见如涉及其他部门职权范围内的事项，主办部门应当主动与有关部门协商，取得一致意见后方可行文。如有分歧，主办部门的主要负责人应当出面协调，仍不能取得一致时，主办部门可以列明各方理据，提出建设性意见，并与有关部门会签后报请上级机关决定。上级机关应当对下级机关报送的意见作出处理或给予答复。作为下行文，文中对贯彻执行有明确要求的，下级机关应遵照执行；无明确要求的，下级机关可参照执行。作为平行文，提出的意见仅供对方参考。

02.01.067　文件稿本　versions of records
文件在起草直至正式定稿制作完成的过程中形成的一系列具有不同外形特征、不同作用、不同价值的文稿和文本的统称。

02.01.068　草稿　draft of records
文件稿本的一种。文件撰拟过程中最初期的原始稿件，不具备正式文件的效用，供讨论、修改、审批之用。

02.01.069　定稿　final version of records
文件稿本的一种。经法定责任人审阅签发或经会议讨论通过的最后完成稿，具备正式文件的效用，是缮印制作文件正本的依据。定稿一经确立，如不经法定责任者的认可，任何人不得再对其内容予以修改，否则无效。

02.01.070　正本　original records
文件文本的一种。根据定稿缮印制作，是主要用于向外发出的正式文本，具备正式文件的效用。内容上是对文件定稿的完整再现，外观形式上符合文件的标准格式规范。

02.01.071　试行本　tentative records
规范性文件正本特殊形式的一种。在规定的试行期和试行空间范围、机构人员范围内具有正式公文的现行执行效用。试行本主要适用于作者认为公文内容经一段时间和一定范围内的实践检验后可能会被修订的情况。试行本的外形特征主要是在公文标题上加注稿本标记，一般是在文种后用括号注明"试行"字样。

02.01.072　暂行本　provisional records
规范性文件正本特殊形式的一种。在暂行期间具有正式公文的现行执行效用。暂行本常用于作者认为因时间紧迫，公文中有关内容可能存在不够周详等方面的缺欠，不长的一段时间后可能会被修订或确认的情况下。暂行本的外形特征是在公文标题的文种前加注"暂行"字样。

02.01.073　修订本　revised records
规范性文件正本特殊形式的一种。已发布生效的文件，经实践检验重新予以修正补充后再发布施行的文本，自修订本生效之日起，原文本即行废止。修订本的外形特征除与一般正本相同外，还需作出稿本标记，可在标题尾部标注"（修订本）"，也可在标题下做题注，即在圆括号内注明"某年某月某日修订"。

02.01.074　副本　duplicated records
文件文本的一种。再现文件正本内容及全部或部分外形特征的文件复制本或正本的复份。副本供存查、知照用。

02.01.075　存本　records copy for archiving
文件副本的一种。专供立卷归档、保存备查用。

02.01.076　不同文字文稿文本　records in different languages
以不同文字符号体系制作同一文件形成的两种以上文字的文稿或者文本。在我国，用各少数民族语言文字制作的文件与用汉语言文字制作的文件，相同文稿和文本的效用等同。

02. 02 文件工作及其管理

02. 02. 001 文件工作 records management
在文件从形成、运转办理、传递、存贮到转换为档案或销毁的完整生命周期中,以特定原则和方法对文件进行创制、加工、利用、保管料理和组织、监督、控制、协调,使其完善并获得实际功能效用的行为或过程。

02. 02. 002 文件工作的政治性 political nature of records management
文件工作的基本特性之一。基本内涵是文件工作是服务和服从国家和社会组织根本利益的,它必须贯彻落实和充分体现统治阶级意志和统治阶级利益,必须保持政治立场、政治观点和政治倾向的坚定和正确。

02. 02. 003 文件工作的机要性 confidentiality of records management
文件工作的基本特性之一。基本内涵是文件工作关涉国家和社会组织的要务和机密,为此其自身必须具有完善而有效的保密机制和严格的组织体制,维护事关国家和社会组织根本利益的各项秘密和要务的安全和有序有效。

02. 02. 004 文件工作的时效性 timeliness of records management
文件工作的基本特性之一。基本内涵是文件只在特定时间范围内产生执行效用,因此文件工作必须有坚强可靠的机制确保文件时效,使文件在有效的时间范围内充分发挥作用和影响。

02. 02. 005 文件工作的规范性 normative nature of records management
文件工作的基本特性之一。基本内涵包括文件工作全员参与、分散展开的特点,以及信息沟通对通用性符号体系的高度依赖性,以使统一一致的工作制度、工作标准、工作流程等规范具有重要价值,文件工作必须全面遵行这些规范。

02. 02. 006 文件工作的技术性 technical nature of records management
文件工作的基本特性之一。基本内涵是文件工作逐渐成为由多种具体门类技术构成的技术性活动,需要遵从特定的技术规律。文件工作几乎与人类文明史一样悠久。反复的社会实践使人们对文件工作的客观规律性认识不断深化,并逐渐形成和积累起系统而行之有效的经验与应用性的知识、程序、方法及技巧。进入近现代社会后,大量的管理技术、信息技术不断被文件工作广泛采用,并逐渐形成特定的规律性。

02. 02. 007 文件工作制度 rules and regulations of records management
文件工作规范的具体形式之一。属于实体制度规范,主要用于确立与文件工作相关的权利、义务关系,规定文件工作中相关各方作为或者不作为的具体范围、方式和基本准则。

02. 02. 008 文件工作标准 records management standards
文件工作规范的具体形式之一。对文件工作活动中具有重复发生和使用性质的概念、方法、程序、设备工具、物质材料、环境状态等制定的统一的管理和技术规定。这些规定通常以国家和行业标准或者本单位“标准”的形式发布施行。

02. 02. 009 文件工作程序 records management procedures
文件工作规范的具体形式之一。关于文件工作过程目标指向、步骤组成、步骤间次序、具体操作依据和方法方面的规定。

02. 02. 010 办公自动化 office automation; OA
指以数字信息技术、现代通信设备广泛应用为特征的基于数据信息资源的办公室工作形态。

02.02.011 文件工作程序优化 optimization of records management procedures

通过对既有文件工作程序的持续改进,不断实现其完善化、完备化的过程或者结果。

02.02.012 文件工作基本原则 basic principles of records management

映射文件工作规律的基本准则,评价文件工作好坏优劣的基本价值尺度,对文件工作具有规范和指导作用,是有效开展文件工作的准绳和依据。

02.02.013 行文关系 relationship between issuing agency and receiving agency

传递文件时必须遵守执行的工作关系,主要由文件制发和收受处理的社会组织的职权范围、组织体系或者专业体系归属及其所处地位所决定。

02.02.014 隶属关系 relationship of administrative subordination

处于同一组织系统的上级组织和下级组织之间的关系。

02.02.015 业务指导关系 business supervision relationship

同一专业系统的上下级主管业务部门之间的关系。

02.02.016 平行关系 parallel relationship

处于同一组织系统和专业系统的同级组织之间的关系。

02.02.017 不相属关系 non-subordinate relationship

既非同一组织系统又非同一专业系统的任何组织之间的关系。

02.02.018 行文方向 records delivery flows within a system

公务文件的传递、发送方向。

02.02.019 上行文 records submitted to higher authority

下级机关向所属上级领导、指导机关主送的公文。

02.02.020 下行文 records to subordinate

上级领导、指导机关向所属下级机关主送的公文。

02.02.021 平行文 records to parallel or non-subordinate

同级机关或不相属的机关之间往来的公文。

02.02.022 行文规则 rules of records creation and processing

社会组织之间文件往来运行所必须遵循的统一规则,是国家有关部门专门制定的旨在控制行文方向、行文方式和行文数量,提高行文效率的有关规定。

02.02.023 联合行文 jointly issued records

以两个或两个以上国家机关或其他社会组织的名义共同制发文件。

02.02.024 文件工作管理 supervision and planning of records management

以充分发挥并放大公文的功效、为本机关各项职能工作和社会有关方面提供适用信息服务为目的,对构成文件工作的机构、人员、财物、信息、时间等因素及其运转过程所开展的规划、组织、监督、控制、协调活动。

02.02.025 文件工作的组织形式 organization of records management

国家机关及其他社会组织文件工作组织结构的形式,即文件工作要素的具体构成及组合的基本型制。主要有三种基本类型:集中型、分散型、复合型。

02.02.026 文件工作机构 records management unit

国家机关及其他社会组织内部专设的从事公文收发、传递、审核、制作等管理性工作的专(兼)职机构。

02.02.027　文件标准化　records management standardization

在文件工作领域内,针对其中具有重复发生和使用的一部分事物和概念制定科学统一的管理规范和技术规范,并予以贯彻实施和不断修订完善的全部活动过程。

02.02.028　文件标准化的形式　methods of records management standardization

文件标准化内容的存在方式,亦指实现文件标准化的基本方法途径。文件标准化的基本形式:以统一化、通用化为主,辅以简化和组合化。

02.02.029　文件简化　simplification of records management

在功能不变的前提下,以各类科学手段针对文件和文件工作中过于繁杂的事物化繁为简的过程。

02.02.030　文件简化的对象　object of simplification of records management

文件和文件工作中多样化发展超过客观需要的事物和概念。主要包括有关事物和概念的种类与规格、工作过程与工作方法。

02.02.031　文件数量控制　records quantity control

将文件数量调整在既能满足工作基本需求又不超过自身处理能力范围之内的监督和管制活动。

02.02.032　影响文件数量的因素　factors affecting the number of records

决定一个社会组织文件数量规模的基本成因。主要包括两个方面:一是该组织的环境因素。主要包括管理体制、工作过程、工作程序、工作作风、机构设置、管理控制幅度、办公方式、协调方式、工作量、主要管理沟通内容的性质,各级各类工作人员的政治、业务、文化、心理素质,以及有关的法律政策规定等,这些因素不正常、不合理就会抑制一

部分合理的文件需求,造成文件量不足;或者刺激形成不合理的文件需求,造成文件量过多。二是该组织文件工作的自身因素。主要包括文件工作组织形式,本组织或本组织系统对文件信息的共享利用程度,对文件制发时机、文件规格、行文方式、发送范围的把握,对本组织文件信息需求认识的明确程度,文件质量状况,现代信息技术的应用水平和管理水平等。当这些因素的状态不合理、不正常、水平较低时,就会刺激不合理的文件需求,或抑制合理需求,造成实际文件形成量的失控。

02.02.033　文件质量　records quality

文件及文件工作的优劣程度。

02.02.034　文件质量特性　records quality characteristics

文件和文件工作得以产生价值、满足人们特定需要而具备的某些属性。主要包括:适用性(即能适合人们使用,能满足人们实现有效信息沟通的需要)、可靠性(可以被信赖和依靠)、时效性(能够维护文件在特定时间范围内的有效性,使其发挥最大最多的有利影响)、经济性(争取以最小的投入产生最大的效益)。

02.02.035　文件质量管理体系　records quality management system

确保文件质量所需的组织结构、职责、程序和资源总和。本质上就是一个以文件质量为中心的管理体系。主要有两个方面的作用:一是预防与控制,即以预防性的活动控制文件工作全过程,避免发生问题,为此,要将文件质量管理体系各要素组织起来,以便对影响文件质量的全部运作过程进行恰当的控制和保证;二是反应和纠正,即一旦在文件工作过程中发生质量问题特别是失误时,具有及时、适时做出反应和纠正失误的能力。

02.02.036　文件质量管理体系运行的机制　operating mechanism of records

quality management system

文件质量管理体系构成因素之间相互作用的过程和方式。具体表现为：体系为各级各类工作人员所理解、实施、保持并行之有效；文件工作成果能满足来自本组织内部和外部的合理需要和期望；管理控制的重点在于预防低质问题的发生，而不是依靠事后的检查，同时，一旦发生事故或者问题时能积极反应并加以纠正；为验证体系实施情况和有效性，定期进行质量体系审核和优化改进。

02.03　公　文　处　理

02.03.001　公文处理程序 records processing procedures

文件工作程序中的一种。是国家机关及其他社会组织为形成公文并使其产生效用，而设定的体现公务活动规律的稳定的活动步骤的集合。要素包括：公文处理目标指向、工作步骤构成及次序、工作方法和依据等。

02.03.002　办毕公文处置 disposition of official records

根据已经履行完毕办理程序的公文的留存价值，对公文分别进行立卷归档、继续线上运行、暂时留存、清退、销毁处理的行为或者过程。

02.03.003　发文处理 processing of issued records

公文处理过程的一部分，即国家机关、社会组织制发公文的过程。

02.03.004　拟稿 make a draft

发文处理的环节之一。撰拟公文文稿的活动。

02.03.005　核稿 draft review

发文处理的环节之一。对公文文稿的审核，即由国家机关或社会组织的各级负责人、综合办公部门对文稿进行全面系统的评价检查、修正优化活动。

02.03.006　会商 consulting within system

发文处理的环节之一。当公文文稿内容涉及其他有关同级或不相属机关或部门的职权范围，需征得其同意或配合时所进行的协商活动。

02.03.007　签发 issuing records

发文处理的环节之一。发文机关领导人或被授予专门权限的部门负责人对文稿终审核准之后，批注正式定稿和发出意见并签注姓名、日期的活动。除一些规范性及重要领导指导性公文须经有关正式会议通过，或再由负责人签署即可生效外，其他公文的文稿，一经履行签发手续即为定稿，也就具备了正式公文的效用。

02.03.008　正签 issuing records by designated authority

签发的一种。签发人在自身法定职权范围内签发公文，如机关负责人签发以机关名义对外发出的公文。

02.03.009　代签 issuing records on behalf of others according to authorization

签发的一种。根据授权依法代他人签发文件。

02.03.010　核签 endorsement

签发的一种。上级领导人签发下级机关或部门的重要文件。

02.03.011　会签 countersigning records

签发的一种。指两个或两个以上机关联合行文时，由各机关的领导人共同签发文件。

02.03.012　分层签发 hierarchy of issuing records

签发制度的核心内容之一。签发人必须根据其职权范围的规定，签发属于自身法定权限的文件。

02.03.013　先核后签　issuing records after reviewing

签发制度的核心内容之一。为确保公文合法有效，必须严格遵行发文处理程序中规定的审核与签发环节的次序，必须首先对文件进行审核，然后再签发，否则公文效用将失去法律的保护。

02.03.014　复核　review for annotating

发文处理的环节之一。定稿形成后批注缮写印发要求的活动，其作用是使签发意见进一步具体化、技术化。

02.03.015　缮印　copy printing

发文处理的环节之一。以誊录抄写、印刷、电子化等方式制作对外发出的公文。

02.03.016　校对　proofreading method

发文处理的环节之一。以定稿和规范格式为基准，对排版后的印版校样所做的全面核对检查，旨在发现并纠正各种错漏，确保文件质量的活动。

02.03.017　对校法　page to page proofreading

公文校对常用操作方法之一。原稿放在左方或上方，校样放在右方或下方，先看稿后看样，逐字逐句核对，右手执笔指点校样，左手指原稿，并随视线不断移动。对校法适用于原稿改动较多的情况。

02.03.018　折校法　folding proofreading

公文校对常用操作方法之一。原稿置于桌上，轻折校样，使待校文字处于页面第一行，然后把校样夹在双手大拇指、食指和中指之间，将校样压在原稿相应文字行下，双手随视线从左向右移动，校样与原稿上的文字一一接触。改样时，左手持样并用食指压样于原来位置，右手持笔改正错漏。折校法更适用于原稿整洁清晰、改动不多的情况。

02.03.019　读校法　proofreading by reading aloud

公文校对常用操作方法之一。由两人合作进行。一人读稿，另一人看样。读稿人将每字、每句、每个标点读出，朗读速度应均匀有节奏，同音字、罕见字、另行、另页、另面、空行、占行及其他版式安排都需读出并加以说明。看样人应全神贯注，辨清每一字句、每一个标点，发现错漏要及时通知对方停止读稿并在校样上予以改正。读校法主要适用于原稿内容浅显简单，生僻字、名词术语较少，版式简单的情况。

02.03.020　用印　sealing

发文处理的环节之一。发文机关在文件上加盖机关公章的活动及其结果。其作用是发文机关郑重确认文件的法律效力功用，并对文件承担法律责任。

02.03.021　签署　signature

发文处理的环节之一。签发公文的领导人在正式发出、正式使用的公文正本落款处签注姓名的活动。与用印相同，这一活动也是要赋予公文以法定的效用，表明其对公文承担法律责任。

02.03.022　对外发出　sending out records

发文处理的环节之一。将已封装完毕的文件以相应方式传递给受文者。

02.03.023　文件传递　delivering records

发文处理的环节之一。以一定的通信方式发送文件的活动。

02.03.024　普通邮寄　ordinary mail

文件传递的方式之一。通过国家设立的公共邮递系统递送文件。用于传递无保密要求的公开性、普发性文件。

02.03.025　机要通信　postal system for the delivery of confidential records

文件传递的方式之一。通过国家邮政部门为传递党政机关保密公文而单独开辟的特种邮递系统递送密级为秘密、机密的公文。

02.03.026　机要交通　communication system for the delivery of confidential records

文件传递的方式之一。通过专设机要交通系统传递重要保密性公文。

02.03.027　文件交换　records exchange

文件传递的方式之一。通过设在城市(或地区)中心的文件交换站定时定人集中相互收发公文。这种方式可在收发双方直接见面的基础上,同时发出和收取公文,保密可靠性较强,工作效率较高。平件、秘密文件、机密文件可通过此方式传递。

02.03.028　专人送达　personal delivery

文件传递的方式之一。派专门通信员向对方机关投送文件。这种方式主要用于需确保秘密文件高度安全或情况紧急的场合。

02.03.029　电信　telecom

文件传递的方式之一。通过公共电信系统或专设电信系统以电报、传真、计算机网络通信等方式递送文件。

02.03.030　收文处理　processing of incoming records

公文处理过程的一部分,国家机关及其他社会组织收受并处置来自其他机构的公文的过程。

02.03.031　文件签收　signing for incoming records

收文处理环节之一。履行规定的确认、清点、核对、检查、签注手续后,机关设置的外收发人员、通信人员分别从发文机关、邮政部门、机要通信部门、文件交换站,或者通过自备通信设备收取公文。

02.03.032　外收文登记　external incoming records registration

收文处理环节之一。由外收发人员在完成签收工作后,对收文情况做出简要记载的活动。

02.03.033　启封　records unsealing

收文处理环节之一。外收文登记完成后,公文送至机关统一或分别按内部机构设置的内收发部门,由内收发人员签收后,统一开启文件封装物或径送有关领导者开启的活动。

02.03.034　内收文登记　internal incoming records registration

收文处理环节之一。由内收发人员对收文情况做出较详细记载的活动。

02.03.035　收文初审　preliminary review of incoming records

收文处理环节之一。对收文进行初步审核和分类筛选,将不合格公文退回或将公文进一步分发、传阅的活动。

02.03.036　文件摘编加工　records extraction and processing

收文处理环节之一。文件管理人员对部分准备投入办理过程的重要文件进行的加工活动,主要是针对这些文件编写文摘、提要、综述,汇集有关数据资料等。

02.03.037　文件文摘　records extraction

文件的内容摘要,是对篇幅较长的文件所做的简短而精确的再表达,其作用主要是深入、明确地揭示文件内容,节省人们的阅读时间。

02.03.038　文件提要　records summary

文件的内容提要,是对文件内容的简要介绍和评价,其作用是向读者概要提示文件内容,向其提供阅文线索,帮助其了解文件与自己的相关程度,了解文件的价值与特点。文件提要对文件内容作出分析评价,但务必言之有据,客观准确,篇幅更需简短。

02.03.039　文件综述　records overview

针对某一问题,对一段时间内所收到的有关文件进行全面系统归纳、整理、分析后编写成的综合材料。主要作用是使各级领导者和其他有关人员以较少的精力、较短的时间对某一问题的内容、历史、现状、水平、意义、发展趋向等有一个完整、系统且明确的认识,以作为制定政策、编制规划、确定发展方向等决策性工作活动的依据或参考资料。综述的特点是全面系统且客观地综合叙述诸份公文中所涉及的情况和问题,一般无须加以评论或提建议。

02.03.040 收文分送 distribution of received records
收文处理环节之一。由指定人员针对经过初审的文件,根据内容的重要程度、各部门职责分工及有关分文制度,将文件分送有关领导、有关部门工作人员阅知办理的活动。

02.03.041 拟办 handling suggestion for incoming records
收文处理环节之一。由部门负责人或有关具体工作人员对公文进行认真的阅读分析后,提出建议性的处置意见,供有关领导者审核定夺的活动。

02.03.042 批办 approval to handling suggestion
收文处理环节之一。机关领导者或部门负责人对公文(包括拟办意见)进行认真阅读分析之后,提出处置意见的活动。

02.03.043 承办 records undertaking
收文处理环节之一。有关工作人员按批办意见承接文件办理责任,具体处置公文所针对的事务、解决具体问题的活动。

02.03.044 注办 records annotation
收文处理环节之一。由承办人签注公文承办过程和结果情况以备忘待查的活动。

02.03.045 组织传阅 records circulation within an organization
收文处理环节之一。独份或份数很少的文件需经多部门或多位工作人员阅知处理时,使文件在他们中间得到有效传递和阅读的活动。

02.03.046 催办 records processing reminders
收文处理环节之一。由文件处理管理机构根据承办时限和其他有关要求对文件承办过程实施的催促检查。

02.03.047 查办 records implementation supervision
收文处理环节之一。核查重要公文的执行情况,督促并协助承办单位全面、具体地落实文件内容,解决有关问题的活动。

02.03.048 文件公布 releasing records
国家机关及其他社会组织依法依制向社会公开发布文件信息的活动。

02.04 公文写作

02.04.001 公文写作 official records writing
撰拟公文文稿的活动。

02.04.002 公文主题 theme of official records
公文所要阐述的基本观点、中心思想和主张。

02.04.003 公文材料 materials for writing official records
形成和表达公文主题所依据的事实数据、经典论述、法律政策规定等。

02.04.004 公文文体 genre of official records
文章式公文的体裁归属。按照我国政府的规定,公文是一种以现代汉语书面形式为通用符号体系的应用文体,兼有议论文、说明文、记叙文的一般特点。

02.04.005 公文结构 structure of official records
公文内容的组织构造。我国公文结构具有规范性和相对确定性:国家有关机关对公文的基本构成作出了规范性要求;基本组成部分为一切公文所必备,其他组成部分可视具体情况决定取舍。

02.04.006 公文的基本组成 basic composition of official records

公文中必备的组成部分。包括:标题、正文、作者、成文日期、印章或签署。

02.04.007 公文的备选组成 alternative composition of official records

公文中可视具体情况决定取舍的部分。包括:份号、发文字号、签发人、秘密等级、保密期限、紧急程度、发文机关标志、主送机关、附件与附件说明、附注、抄送机关、印发机关和印发日期等。

02.04.008 公文格式 format of official records

组成公文的各部分文字符号在载体(纸张等)上排列的规定。

02.04.009 党政机关公文格式 format of official records of party and government agencies

由《党政机关公文处理工作条例》明确要求按照执行的国家标准《党政机关公文格式》(GB/T 9704-2012)规定的党政机关通用公文格式。

02.04.010 格式要素 format elements

公文格式的构成要素,包括版头、主体、版记三部分。

02.04.011 公文版头 head of official records

公文首页红色分隔线及以上的格式板块,包括份号、秘密等级和保密期限、紧急程度、发文机关标识、发文字号、签发人和红色分隔线。

02.04.012 公文份号 number of copies of official records

公文印制份数的顺序号。涉密公文应当标注份号。

02.04.013 密级和保密期限 confidentiality level and duration

公文的秘密等级和保密的期限。涉密公文应当根据涉密程度分别标注"绝密""机密""秘密"和保密期限。

02.04.014 紧急程度 urgency

公文送达和办理的时限要求。根据紧急程度,紧急公文应当分别标注"特急""急件",电报应当分别标注"特提""特急""加急""平急"。

02.04.015 发文机关标志 identifier of issuing agency

用于强调公文责任归属和权威性、庄重性的标记。由发文机关全称或规范化简称加"文件"二字组成,也可以使用发文机关全称或规范化简称。标注于公文首页上端。联合行文时,发文机关标志可以并用联合发文机关名称,也可以单独用主办机关名称。

02.04.016 发文字号 issue number of records

发文机关对其所制发的公文依次编排的顺序代码。主要功用是方便指代、引用和检索公文。由发文机关代字、年份和发文顺序号组成。联合行文时,使用主办机关的发文字号。

02.04.017 签发人 issuer of records

代表机关核准并签发文稿的领导人的姓名。用以表明机关发文的具体责任者,督导工作人员认真履行职责。上行文应当标注签发人。

02.04.018 公文主体 main body of official records

公文首页红色分隔线(不含)以下、公文末页首条分隔线(不含)以上的格式板块。包括标题、主送机关、正文、附件说明、发文机关署名、成文日期和印章、附注、附件。

02.04.019 公文标题 title of official records

一件公文用以与其他公文相区别的名称。由

发文机关名称、事由和文种组成,其主要作用是:概括揭示受文者所关注的几方面内容,使其能准确地了解公文性质、公文涉及的主要问题、公文的权威性及对自身行为的主要影响;提供一个检索标识,便于对公文的查找、阅读、处理与编目管理等。

02.04.020　主送机关　main sending agency
收受公文并负实际办理、答复责任的机关的全称、规范简称或统称。其作用是概括表明公文效用所及的空间范围和人员范围。

02.04.021　公文正文　text of official records
公文的主体部分。用于系统表达受文者为获得对特定事物的明确认识所需要的信息。

02.04.022　附件　annex of official records
附属于公文正件的其他材料。其自身本来是一个相对独立的实体,一旦被一件正式公文规定为附件后,即为该公文的一个组成部分,如无专门说明,其效用与正件相同。

02.04.023　附件说明　description of annex
标注于公文正文之后、用以说明附件情况的文字符号,包括公文附件的顺序号和名称。

02.04.024　成文日期　date of issuing records
公文形成的具体时间。通常以领导者签发的时间为准,联合行文以最后签发机关领导人的签发日期为准,特殊情况下以会议通过的时间、印发时间、批准时间作为公文形成的时间。除在正文中明确规定生效执行日期的公文外,公文的形成日期即公文时间效力范围的起点。

02.04.025　公章　official seal
国家机关及其他社会组织依法获得并使用于公务活动的印章。

02.04.026　附注　annotation
对公文正文中名词术语及有关事项的注解、说明。其作用是使正文更加简明。

02.04.027　公文版记　note for carbon copy and print;note for CC and print
公文末页首条分隔线以下、末条分隔线以上的格式板块,包括分隔线、抄送机关、印发机关和印发日期。

02.04.028　抄送机关　agency for carbon copy;agency for CC
除主送机关以外需要执行或知晓公文内容的其他机关。抄送机关应使用机关全称、规范化简称或者同类型机关统称。

02.04.029　印发机关和印发日期　issuing agency and issuing date
公文的承印部门和付印日期。

02.04.030　公文表达方式　writing style of official records
用语言文字将公文内容表之于外、达及他人的方法手段样式。公文常用表达方式包括叙述、说明和议论等。

02.04.031　叙述　narration
表达方式中的一种。对人物、事件和环境所作的概括性的交代与表述。

02.04.032　说明　description
表达方式中的一种。对客观事物的性质、状态、特征、成因、构造、功能、用途所进行的介绍解说和阐释。

02.04.033　议论　analyze and comment
表达方式中的一种。对客观事物进行分析和评论,以直接表明观点和态度。

02.04.034　公文修辞　rhetoric of official records
公文写作过程中,利用多种语言手段以收到尽可能好的表达效果的一种语言活动。

02.04.035　消极修辞　basic rhetoric
修辞手法中的一种。旨在追求将语言表达得明白晓畅,没有含糊,没有歧义,易于理解。

具体方法方面的特点是不取巧、不求新异和华丽,重点在精选词语、锤炼语句、讲究章法方面下"苦"工夫。

02.04.036 积极修辞 advanced rhetoric
修辞手法中的一种。旨在追求将语言表达得生动形象,使人有更高的阅读积极性,乐于阅读。具体方法方面的特点是注重修辞格的使用。

02.04.037 引用 quote
在公文中有一定应用的修辞格。特点是通过援引现成语言材料来增强说服力和权威性。

02.04.038 比喻 metaphor
在公文中有一定应用的修辞格。特点是在两种具有某种相似之处的不同事物中,用其中一种来描写和说明另一种。包括明喻、暗喻和借喻。

02.04.039 借代 metonymy
在公文中有一定应用的修辞格。特点是不直接说出事物的名称,而用另外一种与该事物密切相关的事物(借体)的名称来代替。

02.04.040 排比 parallelism
在公文中有一定应用的修辞格。特点是用结构相同或相似、语气相近或一致的三个或三个以上的语句表示相关或相似内容。

02.04.041 层递 progressive
在公文中有一定应用的修辞格。特点是把描述的两个以上的事物,按照它们的程度差异,逐层上升或下降排列出来。

02.04.042 对比 comparison
在公文中有一定应用的修辞格。特点是把互相对立的事物或同一事物的两个对立面放在一起进行比较,以使事物的性质更加分明,从而加深人们对其的理解和认识。

02.04.043 公文专用词语 special expressions of official records

在公文中出现频率较高、词形确定、词义精确特定、用途稳定专门,并为公务机关工作人员所熟悉的一部分词语。

02.04.044 领叙词语 introductory phrase
公文专用词语的一种。用于引导文件直接叙述根据、事实或目的的主张。其功用主要在于使语言表达直截了当、简要明确。如"根据""依据""遵照""按照""奉""为了""为""由于""兹"等。

02.04.045 称谓用语 appellation phrase
公文专用词语的一种。用于表示称谓关系。在现代公文中主要是一部分有助于简明、清晰地表达文件内容的指代称谓词(如"本""贵""该"等)和部分带敬意的涉外称谓词。

02.04.046 引叙用语 citing phrase
公文专用词语的一种。用于引叙来文。如"前接""顷接""近接""欣悉""敬悉""收悉""获悉"等。

02.04.047 经办用语 processing phrase
公文专用词语的一种。用于表明处理某项工作的时间及其经过情况,通常表示过去时态。如"业经""已经""前经""迭经""通过""经过"等。

02.04.048 商洽用语 discussion and negotiation phrase
公文专用词语的一种。有礼貌地征求对方意见时所使用的带探询语气的词语。一般用于上行文或平行文。如"当否""可否""是否可行""意见如何""是否同意""能否办理登记"等。

02.04.049 期请用语 expectation and inquiry phrase
公文专用词语的一种。表示期望和请求时使用。如"即请""诚请""特请""恳请""恭请""拟请""务请""希即""敬望""企盼""希望"等。

02.04.050 表态用语 statement phrase
公文专用词语的一种。表明发文机关态度时使用。如"照办""可行""准予""不可行""同意""原则同意""不同意"等。

02.04.051 时间用语 time and tense phrase
公文专用词语的一种。表明公文承办时限时使用。如"当即""即刻""迅即""从速""届时""准时"等。

02.04.052 承转用语 transitional phrase
公文专用词语的一种。用于表明转折、过渡或承上启下关系。如"为此""据此""鉴此""经研究批复如下""现通告如下""特通知如下""特制定以下办法"等。

02.04.053 谦敬用语 honorary phrase
公文专用词语的一种。在承受对方单位的支持和帮助后表明感激、敬重之情时使用。如"承蒙惠允""承蒙贵局通力协助""承蒙慨允,不胜感激""不胜荣幸"等。

02.04.054 结尾用语 ending phrase
公文专用词语的一种。表达公文结束或兼为表达行文目的或者行文要求时使用。如"现予公告""特此通知""特此报告,请审阅""特此批复""特此复函"等。

02.05 文件处置

02.05.001 归档文件 archived records
立档单位在其职能活动中形成的、办理完毕、应作为档案保存的各种文件材料。

02.05.002 文件归档 archiving records
将办理完毕且具有保存价值的文件经系统整理后,移交给本单位档案机构或人员保存的过程。

02.05.003 归档范围 archiving scope
应予归档保存的文件范围。依据国家档案局颁布的《机关文件材料归档范围和文书档案保管期限规定》的要求,归档范围主要包括:(1)反映本机关主要职能活动和基本历史面貌的,对本机关工作、国家建设和历史研究具有利用价值的文件材料;(2)机关工作活动中形成的在维护国家、集体和公民权益等方面具有凭证价值的文件材料;(3)本机关需要贯彻执行的上级机关、同级机关的文件材料,下级机关报送的重要文件材料;(4)其他对本机关工作具有查考价值的文件材料。

02.05.004 归档时间 time of archiving
向本单位档案机构或人员移交归档文件的时间。管理类和业务类文件的归档时间一般为次年六月底以前,部分专门文件和特殊载体文件的归档时间根据有关规定和工作需要确定。

02.05.005 归档要求 archiving requirements
对归档工作的质量要求,重点内容是:反映文件的形成规律和特点,保证文件的齐全完整,维护文件之间的有机联系,区别不同价值,便于保管和利用。

02.05.006 归档文件整理 arrangement of archived records
将归档范围内的文件进行装订、分类、排列、编号、编目、装盒等处置,使之有序化的过程。

02.05.007 归档文件整理原则 principles of archived records arrangement
归档文件整理的基本原则。包括:遵循文件的形成规律,保护文件之间的有机联系,区分不同价值,便于保管和利用。

02.05.008 归档文件分类方法 classification methods for archived records
对归档文件按其特征划分为若干类别的手法与方式,是归档文件整理的前提。主要包括年度分类法、组织机构分类法、问题(主题)分类法、保管期限分类法等。

02.05.009 归卷类目 classification scheme of archived records

比较详细具体的立卷归档规划,通常由文件管理部门与档案部门共同编制。归卷类目既可作为立卷归档工作的依据,又可用于平时的文件管理,是检索文件的简单工具。归卷类目一般由类别、条款和条款顺序号组成。

02.05.010 文件清退 records checking and return

经过清理将一部分办毕的收文按期退归原发文机关或由其指定的有关单位的活动。清退有利于维护重要文件或涉密文件的安全,有利于维护文件的严肃性、权威性与有效性,避免无用或错误文件信息扩散。

02.05.011 文件销毁 records destruction

以各种方式和手段对失去留存价值或留存可能性的办毕文件做出毁灭性处理的活动。

02.05.012 文件暂存 temporary storage of records

暂时留存保管一部分近期具有很高查考价值的重份公文(一份已归档),以及暂时留存保管一部分受多种因素制约一时难以准确判定是否应予销毁的公文的活动。

02.05.013 案卷级整理 arrangement of file

以分类与组合相结合的方法将一组有密切联系的文件实现有序化,形成以案卷为单位的档案保管单元的活动。

02.05.014 立卷特征 criteria for filing

将若干件归档文件组合为案卷的操作性标准,主要包括作者特征、问题特征、名称特征、时间特征、通信者特征、地区特征。

02.05.015 六个特征立卷法 six features for filing

以若干件归档文件的作者、问题、时间、名称、通信者、地区等六个特征为组合标准的立卷方法。

02.05.016 卷内文件目录 list in a file

案卷首部所载的文件名册,是固定和揭示卷内文件内容与成分的工具。主要包括序号、责任者、文号、题名、日期、页数、备注等项目。

02.05.017 卷内备考表 reference appendix

置于卷末用于记载卷内文件立卷与利用状况的表格。主要包括备注或说明、立卷人、检查人、立卷时间等项目。

02.05.018 案卷题名 file title

案卷标题,一个案卷的具体名称。其作用是概括揭示卷内的主要内容成分,为查找文件提供标识,为档案管理提供依据和条件。

02.05.019 案卷目录 catalog of files

登录案卷有关情况并固定案卷排列次序的名册,可作为移交案卷的凭据,还可作为档案检索的工具。

02.05.020 文件级整理 archived records arrangement on item level

将归档文件以件为单位进行装订、分类、排列、编目、装盒,使之有序化的过程。

02.05.021 归档文件装订 binding of archived records

立卷文件级整理的环节之一。将归档文件以"件"为单位进行装订的过程。

02.05.022 归档文件分类 classification of archived records

立卷文件级整理的环节之一。将归档文件按照年度、问题或主题、组织机构、保管期限等划分类别的过程。

02.05.023 归档文件排列 ordering of archived records

文件级整理的环节之一。在档案分类方案的最低一级类目内,结合时间和事由确定归档文件先后次序的过程。

02.05.024 归档文件编号 numbering of archived records

文件级整理的环节之一。依照归档文件分类方案和排列顺序逐件编号的工作。

02.05.025 **归档文件编目** catalog of archived records

文件级整理的环节之一。依据分类方案和室编件号顺序编制归档文件目录的过程。

02.05.026 **归档文件装盒** boxing of archived records

文件级整理的环节之一。将归档文件按室编件号顺序装入档案盒,并填写备考表、编制档案盒封面及盒脊项目的过程。

02.05.027 **件号** item number

文件的排列顺序编号。

02.05.028 **室编件号** number of records by records creation agency

档案室在接收归档文件时,为档案编制的件号。

02.05.029 **馆编件号** number of records by archives

档案馆在接收档案室移交进馆档案时,重新为档案编制的件号。

02.05.030 **归档章** stamp for archived records

加盖于每一件归档文件首页上端空白处,用以明确归档文件在全宗中具体位置的印章,包括全宗号、年度、保管期限、件号等项目。

03. 档 案 管 理

03.01 档案收集与整理

03.01.001 **档案收集** archival collection

档案管理机构按制度接收和征集档案的工作。

03.01.002 **档案移交** archival transfer

档案管理机构按照国家规定把档案交给接收方档案馆保存的过程。

03.01.003 **档案接收** archival accession

档案管理机构通过例行制度和手续,集中收集档案的工作。

03.01.004 **档案征集** archival acquisition

档案馆按照国家规定征收散存档案、散失档案和其他有关文献的活动。

03.01.005 **档案寄存** archival deposit

组织机构或个人通过合约方式将档案委托给文件或档案保管机构进行保管的一种方式。

03.01.006 **档案捐赠** archival donation

档案所有者将档案无偿赠送给档案管理机构的行为。

03.01.007 **档案馆藏** archival holdings

档案管理机构收藏的档案及其他藏品的总和。

03.01.008 **档案整理** archival arrangement

按照一定原则对档案进行系统分类、组合、排列、编号和编目,使之有序化的过程。

03.01.009 **档案分类** archival classification

按照档案的内容性质和形成规律特点,将档案划分为各个类别的档案整理活动。

03.01.010 **档案信息分类** classification of archival information

以国家机构、社会组织的职能分工为基础,结合档案内容所记述和反映事物的属性关系对档案信息进行的类别划分。

03.01.011 档案实体分类 classification of archival entity
根据档案的主要属性和特征对档案实体进行的类别划分。

03.01.012 档案整理编目 archival arrangement and description
通过一定的形式固定档案整理的成果,揭示卷内文件内容和成分的工作。

03.01.013 历史联系 historical relation
文件在产生和处理过程中所形成的内部联系。

03.01.014 来源联系 provenance relation
文件形成者及形成文件的职能活动方面的联系。

03.01.015 时间联系 time relation
文件形成时间方面的联系。

03.01.016 内容联系 content relation
文件在内容上的联系。

03.01.017 形式联系 formal relation
文件在表现形式上的联系。

03.01.018 事由原则 principle of pertinence
按照档案的主题内容进行整理的原则。

03.01.019 尊重全宗原则 principle of respect des fonds
档案馆整理档案时要区分来源以保持同一来源档案的整体联系的原则。1841 年法国内政部发布《关于各部和各地区档案整理与分类的指示》,首次提出"尊重全宗原则",反对用事由原则割裂来源联系。

03.01.020 档案有机体 archival unit as an organic whole
一个立档单位形成的具有有机联系的档案整体。

03.01.021 登记室原则 registry principle
德国于 1881 年提出的档案整理原则。主要内容包括两方面:一是档案馆要按照来源对档案进行整理,保持档案与形成机关的来源联系;二是档案馆要保留登记室所赋予的档案的整理顺序。

03.01.022 来源原则 principle of provenance
档案馆按照档案的来源进行整理和分类,要求保持同一来源的档案不可分散、不同来源的档案不得混淆的整理原则,这是档案管理的核心理论。具体可归纳为三点,即尊重来源、尊重全宗的完整性、尊重全宗内的原始整理体系。

03.01.023 自由来源原则 principle of free provenance
对来源原则加以修正而得到的一项档案整理原则。由德国档案学者阿道夫·布伦内克提出,其核心思想是把来源原则解释成在来源共同性基础上的事由共同性,即来源原则并不是只保持固定的来源,而应把来源和事由按照一种合适的比例关系搭配起来,建立兼顾两者的综合体。

03.01.024 新来源观 rediscovery of provenance
电子文件时代,中外档案学者从重视文件来源信息的角度,对来源概念赋予新含义而形成的观点。文件的来源信息包括文件的形成过程和背景,即文件是由谁、在什么条件下、运用哪些数据、为了何种目的、采用怎样的结构形成等方面的综合背景信息。

03.01.025 全宗 fonds
一个立档单位形成的具有有机联系的档案整体。

03.01.026 全宗名称 the name of fonds
一个立档单位的全称或规范化简称。

03.01.027 全宗原则 principle of fonds
将全宗作为档案有机整体的整理原则。

03.01.028　立档单位　filing unit
能够独立行使职权,并主要以自己名义单独对外行文的法人或自然人。

03.01.029　人物全宗　figure fonds
具有社会独立性的个人形成的档案有机整体。

03.01.030　家庭全宗　family fonds
以家庭为单位组成的档案有机整体。

03.01.031　家族全宗　kindred fonds
以家族为单位组成的档案有机整体。

03.01.032　联合全宗　federated fonds
由两个或两个以上立档单位形成,互有联系且不易区分因而作为一个全宗对待的档案有机整体。

03.01.033　档案汇集　archival collection
把不明所属全宗的零散档案,按照一定逻辑联系集中起来的档案的混合体。

03.01.034　汇集全宗　collection fonds
由若干个文件数量很少且具有某些共同特征或联系的小全宗组成,作为一个全宗对待的档案整体。

03.01.035　档案组合　archives group
英国档案整理单元。一个自身结构完备,能够独立处理事务并构成有机整体的行政机关在工作中形成的全部档案。

03.01.036　文件组合　record group
美国档案整理单元。以文件来源为基础,考虑有关机关、团体或组织的行政管理史,以及文件的复杂性和数量而组建起来的,基于组织和职能联系的文件综合体。

03.01.037　分组合　subgroup
美国文件组合内的一个整理级别。通常按来源机关的下属行政单位划分,也可按职能、地区或年代等划分。来源机关前身的档案文件也可形成一个分组合。小的文件组合大都划

分为系列,无分组合级别。

03.01.038　文件系列　record series
美国文件组合内的一个整理级别。是由若干案卷按照前后一致的模式组成,可以是字母、数字或年度顺序,从而使每个案卷都有一个恰当的位置。是美国霍尔姆斯划分的五个整理级别中重要的一个等级。

03.01.039　手稿汇集　manuscripts collection
将不知所属、残缺不全的手稿,按照一定特点集中起来的混合体。

03.01.040　全宗群　fonds complex;fonds group
由若干个具有时间、地区、性质等共同特征的全宗组成的概念群体。

03.01.041　立档单位与全宗历史考证　administrative history of fonds and its originating agency
由调查和研究立档单位历史沿革和档案状况的研究成果形成的书面材料。

03.01.042　区分全宗　identification of fonds
按照档案与立档单位的形成关系确定档案全宗归属的方法。

03.01.043　档案分类方法　classification methods for archives
根据分类规则,对档案实施分类管理的方法。

03.01.044　档案分类标准　classification standard for archives
对档案实体或档案内容进行划分的依据。

03.01.045　分类方案　classification scheme
运用档案分类方法及标准的指导性文件。

03.01.046　年度分类法　classification by year
按照年度对档案进行分类的方法。

03.01.047　时期分类法　classification by period
按照历史时期对档案进行分类的方法。

03.01.048　组织机构分类法　classification by institution

按照组织机构对档案进行分类的方法。

03.01.049　作者分类法　classification by author

按照作者对档案进行分类的方法。

03.01.050　通信者分类法　classification by correspondent

按照通信者对档案进行分类的方法。

03.01.051　问题分类法　classification by theme

按照问题对档案进行分类的方法。

03.01.052　职能分类法　classification by function

按照职能对档案进行分类的方法。

03.01.053　实物分类法　classification by material object

按照实物类型对档案进行分类的方法。

03.01.054　地理分类法　classification by geography

按照地理对档案进行分类的方法。

03.01.055　载体分类法　classification by medium

按照载体对档案进行分类的方法。

03.01.056　联合分类法　classification using over two standards

用两种以上分类标准在不同层级对全宗内档案进行分类的方法。

03.01.057　年度—组织机构分类法　classification by year and institution

先按照年度对档案进行分类,再按照组织机构对档案进行分类的联合分类法。

03.01.058　组织机构—年度分类法　classification by institution and year

先按照组织机构对档案进行分类,再按照年度对档案进行分类的联合分类法。

03.01.059　年度—问题分类法　classification by year and theme

先按照年度对档案进行分类,再按照问题对档案进行分类的联合分类法。

03.01.060　问题—年度分类法　classification by theme and year

先按照问题对档案进行分类,再按照年度对档案进行分类的联合分类法

03.01.061　档案分类号　archival classification number

档案分类表中档案类目的代号。

03.01.062　档案整理工作方案　archival arrangement scheme

档案馆(室)针对某一全宗或若干全宗档案制订的整理工作的计划性文件。

03.01.063　档号　archival code

在归档整理过程中赋予的、表示档案保管单元来源特征、管理特征和分类排列次序的一组字符代码。

03.01.064　全宗号　fonds number

档案馆对进馆的档案全宗编定的固定代码。

03.01.065　案卷目录号　sequential number of file catalogue

全宗内案卷目录的排列顺序号。

03.01.066　案卷号　file number

案卷在案卷目录内的排列顺序号。

03.01.067　档案条形码　archives barcode

由档案保管机构为每个保管单元制作的包含档号信息在内的二维图形识别符,档案保管与流通过程中可借助阅读器扫描二维图形来快速、精准地识别和控制档案实体。

03.01.068　档案十进编号法　archives decimal

numbering method

将一个全宗内的全部档案根据其内容,按一定原则分为 10 类,每类下分 10 项,每项下分 10 目,以下子目、细目都以 0~9 的数字为限进位类推的档案编号方法。

03.01.069 双位法 two digit identifier

对同一级类目采用双位数字标识的编号方法。

03.01.070 八分法 numbering using the number from one to eight

只有 1~8 八个数字标记同位类的编号方法,当同一级类目的号码顺序超过 8 时,不用 9,而用 91、92、93……来标记。

03.01.071 工程项目分类法 classification by the characteristics of a project

将一个单位的全部工程档案按工程项目特征划分类别的方法。

03.01.072 型号分类法 classification by the type of a product or an equipment

将一个单位的全部产品或设备档案按产品或设备的不同种类、不同型号划分类别的方法。

03.01.073 专题分类法 classification by the content and theme of archives

将档案按照其所反映的内容和主题划分类别的方法,主要用于科技档案或业务档案。

03.01.074 专业分类法 classification by specialty

将档案按照其所反映的不同专业性质划分类别的方法,主要用于科技档案或业务档案。

03.01.075 地域分类法 classification by region

将档案按照其所反映的地理区划或水系、流域特征划分类别的方法,主要用于科技档案或业务档案。

03.01.076 课题分类法 classification by sub-

ject

将档案按照其课题特征划分类别的方法,主要用于科研档案或业务档案。

03.01.077 时间分类法 classification by creating time

将档案按形成时间(时期、阶段、年度等)划分类别的方法,主要用于科技档案或业务档案。

03.01.078 工序分类法 classification by process

将档案按其生产流程中的各个工艺或工序划分类别的方法,主要用于科技档案或业务档案。

03.01.079 科技档案保管单位 custody unit of science and technology archive

具有有机联系、价值相同或相似的科技文件的集合体,是科技档案的最小保管单元。

03.01.080 结构组合法 filing by components of a product or an equipment

按照机械产品和设备的组、部件或系统,将记载和反映其各组成部分的科技文件组成案卷的方法。

03.01.081 子项组合法 filing by subproject

按照建设工程的子项将其科技文件组合立卷的方法。

03.01.082 工序组合法 filing by production process

将反映同一生产工序的科技文件组合立卷的方法。

03.01.083 程序组合法 filing by production procedure

将反映同一生产程序的科技文件组合立卷的方法。

03.01.084 阶段组合法 filing by production stage

将反映同一生产过程和阶段的科技文件组合立卷的方法。

03.01.085　专业组合法　filing by specialty
按照科技文件内容所涉及的专业分别组合立卷的方法。

03.01.086　专题组合法　filing by theme
按照科技文件所反映的不同问题分别组合立卷的方法。

03.01.087　地区组合法　filing by region
按照科技文件所反映的地区分别组合立卷的方法。

03.01.088　时间组合法　filing by creating time
按照科技文件所反映或形成的时间分别组合立卷的方法。

03.01.089　名称组合法　filing by project name
按照科技文件所反映的项目名称组合立卷的方法。

03.01.090　作者组合法　filing by author
将同一作者形成的科技文件组合立卷的方法。

03.01.091　科技文件成套性　principle of keeping the scientific and technical records created in one technical and production activity intact
一项科技、生产活动中形成的所有文件具有密切的有机联系,通常需要作为一个整体加以管理。

03.02　档 案 鉴 定

03.02.001　档案鉴定　archival appraisal
判定档案价值和真伪的过程。

03.02.002　档案价值鉴定　appraisal of archival values
甄别档案保存价值,确定档案保管期限,进行存毁处置的档案业务工作。

03.02.003　文件处置　records disposition
鉴定文件后决定采取的行动,包括移交档案馆或销毁。

03.02.004　档案鉴定制度　archival appraisal rule
规范档案鉴定工作的依据性规程和准则。

03.02.005　年龄鉴定论　old age is to be respected
德国档案学者迈斯奈尔提出的档案鉴定理论,由六条一般原则和七条具体标准组成,要求人们在鉴定档案时注意保护年代久远的档案,即"高龄档案应当受到尊重",致力

于保护古老档案。

03.02.006　行政官员决定论　administrators determinism
英国档案学者詹金逊于20世纪20年代提出的档案鉴定思想,核心观点是档案人员不宜参与文件的鉴定和销毁,鉴定应由行政官员自行决定。

03.02.007　职能鉴定论　functional appraisal theory
波兰档案学者卡林斯基提出的档案鉴定理论,要求按照文件形成机关在政府机构体系中的地位和职能的重要性来确定档案文件的价值及保管期限,即形成机关地位越高、职能越重要,档案文件的价值相应就越大。

03.02.008　文件双重价值论　double values of records
美国档案学者谢伦伯格提出的文件鉴定理论,即公共文件有两种价值,一是对原形成机关的第一价值,二是对其他机关和个人利

用者的第二价值;形成机关的行政官员主要负责鉴定第一价值,档案部门及其工作人员负责鉴定第二价值。

03.02.009　利用决定论　utilization determinism

美国档案学者梅尔·菲斯本等提出的档案鉴定理论,主张将学者特别是历史学家的实际利用和预期利用视为鉴定档案的最重要标准。

03.02.010　宏观鉴定论　macro-appraisal theory

欧美国家在 20 世纪八九十年代提出的档案鉴定理论,包括德国的社会分析与职能鉴定论、美国的文献战略、加拿大的宏观鉴定战略等,主张将档案鉴定提升到更广阔的社会背景下,认为档案价值与社会发展密切相关,强调将文件形成者的职能、任务或活动作为档案价值分析的主要依据。

03.02.011　社会分析与职能鉴定论　social analysis and functional appraisal theory

德国档案学者汉斯·布姆斯提出的档案鉴定理论,即认为档案应体现文件产生时期的社会价值,人们可通过了解重要文件形成者的职能来判断其社会价值。

03.02.012　文献战略　documentation strategy

美国档案学者海伦·塞穆尔斯于 20 世纪 80 年代提出的档案鉴定思想,主要是针对某一正在进行的事项、活动或地域,多机构合作制订确保对该事项、活动或地域进行充分记录的计划。20 世纪 90 年代,她又提出了“机构职能分析”的概念,强调档案工作者在对文件进行鉴定时应首先对机构的职能和活动进行研究,以试图将来源职能主义与主题战略更紧密地结合在一起。

03.02.013　宏观鉴定战略　macro-appraisal strategy

加拿大档案学者特里·库克提出的档案鉴定理论,即档案人员在鉴定前需要了解整个社会的运行方式和文件的形成过程,全面考虑社会结构、文件形成过程、文件形成机构的职能、业务活动及治理活动等因素,通过鉴定来准确反映社会发展趋势与文件形成者及其职能的有机联系。

03.02.014　禁毁日期　barrier date

又称“禁毁年限”。禁止销毁档案的具体年限规定。该日期之前产生的文件,不管其内容、来源、制作方法如何,均应保存,一律不得销毁。

03.02.015　档案保管期限　records retention period

档案机构根据档案鉴定标准确定的档案保存年限。

03.02.016　档案保管期限表　records retention schedule

以表册形式,列举档案的来源、内容和形式,并指明其保管期限的指导性文件。

03.02.017　档案鉴定委员会　archival appraisal committee

负责档案价值鉴定及档案销毁工作的机构。

03.02.018　鉴定小组　archival appraisal group

组织机构内直接负责档案价值鉴定及档案销毁工作的团队。

03.02.019　直接鉴定法　direct-appraisal

通过直接审查内容进行档案价值鉴定。

03.02.020　抽样鉴定法　sampling-appraisal

鉴定大量同源文件或文件汇集时采取的一种鉴定方法。对于大量同源文件或文件汇集,抽样鉴定一部分。通过样品来推断出文件的形成者、形式、内容、职能、运行环境及其档案价值。

03.02.021　档案赝品　forged and interpolated

archives

所署作者、时代等与实际状况不相符的经伪造、假托或篡改的档案。

03.02.022 伪误档案 untrustworthy archives
内容失实虚假的或经伪造、假托或篡改的档案。

03.02.023 档案销毁 archive destruction
经过鉴定对失去价值的档案作毁灭性处置的过程。

03.02.024 档案销毁制度 archive destruction

rules

规范档案销毁工作的制度。

03.02.025 档案销毁清册 archive destruction list
登录被销毁档案题名、数量等内容并由责任人签署的文件。

03.02.026 档案销毁目录 archive destruction catalogue
登录被销毁档案题名、数量等内容的索引性文件。

03.03 档案统计与保管

03.03.001 档案统计 archival statistics
对档案及档案工作的数量特征进行记录、采集、整理和分析的活动。

03.03.002 档案登记 archival registration
登录档案和档案管理有关数据的过程。

03.03.003 全宗名册 fonds roll
档案馆用以固定全宗号、了解库藏全宗名称和统计全宗数量的登记工具。

03.03.004 全宗卡片 card of archival fonds
档案馆向档案行政管理部门填报的以全宗为单位反映馆藏全宗情况的卡片。

03.03.005 全宗单 fonds list
以全宗为单位记录档案馆全宗管理状况的登记单。

03.03.006 档案保管 archival preservation
维护档案完整、系统与安全的活动。

03.03.007 档案安全 archives security
狭义上指档案信息本身的安全,即不因偶然的或者恶意的原因而遭到破坏、更改、泄露;广义上指包括档案信息在内的载体、相关人员、设备、技术、环境的安全。

03.03.008 档案安全风险管理 risk manage-

ment of archives security

综合运用安全技术与管理手段,实现与档案安全风险有关的管理和控制的活动。包括采用风险管理进行安全因素的识别、监控和应对,并为档案安全提供基本的管理框架、管理对象、应对方案。

03.03.009 档案馆建筑 archives building
存放档案材料的建筑物。包括档案库房、技术用房、阅览室、办公室、展览室等。

03.03.010 档案箱 archival case; archival boxes
多为用木制材料制成的、带盖的保存档案的箱子,能形成相对封闭的空间。

03.03.011 战备箱 tank; archival war reserve case
采用了防护装具和相关防护设备的档案箱,用于军事或紧急情况下的档案保管。

03.03.012 档案柜 cabinet file
多指用木材或金属材料制成,整体式或组合式的保存档案的柜子。

03.03.013 档案架 archives shelf
存放档案的排架装具。

03.03.014 密集架 compact shelf

密集型档案装具,在复柱式双面固定架的底座上安装轴轮,能沿地面铺设的小导轨直线移动的架子,可根据需要将多个架子靠拢或分开。

03.03.015 积层架 layered shelf
重叠组合而成的多层固定的档案架。

03.03.016 通天架 overhead shelf
设计高度极高可大量存放且节省空间的档案架。

03.03.017 库房编号 storage number
为方便库房管理而为库房统一编制的序号。

03.03.018 库房排架 storage shelf
为固定次序而对库房中的档案架编制的序号。

03.03.019 双行排架法 double shelving
档案库房中档案架的每层搁板放置两行档案盒,以增加档案架的容量,提高库房面积利用率。

03.03.020 档案存放地点索引 storage location index
指明档案库房中的档案存放结构或档案在库房中存放位置的一种库房管理工具。

03.03.021 代卷卡 dummy card
将案卷移出库房时,置于移出案卷位置以代替案卷的卡片。

03.03.022 全宗卷 file for archival fonds
在保管某一全宗过程中形成的,说明全宗历史情况和现状,由有关文件材料组成的专门案卷。

03.03.023 档案库位管理 location management
规划档案库房的使用面积和柜架数量、合理布局,便于档案定位的管理活动。

03.03.024 档案库房管理 administration of archival repository
为维护档案的完整与安全对档案库房进行的管理活动,包括档案秩序管理、库房温湿度调节、档案出入库控制、档案理化状态检测、档案保卫及卫生保洁等。

03.03.025 大流水排架法 sequence shelving
库藏全部档案按接收归档的先后顺序上架排列的方法。

03.03.026 分类排架法 classified shelving
库藏全部档案按档案分类方案确定的类和属类顺序排列上架的方法。

03.03.027 分类流水排架法 sequence and classified shelving
库藏全部档案进行初步分类后在各类内实行流水排架的方法。

03.03.028 底图柜 base map cabinet
专门存放底图的档案柜子。

03.03.029 底图平放法 base map flatways
按整理顺序将底图平放在多层抽屉的底图柜中的方法。

03.03.030 底图卷放法 base map rolling up
将底图按套或按卷卷成筒状排放在底图柜中的方法。

03.03.031 案卷封面 file cover
案卷的外表封面。

03.03.032 档案袋 archival folder
用来存放档案的袋子。

03.03.033 档案盒 archival box
用来存放档案的盒子。

03.04 档 案 检 索

03.04.001 档案著录 archival description
对档案内容和形式特征等进行分析、选择和记录的过程。

03.04.002 著录项目 elements of description
揭示档案内容和形式特征的记录事项。是构成档案条目最基本的数据单元。

03.04.003 题名项 title
著录项目之一。题名是表达档案中心内容、形式特征的名称，包括文件题名、案卷题名、类别题名、全宗题名。

03.04.004 正题名项 formal title
著录项目之一。正题名是档案的主要题名，一般指单份文件文首的题目名称、案卷封面上的题目名称、类别名称或全宗名称。

03.04.005 并列题名项 parallel title
著录项目之一。并列题名是以第二种语言文字书写的与正题名对照并列的题名，必要时与正题名一并著录，以便于按照不同的文字进行检索。

03.04.006 副题名及说明题名文字项 associate title and text description
著录项目之一。副题名是解释或从属于正题名的另一题名。说明题名文字是指在题名前后对档案内容、范围、用途以及批准、通过时间等的说明文字。

03.04.007 责任者项 author
著录项目之一。责任者是对档案内容进行创造或负有责任的组织机构或个人。

03.04.008 组织机构沿革/人物生平项 administrative/biographical history
著录项目之一。责任者的历史沿革或生平传记的著录项目。

03.04.009 档案保管沿革项 archival history
著录项目之一。接收、接受捐献、购买、代存等收集档案的过程或档案历次保管权转移的情况及时间的著录项目。

03.04.010 范围和提要项 scope and abstract
著录项目之一。简要概括并记录著录单元的范围和内容，如时间范围、地点范围、主要内容和重要数据（包括技术参数）等。

03.04.011 稿本项 version of document
著录项目之一。档案文件的文稿、文本、版本的著录项目。

03.04.012 文种项 type of document
著录项目之一。文件种类的名称。

03.04.013 保管期限项 retention period
著录项目之一。对档案划定的留存年限的著录项目。

03.04.014 密级项 confidentiality level
著录项目之一。文件保密程度的等级的著录项目。

03.04.015 公开属性项 review of records disclosure
著录项目之一。文件的公开审核意见的著录项目。

03.04.016 开放标识项 review of archives disclosure
著录项目之一。档案的开放审核意见的著录项目。

03.04.017 日期项 date
著录项目之一。著录单元的形成日期或起止日期。

03.04.018 载体形态项 characteristics of medium
著录项目之一。著录单元的载体类型、数量和单位以及规格。

03.04.019 附注项 note

著录项目之一。其他著录项目中无法展现但需解释和补充的信息。

03.04.020 著录标识符号 description identifier

著录时辅助著录项所使用的标识符号，一般用"-"表示。

03.04.021 著录格式 description format

著录项目在条目中的排列顺序及其表达方式。

03.04.022 文件级条目著录格式 description of item level

以单份文件为对象进行著录的格式，即一文一卡。

03.04.023 案卷级条目著录格式 description of file level

以卷、册、袋、盒为对象进行著录的格式，即一卷一卡。

03.04.024 条目 entry

反映档案内容和形式特征的著录项目的组合。

03.04.025 著录详简级次 detailed levels of description

对档案内容和形式特征进行分析选择和记录的详简等级和层次。

03.04.026 档案标引 archival indexing

对档案内容进行主题分析，赋予检索标识的过程。

03.04.027 受控标引 controlled indexing

在事先指定的叙词表（主题词表）中选用相应规范词，对档案进行标引的方式。

03.04.028 分类主题一体化标引 integration of classification indexing and subject indexing

在档案标准化著录中标识分类号和主题词

时，借助分类主题词表对档案内容做一次性的分析与概括，同时完成分类标引与主题标引两项标引。

03.04.029 档案分类标引 classification indexing

对档案内容进行主题分析，赋予分类号标识的过程。

03.04.030 自由标引 natural language indexing

不用主题词表等控制工具而是直接使用关键词等自然语言进行标引的方式。

03.04.031 档案主题标引 subject indexing

对档案内容进行主题分析，赋予主题词标识的过程。

03.04.032 过度标引 overused indexing

标引深度过高的标引。指标引时不切合文献主题的实际情况，标引了过多、过深的主题词和分类号。

03.04.033 标引规则 indexing rule

正确进行档案标引、保证档案标引质量的参考规则。

03.04.034 档案检索语言 archival retrieval language

根据档案检索的需要而创制的专用人工语言。

03.04.035 先组式检索语言 pre-coordination retrieval language

指描述信息主题概念的标识在检索之前就已经事先固定好标识系统，如体系分类语言、标题语言等。

03.04.036 后组式检索语言 post-coordination retrieval language

描述信息主题概念的标识在检索之前未固定组配，而是在检索时根据检索的实际需要，按照组配规则临时进行组配的标识系统，如叙词语言等。

03.04.037　档案分类检索语言　classification retrieval language

用分类号表达各种主题概念,按照知识分类将主题概念组织、排列成类目体系,主要以类目体系的固有结构显示概念之间关系的检索语言。

03.04.038　档案分面分类法　archival classification by the analysis on terms and principles

根据概念的分析和综合原理编制的档案分类法。

03.04.039　档案分类主表　primary scheme of archival classification

即详细类目表,是分类表的正文,档案分类标引的实际依据,由类目体系、标记符号和类目注释三要素组成。

03.04.040　档案复分表　secondary scheme of archival classification

用以对主表中列举的类目进行细分的辅助表。

03.04.041　叙词　descriptors

经过规范化处理的,以基本概念为基础的表达信息内容的词和词组。

03.04.042　档案主题词　archival thematic words

又称"档案叙词"。经过规范化处理的,以基本概念为基础的表达档案信息内容的词和词组。

03.04.043　档案关键词　archival keywords

制作和使用档案索引时,所用到的检索词汇。

03.04.044　档案主题词法　archival thesaurus

对档案给予主题词标识的标引方法。

03.04.045　档案主题分析　archival subject analytic

根据档案存储和检索系统的要求,依据一定的分析方式对档案内容进行分析,从中提炼出主题概念、确定主体类型及剖析主题结构的过程。

03.04.046　主题词组配标引　coordinate indexing of subjects

利用概念的可分析性和可综合性,根据概念的交叉关系将两个概念的重合部分形成一个新概念的标引方式。

03.04.047　主题词组配规则　rules on coordinate indexing of subjects

主题词组配标引采用的规则,包括概念组配、避免不必要词的堆砌、遵守专指性规则、遵守主题词标引优先顺序等。

03.04.048　概念相交组配　conceptual intersection

用两个或两个以上具有概念交叉关系的同级主题词组配表达其相应的下位概念。

03.04.049　档案检索　archives search; archival retrieval

存储和查找档案信息的过程。

03.04.050　档案检索工具　archival finding aids

用于存储、查找和报道档案信息的系统化文字描述工具,是目录、索引、指南等的统称。

03.04.051　全宗指南　guide to archival fonds

介绍和报道立档单位及其所形成档案情况的一种档案检索工具。

03.04.052　专题指南　thematic guide; subject guide

介绍和报道某一专题档案情况的一种档案检索工具。

03.04.053　档案馆指南　guide to archives; archival guide

介绍和报道档案馆基本情况、馆藏档案和有

关文献,指导利用者查阅利用的一种档案检索工具。

03.04.054　档案馆名录　archives directory
档案行政管理部门简明介绍、报道档案馆概况的工具书。

03.04.055　档案分类目录　archival catalogue
依据分类表按照分类标识以一定次序编排而成的一种档案目录。

03.04.056　档案主题目录　archival theme catalogue;thematic catalogues of archive
依据主题词表按照主题标识以一定次序编排

而成的一种档案目录。

03.04.057　档案索引　archives index
指明档案或目录的某种特征,以一定次序编排并注明相应出处的档案检索工具。

03.04.058　档案人名索引　name index
指明人名及相应档号,以一定次序编排而成的一种档案索引。

03.04.059　档案地名索引　place name index
指明地名及相应档号,以一定次序编排而成的一种档案索引。

03.05　档案利用与编研

03.05.001　档案利用　utilization of archives
利用者以阅读、复制、摘录等方式使用档案的活动。

03.05.002　档案开放原则　principle of public access to archives
又称"档案公开原则"。公民通过合法手续获准后,可以在档案馆查阅所需文件。这一原则是法国资产阶级革命时期在档案工作改革中,针对中世纪档案馆的封闭状态提出的,被誉为"档案的人权宣言"。

03.05.003　学术利用　academic use
利用者利用档案进行学术研究,通过查找和选择馆藏资料来获取和传播知识。

03.05.004　实际利用　practical use
利用者利用档案为实际工作服务,通过查找和选择馆藏资料来直接帮助工作决策。

03.05.005　普遍利用　general use
档案馆向普通公民宣传档案或是提供主动服务。

03.05.006　档案阅览室　archive reading room
档案管理机构内供利用者阅览档案的专门场所。

03.05.007　档案展览　archives display
为传播档案信息按一定主题展示档案的活动。

03.05.008　档案证明　archival verification;archival authentication
档案管理机构依据档案的记载出具的凭证性文件。

03.05.009　档案咨询服务　archives reference service
档案保管机构答复询问,指导和帮助利用者的活动。

03.05.010　档案密级　archives security classification
档案、文件保密程度的等级。

03.05.011　档案解密　declassification of archives
解除已失去保密价值的档案、文件的保密限制。

03.05.012　档案降密　archives downgrade
降低档案、文件的原有保密等级。

03.05.013　档案编研　archival editing and studying; archival editing and publication

根据利用需要,对档案内容进行研究和编纂的工作。

03.05.014 档案参考资料 archival reference materials

根据一定题目,对有关档案内容进行研究与综合,编写而成的各种参考资料的总称。

03.05.015 大事记 chronicle of events

按照时间顺序简要记述一定范围内发生的重大事件、重要活动的一种档案参考资料。

03.05.016 组织沿革 administrative history

系统记述一个机构(地区、行业)体制、职能等基本状况变迁过程的一种档案参考资料。

03.05.017 基础数字汇集 basic figure collection

以数量特征反映一个机构(地区、行业)基本情况的一种档案参考资料。

03.05.018 专题概要 thematic summary

简要记述某一特定的社会事物或自然现象产生、发展、变化情况的一种档案参考资料。

04. 档案文献编纂

04.01 档案文献编纂基本理论

04.01.001 文献 documentation

记录知识的一切载体。

04.01.002 编纂 compile

按照一定体例将文献信息整理加工形成新文献集合体的活动。

04.01.003 文献编纂 compiling documentation

用搜集、序化、诠释等文献整理方法,按照一定体例将已有文献纂辑起来形成新文献体的活动。它不改动文献原文,是保存和流传文献的重要手段。

04.01.004 档案文献编纂 compiling archival documentation

又称"档案文献编纂工作"。有广狭二义。广义的档案文献编纂,指按照一定题目要求,对档案信息进行搜集、筛选、审核、加工、整序、评介,以档案文献出版物的形式向社会用户提供档案文献信息的工作。狭义的档案文献编纂,指按照一定的题目要求,查找和挑选档案材料,将档案原文全部(或部分内容)进行科学系统的加工编排,附以编纂者对档案

材料的校勘考证、注释评介等研究成果的档案文献整理出版活动。

04.01.005 科技档案编研 science and technology archives compilation and research

根据社会需要,以科技档案为对象,按照一定的题目,在对科技档案分析研究的基础上,对科技档案材料进行收集、整理,进行不同层次的加工,形成各种编研成品的工作。

04.01.006 档案文献 archival documentation

刊载档案原文或揭示、报道、摘编及综述档案信息内容的各种档案文献编纂成果。还可用来表示:(1)档案,用以强调档案的文献属性;(2)具有重要价值的档案,用以增强档案的价值属性。

04.01.007 档案两步整理论 theory of two-step archives arrangement

档案整理包括实体整理和内容整理的理论。档案实体整理是档案整理的基础,内容整理是档案整理的完善和深化。

04.01.008 档案文献编纂工作原则 principles for compiling archival documentation

编纂公布档案文献应该遵循的最基本要求，包括科学性、政治性、文化性和效益性等工作原则。

04.01.009 档案文献编纂工作性质 nature of archival documentation compilation

档案文献编纂工作的根本属性。档案文献编纂不仅是一项资料整理和学术研究工作，还是一项具有明显意识形态和政治倾向性的工作。

04.02 档案文献编纂体裁

04.02.001 档案文献体裁 genre of archival documentation

档案文献编纂成品较为稳定的表现方式。广义的档案文献编纂中，根据档案信息加工程度不同，档案文献体裁包括一次档案文献、二次档案文献和三次档案文献。

04.02.002 一次档案文献 primary archival documentation

经过编者纂辑加工向读者提供档案原文信息的档案文献编纂成果。

04.02.003 档案文献汇编 compendium of archival documentations

按照一定的题目系统完整地辑录档案原文的一次档案文献。

04.02.004 现行文件汇编 compendium of current records

汇集具有现实法律效力文件的一次档案文献。

04.02.005 政策法令汇编 compendium of policies and decrees

汇集现行法律、法令、条例以及政策性文件的一次档案文献。

04.02.006 文件汇编 compendia of records

依据作者、专题、时间或文种等特征，按照一定的体例，将档案中有关文件选编成册，在规定范围内使用或公开出版的原始资料汇集。有重要文件汇编、会议文件汇编或专题文件汇编等。

04.02.007 发文汇集 compendium of issued records

将本机关一定期限内的发文副本按一定体例直接编排装订而成的一次档案文献。

04.02.008 二次档案文献 secondary archival documentation

经过编者著录描述、汇总整序向读者提供的关于档案内容要素和外部形式特征的档案文献编纂成果。

04.02.009 档案文摘 archival digest

以件或以卷为单位编写的准确介绍或报道档案内容梗概的档案参考资料。

04.02.010 开放档案目录 catalogue of disclosed archives

公开出版的用以报道馆藏珍贵档案的档案参考资料。或依法向社会公众和组织公开未列入保密与豁免公开范围的档案文件目录，供社会查阅利用。

04.02.011 档案室介绍 introduction to archives room

简要地介绍说明档案室基本情况的档案参考资料。

04.02.012 档案馆介绍 guide to archives

以文字叙述或声像形式全面、系统且概要地报道档案馆基本情况的档案参考资料。

04.02.013 名录 name catalogue

将一定范围内的机构和人物等名称按照一定顺序编排并附以基本信息的档案参考资料。

04.02.014 三次档案文献 tertiary archival documentation

编者对大量档案信息内容加以分析综合后编写而成的关于某一题目知识体系的档案文献编纂成果。

04.02.015 年鉴 annal; year book

系统编辑上一年度重要文献信息,按年编印以反映世界或一个国家、地区、机构组织等诸方面或某一方面发展变化情况的资料性工具书。

04.02.016 年谱 biographical chronicle

又称"人物传记年表"。按照年月记载一定人物生平事迹的表册。

04.02.017 人物简介 profile

以人物为对象简要介绍其生平行事、思想观点等的档案参考资料。

04.02.018 会议简介 brief introduction on conference

以会议为对象简要介绍其议程、内容的档案参考资料。

04.02.019 历史事件简介 brief introduction on historical event

以历史事件为对象,简要介绍其历史经过、结局、影响等的档案参考资料。

04.02.020 综述 review

通过对某一专题档案信息的深入分析而编写的,关于该专题内容主旨的档案参考资料。又称"专题述评"。

04.02.021 统计数字汇集 collection of statistical data

又称"统计数字汇编""基础数字汇编""基本情况统计"。从档案或其他资料中选取统计数字编辑而成的反映一个地区、一个单位或某一方面基本情况的档案参考资料。

04.02.022 科技档案参考资料 reference of science and technology archives

围绕科技档案而编写的档案参考资料。

04.02.023 图集 atlas

采用图例或绘图形式编辑而成的一种参考资料。

04.02.024 科技档案文摘 digest of science and technology archives

对科技档案主要内容进行摘录或著述而编辑成书册形式的一种参考资料,有专题文摘和综合文摘两种。

04.02.025 科技活动年鉴 annal of scientific and technological activities

以简明文字,扼要地记述和反映一个地区、一个单位在当年内发生的科学技术重大活动和变化情况的书面材料。一般按照专题和时间顺序编排,便于通览和查找,具有工具书的性质。

04.02.026 科技档案汇编 compendium of science and technology archives

对经常利用的科技档案信息资源进行汇总编辑而成的书册式一次档案文献。

04.02.027 科技档案简介 brief introduction to science and technology archives

以文字叙述或列表的形式,对有关项目科技档案的内容和特征进行简要介绍或报道(有时加以简单的评述)的参考资料。

04.02.028 混合性档案文献 mixed archival documentation

编者综合利用一次档案文献、二次档案文献、三次档案文献、数字声像文献的编纂方法向读者提供不同层次、范围和深度档案信息内容的档案文献编纂成果。

04.03 档案文献编纂方法

04.03.001 题目 topic
某一项具体档案文献编纂活动的工作范围，包括内容范围、成果形式和传播途径等。

04.03.002 选题 selecting topic
根据档案资源状况、社会需要以及档案部门主观条件等，选定在某一时期内所要完成的档案文献编纂题目。

04.03.003 选题规划 topic planning
在通盘研究的基础上制订的较长期间内档案文献编纂工作计划。

04.03.004 基本史料题目 fundamental historical topics
面向重大历史问题，取材广泛，规模宏大，可供未来长久利用的编纂题目。

04.03.005 非基本史料题目 non-fundamental historical topics
面向某一特定问题，内容单一、规模较小的编纂题目。

04.03.006 系列题目 series of topics
在以系列丛书为目标的档案文献编纂活动中，众多彼此间具有一定联系的题目。

04.03.007 非系列题目 non-series of topics; independent topic
单一独立的编纂题目。

04.03.008 题目价值 value of topics
编纂题目对社会所起的效用，包括文化价值、学术价值、政治价值、经济价值和社会价值等。

04.03.009 题目研究 studying topics
编者就编纂题目所涉及的学术问题、政策法律问题等所作的深入研究活动。

04.03.010 档案出版物 archival publications
以档案、档案工作、档案学为基本内容的出版物。

04.03.011 档案文献出版物 archival documentation publications
通过对档案信息进行搜集、筛选、审核、加工、整序、评介等一系列编纂活动，以出版方式提供给社会用户的出版成品。

04.03.012 档案文献刊物 periodicals of archival documentation
以刊登档案信息内容为主的定期或不定期刊物。

04.03.013 档案专题数据库 archives thematic database
围绕一定选题利用数据库技术编纂加工而成的档案文献编纂成品。

04.03.014 出版形式 forms of publication
由出版物内容所决定的诸种要素的结构和表现方式。

04.03.015 总集 total collection
多位作者各种体裁作品的汇集。档案文献编纂中，指多位作者的档案类作品的汇集。

04.03.016 合集 collection of two writers' works
两位作者各种体裁作品的汇集。档案文献编纂中，指两位作者的档案类作品的汇集。

04.03.017 别集 collection of one writer's works
一位作者各种体裁作品的汇集。档案文献编纂中，指一位作者的档案类作品的汇集。

04.03.018 全集 complete works
一位作者或多位作者各种体裁作品的全部汇集。档案文献编纂中，指一位或多位作者档案类作品的全部汇集。

04.03.019 选集 analects

一位作者或多位作者各种体裁代表性作品的汇集。档案文献编纂中,指一位或多位作者重要档案类作品的汇集。

04.03.020 丛书 monograph series
档案文献编纂中,指在一个总书名的统摄下将不同档案文献汇编出版的系列图书。

04.03.021 丛编 series
档案文献编纂中,指按照图书方式编辑不定期出版的档案文献出版物。

04.03.022 汇编 compendium
档案文献编纂中,指以档案材料原文为编纂对象,经过文字释读与符号转化或影印扫描等加工环节形成的档案文献编纂成果。

04.03.023 选编 selected works
档案文献编纂中,指按照一定的题目要求从精炼的角度出发,选择档案材料的档案文献编纂成果。

04.03.024 简编 simple compendium
档案文献编纂中,指一定题目范围内简要且主旨鲜明的档案文献编纂成果。

04.03.025 初编 the first compilation
档案文献编纂中,指题目属首次提出或将有接续出版计划的档案文献出版物。

04.03.026 补编 the supplementary compilation
档案文献编纂中,指对已有定名的档案文献出版物增补材料且沿用原名的档案文献出版物。

04.03.027 增订本 updated version
档案文献编纂中,指将初编的档案材料与初编出版后发现的遗漏材料和新材料沿用原编纂体例统一编排而成的档案文献出版物。

04.03.028 续编 continuation
档案文献编纂中,指对已有定名的档案文献出版物的时间断限加以延伸且沿用原名的

档案文献出版物。

04.03.029 辑录方式 style of edition
档案文献汇编中收录档案材料正文的处理方法。包括全录、节录和摘录三种方法。

04.03.030 全录 integration-all
将入选档案材料的全文完整地编纂公布的辑录形式。

04.03.031 节录 integration-chapter
将入选的档案材料正文中与题目有关的章节或部分完整地采录,而其余的章节或部分予以删略的辑录形式。

04.03.032 摘录 excerpt
将档案材料中与题目有关的完整段落或语句一一寻摘出来,分别纳入出版物各章、节、项、目之中的辑录形式。

04.03.033 白文本 text without annotation
编者对选入的档案材料正文不做任何更改、说明的出版形式。

04.03.034 校点本 collated and punctuated text
编者对选入的档案材料正文进行校勘、标点的出版形式。

04.03.035 评注本 annotated text
编者对选入的档案材料正文进行评论、注释的出版形式。

04.03.036 综论本 commented text
包含政治、经济、文化、社会等方面主题内容的综合性汇编。

04.03.037 专论本 one-topic text
仅以某一专门领域或问题为中心内容的汇编。

04.03.038 排印本 font-changed text
改变档案正文原来符号,用规范字体排版印刷的档案文献版本。

04.03.039　影印本　photocopy
利用现代照相技术照相制版以保存档案正文原貌的方式出版的档案文献版本。

04.03.040　编纂大纲　outline for compilation
又称"选材大纲"。编者在编前研究的基础上拟制的关于题目内容轮廓简明而有逻辑的框架结构式文字。

04.03.041　档案材料查找　searching archival materials
围绕编纂题目要求，在编纂大纲的指导下，按照全面查找、宁多勿漏、博约得当的原则，全面搜集与编纂题目有关的档案材料的活动，是档案文献编纂的重要环节。

04.03.042　直接档案全宗　directly related archival fonds
与编纂题目直接相关、具有密切联系的档案全宗，从中获取的材料往往能够构成汇编正文的基础。

04.03.043　直接档案类别　directly related archival category
与编纂题目直接相关、具有密切联系的档案类别，从中获取的材料往往能够构成汇编正文的基础。

04.03.044　间接档案全宗　indirectly related archival fonds
与编纂题目有一定关系的档案全宗，从中获取的材料往往能为汇编正文提供重要补充。

04.03.045　间接档案类别　indirectly related archival category
与编纂题目有一定联系的档案类别，从中获取的材料往往能为汇编正文提供重要的补充。

04.03.046　档案材料挑选　selection of archival materials
又称"选材"。按照科学的原则与方法，以查找所得档案材料为范围，从中选择出必要的材料以构成档案汇编内容主体的活动，是档案文献编纂的关键和核心环节。

04.03.047　选本　selection of edition
又称"文本选择""版本选择"。档案文献编纂中，搜集档案文献的不同版本，通过比勘校核以确定善本的材料选择工作。

04.03.048　选材标准　criterion of selecting archival materials
根据编纂题目要求制订的关于入选材料范围的具体规定。

04.03.049　选材方案　scheme for selecting archival materials
由选材大纲、选材标准、选材步骤等内容构成的选材工作实施指导性文件。

04.03.050　选材原则　principles for selecting archival materials
选材应遵循的原则，即在正确的历史观指导下深入分析档案材料的史料价值以准确决定材料的取舍。

04.03.051　选材方法　methods of selecting archival materials
选材工作的具体实施措施，包括如何分析个体文件与相关文件的价值，编者个人分析与集体研究相结合，以及初选、复选、定选的步骤安排等具体内容。

04.03.052　选材卡　card of selecting archival materials
将初步挑选出来的档案材料按照原有标题、作者、受文者、形成时间、文种、文本、内容提要、藏址、选材者及审核意见等分项著录的卡片。

04.03.053　初选　the first stage of selection
选材工作的基础阶段，即根据选材大纲的要求，将查找到的档案材料经过初步的鉴定，按照"从宽防漏"的要求，剔除明显无关的材料，保留难以取舍的材料的工作阶段。

04.03.054 复选 the second stage of selection
选材工作的关键阶段,即主要针对初选阶段难以取舍的档案材料,按照"从严防杂"的要求,经过比较分析,基本确定入选材料范围的工作阶段。

04.03.055 定选 the last stage of selection
选材工作的最后阶段,即通过集体协商、主编通盘决定去取,最终确定档案文献汇编正文构成的工作阶段。

04.03.056 档案考订 textual research on archives
运用考据学的方法,研究、整理档案文献的学术实践。包括考辨档案本身及其内容真伪、考证档案的形成时间、辨明档案文献的版本源流及其优劣、校勘档案文献字句正误以及对档案内容加以注释等内容。

04.03.057 外部考订 external examination and correction
又称"外形鉴别"。曾称"外部批判"。根据档案来源、外部形态等特征来鉴别其是否符合档案产生的时代与作者特点以鉴定档案真伪的考订方法。具体的考证途径包括档案的来源、载体形态、著录和征引情况、文书体式、书写惯例、字体笔迹、特殊用语、避讳、文体风格、文书称谓、用印制度等。

04.03.058 内部考订 internal examination and correction
又称"内部鉴别"。曾称"内部批判"。通过比较档案记述内容与作者的思想经历、典章制度、事实情理等客观史实是否相符,对档案真伪以及可靠程度加以鉴别的考订方法。

04.03.059 时间考订 time examine and correct
通过档案所记述的事件日期,涉及的人物职务期限、往来文书关系、文件作者或受文者的任职期限,涉及的机构成立撤销时间、文件间互相征引情况、文件标记符号等来考证文件形成时间的考订方法。

04.03.060 作者考订 examining and correcting archives creator
通过辨析档案来源、笔迹、用纸、写作风格、署名以及档案内容等特征,以准确判定档案作者的考订方法。

04.03.061 版本考订 edition examine and correct
通过对档案文献不同版本比勘以揭示版本特征和价值,以此确定善本的考订方法。

04.03.062 纪事考订 examining and correcting historical event
辨别档案记载的史事是否可靠的考订方法。

04.03.063 避讳考订 examining and correcting taboo
利用历史档案中为尊者、圣者、长者避讳的特征来辨别档案形成时间与真伪的考订方法。

04.03.064 印章考订 examining and correcting seal
利用历史档案中的用印制度来辨别档案形成时间与真伪的考订方法。

04.03.065 载体考订 examining and correcting medium
利用历史档案中不同时代的载体特点来辨别档案真伪与形成时代的考订方法。

04.03.066 笔迹考订 examining and correcting handwriting
利用档案书写特征来鉴别其作者和真伪的考订方法。

04.03.067 字体考订 examining and correcting font and style of calligraphy
利用不同时代文献刊刻的书体和字形特征来鉴别档案文献真伪和形成时代的考订方法。

04.03.068 词语考订 examining and correcting word

利用不同时代和地域文献用语特征以辨别档案真伪及其形成时代的考订方法。

04.03.069 文体考订 examining and correcting genre

利用因不同时代、不同种类、不同作者的体裁风格、行文特点等来辨别档案的时代与作者的考订方法。

04.03.070 档案文献加工 processing archival documentations

又称"编辑加工"。编者按照一定的原则和方法,将档案材料信息内容如实地转移到其他载体上去,并对档案材料的文字、符号、图形以及行款格式等外形特征进行必要技术性处理的业务环节,包括转录加工和点校加工。

04.03.071 求实原则 principle of respecting original archives

在实事求是地分析研究的基础上保证转录加工后的汇编正文文字符号最大限度地符合和接近档案原件(或因原件不存而选用的档案文献善本)的原则。档案文献编纂加工工作所要遵循的重要原则。

04.03.072 慎改原则 principle of discreetly changing

采用阙疑谨慎态度,在转录和校勘工作中遇到字句讹夺衍倒等问题,在无确据的情况下不要强改的原则。是档案文献编纂加工工作所要遵循的重要原则。

04.03.073 标注原则 principle of annotation

凡是编者认为需要加工改动的地方,不要直接改动原文,而需用符号或文字加以标示说明,必要时交代加工改动的原因和依据的原则。是档案文献编纂加工工作所要遵循的重要原则。

04.03.074 转录加工 transcription

包括对档案材料原文的转录与必要删节、行款格式的处理、标记批语的处理等具体工作。是档案文献加工的重要内容之一。

04.03.075 文字辨识 character recognition

档案文献编纂中,对档案材料中错别字、古体字、通假字、避讳字、贬写字、帖写字、异体字、草书以及勾改符号等难以辨识的文字符号加以准确释读辨认的工作。

04.03.076 正文删节 abridgement

档案文献转录中,将档案材料文字内容部分删节的处理方法。

04.03.077 批语去留 methods of dealing with comments

档案文献转录中,对档案材料中批语或保留或删除的处理方法。

04.03.078 格式存改 methods of dealing with format

档案文献转录中,对文件原格式采取保留或改变的处理方法。

04.03.079 标记处理 methods of dealing with marks

在档案文献转录中,对文件在拟办、批办、承办、运转、传阅、归档等过程中留下的各种标记符号采取一定方法加以处理的加工工作。

04.03.080 点校加工 collation and punctuation

档案文献加工的重要内容之一,包括标点、校勘与分段。

04.03.081 档案文献校勘 collation of archival documentation

搜集档案文献的不同版本以校对其中文句的异同,并辨明其是非的文献整理活动。

04.03.082 校法四例 four collation methods

又称"校勘四法"。陈垣在《元典章校补释例》(后改称《校勘学释例》)中总结的四种校勘方法,即对校法、本校法、他校法、理校法。

04.03.083 对校法 collation methods of using

different editions

陈垣在《元典章校补释例》中总结的校法四例之一,即以同书祖本或别本对读,校出异同的校勘方法。

04.03.084　本校法　collation method according to context

陈垣在《元典章校补释例》中总结的校法四例之一,即以本书前后互证,校出异同,断其是非的校勘方法。

04.03.085　他校法　collation method of using other materials

陈垣在《元典章校补释例》中总结的校法四例之一,即利用引文或并载同一史料所提供的线索而以他书校本书,比较异同,断其是非的校勘方法。

04.03.086　理校法　collation method according to existing knowledge

陈垣在《元典章校补释例》中总结的校法四例之一,即在无古本依据,又各本互异的情况下,校勘者凭借已有的学识来判断异文是非的校勘方法。

04.03.087　讹文　wrong words

档案文献因刊刻、传抄等形成的错字。

04.03.088　夺文　missed words

档案文献因刊刻、传抄等脱漏掉的字句。

04.03.089　衍文　surplus words

档案文献因刊刻、传抄等而误增的字句。

04.03.090　倒文　reversed words

档案文献因刊刻、传抄等而前后颠倒的字句。

04.03.091　重文　repeated words

档案文献因刊刻、传抄等误导致的文字重复。

04.03.092　档案文献加工符号　editing mark

在档案文献加工工作中,用以表明汇编正文字句处理情况的加工符号。

04.03.093　档案文献标题　title of archival documentation

揭示和概括一篇或一组档案材料中文献要素的简短文句。

04.03.094　档案文献标题结构　title structure of archival documentation

档案文献标题中各个文献要素的组合方式。

04.03.095　一文一题标题法　method of drafting one title for one archival compendium

档案文献汇编内每份档案材料皆单独拟制一个标题的方法。

04.03.096　多文组合标题法　method of drafting title for a group of archival materials with common elements

档案文献汇编内对一组具有某些共同文献要素的档案材料拟制一个总标题与针对每份档案材料的特点拟制分标题的方法。

04.03.097　档案文献编排体例　compilation style of archival documentation

档案文献汇编内档案材料的有序化组织形式,即档案材料的分类组织和编排方式。

04.03.098　单层分类编排　arrangement by monolayer category set by one kind of classification feature

档案文献汇编内档案材料按照一种分类特征设置单层类目的编排方式。

04.03.099　多层分类编排　arrangement by multiple categories set by two or more kinds of classification features

档案文献汇编中按两个或两个以上分类特征逐级分层设置类目的编排方式。

04.03.100　暗类编排　classified arrangement without formal class heading

档案文献汇编内档案材料在形式上不设类而实际上档案材料仍是按照一定分类标准或逻

辑顺序排列的编排方式。

04.03.101　正文　main body
由档案材料文字、符号、图表等构成的档案文献汇编的内容主体。

04.03.102　辅文　compilation of reference materials
又称"汇编参考材料"。由编者根据汇编题目和读者需要而编写的参考材料,包括汇编检索性材料、汇编查考性材料和汇编评述性材料。

04.03.103　序言　preface
又称"序""叙""前言""前记""引言""绪言""弁言"。档案文献汇编中,论述汇编选题背景与意义、编纂目的、汇编档案史料来源构成及其史料价值、档案材料编辑加工情况的学术论文。

04.03.104　编辑说明　notes on the compendium
又称"编者的话""编辑例言""出版说明""凡例"。在档案文献汇编前面,由编者编写的用以向读者介绍汇编内档案材料状况、编辑加工情况,帮助读者顺利阅读和利用汇编内档案材料的概要性说明文字。一般采取分项列举的方式编写。

04.03.105　图例　illustration
档案文献汇编中,辅助读者顺利理解档案文献正文的插图,如地图、纪实性画作、照片等。

04.03.106　按语　compiler's comment;editor's note
又称"编者按"。档案文献汇编中,编者为汇编中一篇或一组档案史料所作的简短介绍、说明或评述。主要内容为作者简介、史料出处、版本流传情况、档案保存地点、档案材料的价值和研究状况,以及档案材料对史书和相关研究成果的订补等。

04.03.107　备考　note for reference
档案文献汇编中,说明汇编档案材料的出处、可靠程度、完整程度、载体特征以及公布情况的文字材料。

04.03.108　注释　annotation
在档案文献汇编中,对不易为读者理解的内容和编辑加工情况给予解释和说明的评述性材料,包括一般史事注释、人名注释、人物评述注释、地名注释、职官注释、名词术语注释、成语典故注释、隐语注释、引文译音注释、观点异说注释、档案文献情况和编者加工情况注释、题解等。

04.03.109　一般史事注释　event annotation
档案文献汇编中,对档案材料中涉及的事件、问题、情由、组织、会议、书刊等所作的注释。

04.03.110　人名注释　name annotation
档案文献汇编中,对档案材料中涉及的人物称谓形式所作的注释。

04.03.111　人物评述注释　comment and note on historic figures
档案文献汇编中,对档案材料涉及的某些重要人物的生平经历、职任身份、思想观点等所作的介绍和评论。

04.03.112　地名注释　place name annotation
档案文献汇编中,对档案材料涉及而读者不清楚的地名所作的注释,如考订古今对应地名、隶属地区等。

04.03.113　职官注释　official post annotation
档案文献汇编中,对档案材料涉及的职官制度所作的注释。

04.03.114　题解　introduction and comment on archival materials
又称"解题""题注"。档案文献汇编中,围绕档案标题介绍文件来源、原有标题、产生背景、流程公布情况及其材料价值等所作的注释。

04.03.115　页末注　endnote
档案文献汇编中,注文与注释对象处在同一版面的注文安排方式。

04.03.116　脚注　footnote
档案文献汇编中,横排本中注文位置处于版面下端(地脚之上)的注文安排方式。

04.03.117　边注　notes located in the left of a page
档案文献汇编中,直排本中注文位置处在版面左边的注文安排方式。

04.03.118　篇后注　notes located at the end of an article
又称"文后注""文末注"。档案文献汇编中,将一篇文章中的各条注文集中安排在该篇文章之后,被注文字须按其出现先后顺序编列注码的注文安排方式。

04.03.119　夹注　notes between two lines of text
又称"文内注""随文注"。档案文献汇编中,注文紧随注释对象之后,以小字号夹于正文之间的注文安排方式。

04.03.120　段落注　notes after a paragraph
档案文献汇编中,注文随正文置于被注释词语所在段落之后的注文安排方式。

04.03.121　书后注　notes at the end of the edited archival documentation
档案文献汇编中,将所有注文集中编排在全书之后的注文安排方式。

04.03.122　附录　appendix
档案文献汇编中,由编者编写或搜集的与汇编题目相关附载于正文后的参考资料。

04.03.123　目录　table of contents
档案文献汇编中的检索性材料,即按照档案材料的分类层级和编排次序编列出的档案文献标题及其在汇编中的页码次序。

04.03.124　书目题解　bibliography and introduction and comment on archival materials
又称"书目提要"。与档案文献汇编题目有关的图书、文献资料等的书目,并对其作者、内容和史料价值等作出介绍、评价。一般由书目和题解两部分构成。

04.03.125　参考书目　reference
与档案文献汇编题目有关的参考文献目录。

04.03.126　索引　index
档案文献汇编中供读者查找汇编内相关资料的检索工具,包括人名索引、书名索引、地名索引、主题索引、关键词索引等。

04.04　档案文献编纂历史

04.04.001　丛目　cong mu; series
司马光为搜集、整理史料以备编撰《资治通鉴》而创设的以年月日为顺序列出的事类纲目。

04.04.002　长编　chang bian
司马光创设的史料编排方式。按照"宁失于繁,无失于略"的原则,依据"丛目"详细排比史料编纂而成的综合性大型史料汇编。司马光在此基础上删削润色而成《资治通鉴》。

04.04.003　制册章表书　zhi ce zhang biao shu
唐代史学家刘知几在《史通·载言》中提出的新史体,即在纪传体史书中将皇帝之制册诏令、群臣之章表移橄纂辑起来以保存长篇记言文辞。书体之一。

04.04.004　比次　bi ci
清代学者章学诚关于档案史料编纂整理的术语。他提出档案史料编纂的原则是"比次之书欲其愚",以及广泛收集资料、重视金石图录、忠于原意、提高编纂者水平、善于钩稽提要等编纂方法。

04.04.005 掌故 zhang gu
清代学者章学诚主张的方志立三书之一，即上继《周官》六典遗意，辑录官司簿籍、簿书案牍中旧制旧例，略有条贯，以存一时之制度。

04.04.006 律 lv；criminal code
中国古代按照统一原则编纂而成的具有立法性质的刑法典。

04.04.007 格 ge
中国古代针对国家机关或某一具体事项临时发布的规范，经分类整理汇编后重新颁行天下的各级官府办事规则。

04.04.008 式 shi
中国古代国家机关的办事细则和公文程式等的法规汇编。

04.04.009 编敕 bian chi
中国古代将皇帝随时颁布的单行散敕，加以系统整理，去其重复，按照律的体例分类编纂成册。至唐代编敕成为一项重要的立法活动；宋代编敕活动最为频繁，设有专门机构。

04.04.010 条法事类 regulation collection
中国古代将敕、令、格、式合一，按照事类重新分门编纂而成的法规汇编，始于南宋。

04.04.011 判例集 selected cases
中国古代为处理相似案件而编纂的司法实践典型案例集。

04.04.012 大诰 da gao
明太祖朱元璋主持编纂的刑事法规汇编。他将亲自审理的案件与训诫等加以汇总，编印成册，刊布天下，包括《大诰》《大诰续编》《大诰三编》《大诰武臣》四编。

04.04.013 诏令集 zhao ling ji
以皇帝诏令为编纂对象的档案文献汇编，具有重要的史料价值、文学和文献价值。按照编纂规模和材料取舍范围的不同，有历代诏令集、断代诏令集等。

04.04.014 奏议集 zou yi ji
以臣僚奏议为编纂对象的档案文献汇编，具有重要的史料价值、文学和文献价值。按照编纂规模和材料取舍范围，有历代奏议集、断代奏议集、奏议合集、奏议别集等不同种类。

04.04.015 日历 calendar
为会要、实录以及国史编纂储备材料的编年体史料长编，是中国古代重要的档案文献编纂项目。日历编纂始于唐代。两宋时期编纂规模最大，设有机构，并制定制度和保障措施。元代以后日历编纂逐渐陷于停顿。编纂材料来源于起居注、时政记、诸司奏报以及文武臣僚的墓志、行状等。

04.04.016 实录 shi lu；veritable records
中国古代以皇帝为中心，编排一个皇帝在位期间政治、军事、经济、文化等各方面史事的编年体史料长编。实录编纂始于南朝梁代，唐代形成定制，是古代官方档案文献编纂的重要项目。

04.04.017 会典 hui dian；digest of statutes
按照职官设置类目，将皇帝诏令训谕、各官职责与办事制度条例等内容辑录在各个职官之下，是中国古代以设官分职为纲，汇集一代典章制度的传统档案文献编纂体裁。会典编纂始于唐代《唐六典》，元明清时期各朝皆有编纂。因保存原始的典制史料，具有重要的史料价值。

04.04.018 会要 hui yao；essential documents and regulations
按照典章制度的类别分类编次材料的典制体史书编纂体裁，是古代档案文献编纂体裁之一。会要编纂始于唐代苏冕《会要》。宋代设立会要所专司本朝会要编纂，前后成书达两千多卷。宋代编纂的本朝《会要》毁于明代大火,有辑佚本《宋会要辑稿》。

04.04.019 编年体档册 chronological style books

又称"官文书汇报"。按照年份将各种官文书的原文汇抄而成的册籍,具有档案与编年史料长编的双重性质。

04.04.020 方略 fang lve

清代在平定政治叛乱、镇压民族起义和抵抗外敌入侵等重大军事行动以及重大政事之后将皇帝诏谕、官员奏折等按照年月顺序编排而成的纪事本末体档案文献汇编。是清代官方重要的档案文献编纂项目,其编纂始于康熙年间的《平定三逆方略》,至清末先后编纂完成二十余部方略,是清代战争史研究的重要史料。又称"纪略"。

04.04.021 书札集 compendium of private records

又称"书信集"。书牍信札之类的私人文书汇编,一般按人或按时间编排材料。

04.04.022 碑传集 bei zhuan ji

神道碑、墓志铭、行状、别传等人物档案文献汇编。碑传集编纂始于宋代杜大珪的《名臣碑传琬琰集》,元至明清时有续编,延续至近现代,是传统档案文献编纂项目。碑传集记载了社会各阶层的人物传记资料,弥补了正史传记资料的不足,具有重要的史料价值。

04.04.023 经世文编 jing shi wen bian

以经世致用为编纂主旨的档案文献汇编,所收材料以臣僚奏疏、官府文书为主体,辅以论政、论学的文章,多按照政事类别设置纲目。源自宋代,其中晚清时期魏源的《皇朝经世文编》影响较大。

04.04.024 甲骨档案汇编 compilation of inscriptions on oracle-bone

按照一定原则和技术方法以甲骨档案为编纂对象的汇编成果,其中涉及甲骨文释文、释义、分类编排、去除伪片、缀合、拓印与照相复印制版等甲骨图像与文字处理的技术和方法。

04.04.025 金石档案汇编 compilation of inscriptions on bronze and stone

按照一定原则和技术方法以金石档案为编纂对象的汇编成果,其中涉及文字释读、拓印、图像处理、断代等编纂方法。

04.04.026 简牍档案汇编 compilation of inscriptions on bamboo and wood

按照一定原则和技术方法以简牍档案为编纂对象的汇编成果,其中涉及文字释读、简册复原等编纂方法。

05. 档案保护

05.01 档案制成材料

05.01.001 档案保护 preservation and conservation of archives

在档案保存过程中所采取的预防档案受损,延长档案寿命,抢救和修复受损档案,再现和复制档案信息所采用的各种保护技术及保护技术管理等措施。

05.01.002 档案保护技术 archives conservation technology

为延长档案的寿命所采取的预防性保护和治理性保护技术措施。

05.01.003 档案制成材料 archival materials

档案形成中所使用的载体材料和记录档案信

息(文字、符号、图像、音像等)的材料。

05.01.004　纸张耐久性　paper durability
纸张长期保持化学、物理和光学等稳定性的能力。

05.01.005　档案载体　archival medium
承载档案信息的物理介质。例如，甲骨、泥板、金石、竹简、木简、羊皮、缣帛、棕榈树叶、纸张、胶片、磁带、光盘等介质，其上记录着档案信息。

05.01.006　聚合度　degree of polymerization
又称"平均聚合度"。组成高聚物分子链重复结构单元的数目。常用 n 或 x 来表示，其数值是一个平均数。如纤维素的分子式为 $(C_6H_{10}O_5)_n$，n 就表示它的聚合度。一般情况下，高聚物的聚合度越大，分子链就越长，聚合度与抗张强度等机械性能成正比。

05.01.007　结晶区　crystalline region；crystalline area
纤维素分子链排列紧密、整齐，呈平行或近乎平行的结晶状态的区域，称为结晶区。在结晶区内，其他化学物质包括水也无法进入。纸张中纤维素分子链结晶区的大小，对纸张的耐久性有特殊的意义，结晶区越大，纸张耐久性就越好。

05.01.008　非结晶区　noncrystalline region；noncrystalline area
又称"无定形区"。与"结晶区"相对。高分子聚合物分子链状结构之间排列得不整齐、不紧密的区域。外界有害化学物质易侵入，档案纸张中纤维素遭到破坏，首先发生在非结晶区。造纸植物纤维原料中纤维素的非结晶区比例越小，越有利于纸张的耐久性。

05.01.009　纤维素水解　hydrolysis of cellulose
纤维素在酸的催化下与水发生分解作用，使原来长链分子变成短链分子的过程。条件不强烈时，其产物为水解纤维素，聚合度下降，还原性增强，机械强度下降；若条件强烈时，纤维素完全水解，生成葡萄糖。纤维素水解反应，影响纸张的耐久性，是档案纸张损毁的重要原因之一。

05.01.010　水解纤维素　hydrocellulose
纤维素在酸的催化作用下，与水发生反应所生成的短链纤维素。根据水解的程度和反应中心位置的不同，可形成还原性的醛基或羧基。水解纤维素能溶于烧碱溶液而呈黄色。强度比原来的纤维素显著降低，严重者呈粉末状。

05.01.011　纤维素降解　degradation of cellulose
在化学或物理等因素的影响下，纤维素发生功能基转化，聚合度下降并引起葡萄糖基中碳-碳键、碳-氧键断裂，直至完全裂解转化，生成各种小分子化合物的反应称为纤维素降解。

05.01.012　纤维素氧化　oxidization of cellulose
纤维素与氧化剂作用生成氧化纤维素的过程。在光的照射下，会加速这一过程。生成氧化纤维素的同时，纤维素链发生断裂，聚合度下降，称为氧化降解。在碱性条件下，氧化降解会加剧。纤维素氧化的四大因素为温度、湿度、光、氧化剂。

05.01.013　纤维素光氧化　photooxidation of cellulose
在有氧条件下，光与氧同时对纤维素产生破坏作用的过程。

05.01.014　氧化纤维素　oxidized cellulose
纤维素经氧化反应后所生成的一类泛黄、易脆物质的总称。根据氧化程度和反应中心位置的不同，可形成有还原性的醛基(—CHO)或有酸性的羧基(—COOH)或酮基，能溶于苛性碱溶液而呈黄色。

05.01.015 纸张定量 paper weight
指纸张单位面积的质量,用克/平方米(g/m^2)表示。测定某种纸张定量的方法,常用已知面积的小块纸 5~10 张(如 10 厘米×10 厘米),放在天平上称重,再乘以若干倍得到。

05.01.016 纸张纵向横向 vertical and horizontal orientation of paper
在抄造纸的过程中沿着纸机运行的方向为纸的纵向,与之垂直的方向为纸的横向。纵向的物理强度(抗张强度、耐折度)比横向大。

05.01.017 纸张抗张强度 tensile strength of paper
又称"纸张拉伸强度"。纸张所能承受的最大张力。通常以一定宽度纸样的抗张力表示,单位是千牛/平方米(kN/m^2);或以裂断长表示,即一定宽度的纸条在本身重力作用下将纸拉断时所需要的纸张长度,单位为千米(km)。

05.01.018 纸张耐折度 folding strength of paper
表示纸张抵抗往复折叠的能力。指在一定张力下,将纸样来回作一定角度折叠,直至其断裂时的折叠次数。一般以往复次数表示。

05.01.019 纸张耐破度 bursting strength of paper
表示纸张在不破裂时所能承受外加压力的程度。指纸张在单位面积上所能承受的均匀增大的最大压力,以帕(Pa)或千帕(kPa)为单位。

05.01.020 纸张厚度 paper thickness
表示纸张的厚薄程度。指在一定的面积和压力下测得的试样两面之间的垂直距离。可用厚度计直接测量。单位为毫米(mm)。

05.01.021 纸张紧度 paper density
每立方厘米纸的质量。单位是克/立方厘米(g/cm^3)。表示纸张中纤维交缠的松紧程度。同一质量厚度大,纸质就疏松;反之,纸质则紧密。紧度跟纸张的强度成正比。不能直接测量,可用纸的质量与纸的厚度(厚度计测得)相除计算得知。

05.01.022 纸张撕裂度 tearing strength of paper
指撕裂一定距离纸页所需要的力。有内撕裂度与边撕裂度之分,一般指内撕裂度。内撕裂度指将纸先切一定长度的裂口,然后再从裂口将试样撕裂到一定长度所需要的力。单位是毫牛(mN)。

05.01.023 纸张施胶度 sizing degree of paper
纸张抗水能力的大小。施胶度是以标准墨水画线时,不扩散也不渗透的线条最大宽度,用毫米(mm)表示。

05.01.024 纸张白度 paper whiteness
白色或接近白色的纸表面对蓝光的反射率,以相对于标准氧化镁板反射率的百分率表示。

05.01.025 纸张水分 water content of paper
纸张在 100℃~150℃下烘干至恒重时所减少的重量与原重量之比,以百分率表示。水分是检测纸张性能的重要指标,一般纸张产品的水分指标规定在 7%±2%。

05.01.026 纸张酸碱度 pH value of paper
指纸的酸碱性,纸的 pH 值是指浸泡过纸的水溶液的 pH 值。

05.01.027 吸收性 absorptivity of paper
纸张对液体、气体及周围某些物质具有吸收能力。

05.01.028 纸张酸化 paper acidification
档案纸张酸性增加、pH 值降低的现象和过程。

05.01.029 档案老化 archives aging
档案制成材料在保存和利用过程中,受时间因素和外界各种不利环境的综合作用,化学组成和分子结构发生变化,性能不可逆下降的过程。

05.01.030 档案霉变 archives mildewing
微生物作用于档案制成材料导致其理化性质下降、污染原件,纸张或字迹颜色发生改变等现象。

05.01.031 档案污染 archives contamination
由于各种原因在档案制成材料上留下污斑、污迹的现象,包括水渍、油斑、墨斑、金属锈斑等。

05.01.032 档案残缺 damaged and incomplete archives
由于各种原因导致档案制成材料呈现残破、缺失或装订受损等现象。

05.01.033 纸张粘连 paper conglutination
由于潮湿、灰尘、霉菌、长期堆放挤压等原因而造成档案纸张彼此黏结在一起的现象。

05.01.034 纸张糟朽 paper rotten
纸张逐渐腐烂,成为片渣状。

05.01.035 手工纸 handmade paper
以手工方式抄造而成的纸。手工纸这一名词是在 19 世纪发明了造纸机,大量纸张使用机械化造纸机生产以后,为了区别采用不同方法生产出来的纸张才出现的。传统手工纸和现代手工纸的概念也略有区别。传统手工纸基本上不使用动力机械;而现代对凡是采用竹帘或框架滤网等简单工具,以手工操作抄制而得的纸,都可以称为手工纸,而不管在其他工序中是否曾使用过动力机械处理。手工造纸的主要原料是麻类、树皮、竹子和稻草。麻类有苎麻、亚麻、青麻、黄麻等。

05.01.036 机制纸 machine-made paper
以机械化方式生产的纸张的总称。造纸原料主要是木材、草类等。

05.01.037 档案用耐久纸张 permanent paper for archives
用于形成档案的纸张在长期保存和利用中,老化速度较慢,寿命较长。

05.01.038 字迹耐久性 ink permanence
指字迹形成之后,在保存利用过程中,保持原有色泽及清晰度的能力。

05.01.039 字迹洇化 ink spreading
字迹遇水、无机溶剂或有机溶剂后,色素向四周扩散的现象。

05.01.040 字迹扩散 ink diffusing
因油溶性字迹中油的流动导致档案字迹材料向四周漫延,使字迹模糊而影响识读的现象。

05.01.041 字迹褪色 ink fading
因光照、摩擦等引起的档案字迹模糊或颜色减退等影响识读的现象。

05.01.042 无酸纸 acid free paper
在中性或弱碱性介质中经抄纸加工而成,使 pH 值达中性或弱碱性的纸张。

05.02 档案保护环境

05.02.001 档案库房 archival repository
为存储和保护档案而设计建造的建筑物,在设计与建造时对库房地址的选择以及防热、防潮(防水)、防火、防盗等方面均有一定的要求。

05.02.002 档案库房温度控制 temperature control in archival repository
档案库房的温度应该控制在 14℃~24℃,每昼夜温度波动幅度不得超过 2℃,依据此规定而对档案库房采取的温度调控措施。

05.02.003　露点温度　dew point temperature
在压力不变和空气的含湿量不变时,水蒸气达到饱和状态时的温度。露点温度也就是空气开始结露的临界温度。

05.02.004　相对湿度控制　relative humidity controlling
档案库房相对湿度应控制在 45% ~ 60%,每昼夜相对湿度波动幅度不得超过 5%,依据此规定而对档案库房采取的湿度调控措施。

05.02.005　饱和湿度　saturated humidity
空气在所含水蒸气达到饱和状态时的绝对湿度称为饱和湿度。常用符号"Zb"表示。

05.02.006　含湿量　specific humidity
含湿量是指湿空气中与一千克干空气同时并存的水蒸气的质量(克),常用符号 d 表示。单位为克/千克(g/kg)干空气。

05.02.007　光通量　luminous flux
人眼对不同波长的可见光具有不同的光感灵敏度。用符号 Φ 表示,单位为流明(lm)。

05.02.008　照度　illuminance
档案所处环境的光线照明情况。可以用单位面积上通过的光通量来表示,即光的照度 E,单位是勒克斯(lx)。

05.02.009　酸性有害气体　acid harmful gas
大气中对档案制成材料起破坏作用的酸性气体。主要有二氧化硫、硫化氢、二氧化氮等。这些酸性气体的共同特点是和水作用会生成酸。是促使纤维素水解的催化剂,会使纸张强度下降,同时还会使耐酸性差的字迹(如复写纸上的字迹)发生不同程度的褪色。

05.02.010　氧化性有害气体　oxidation harmful gas
大气中对档案制成材料起破坏作用的氧化性气体。主要有二氧化氮、氯气、臭氧等。这些气体的共同特点是,所产生的初生态氧或臭氧都是氧化剂,既会使纤维素氧化,造成档案纸张强度下降,又会使某些字迹、材料褪色。

05.02.011　档案害虫　archival pest
能够在档案库房内完成其生活史或生活史的一个阶段,并对档案、装具及建筑本身造成一定危害的昆虫。

05.02.012　档案害虫熏蒸剂　archive pests fumigant
利用易挥发的特性,通过档案害虫的呼吸系统或由体壁的膜质进入虫体,使害虫死亡的熏蒸剂。

05.02.013　气调杀虫　gas adjustment insecticidal method
将空气中气体的正常比例加以调整,使氧气减少,氮气或二氧化碳增加,从而使害虫的新陈代谢受到抑制,直至害虫死亡的方法。

05.02.014　实体材料隔热屋顶　solid material insulating roof
内层或者外层铺设有一定厚度隔热材料的屋顶。

05.02.015　耐火极限　duration of fire resistance
从受到火的作用起,到失掉支持能力或发生穿透裂缝或背火一面温度升高到 220℃ 时止这一段对火的抵抗时间。一般以小时表示。

05.02.016　档案库房防火间距　space interval of fire prevention in archival repository
建筑物起火时,对面建筑物在热辐射的作用下,没有采取任何保护措施但不会起火的距离。防火间距的确定,还应考虑周围建筑物的性质与耐火等级。为了保证档案库房的防火安全,库房与周围建筑之间应保持一定的防火间距。

05.02.017　防火门　fire-resistant door
由门框、门扇及五金配件等组件构成,能够满足一定耐火性能要求的门。防火门根据其耐火极限分为甲、乙、丙三级。甲级防火门耐火极限不低于 1.2 小时，主要设在防火单元之间的防火墙处；乙级防火门耐火极限不低于 0.9 小时，主要设在疏散楼梯及消防电梯室处。档案库区的缓冲间及档案库的防火门均应向外开启。空调设备应设在专门房间内，且房门应为甲级防火门。

05.02.018　档案装具　archival container
用于存放档案及文件的各类柜、架、箱，以及包装档案及文件并能使之分类排列置于柜、架、箱中的档案卷盒、卷皮、卷夹等。

05.02.019　加速老化　accelerated aging
为了确定与档案制成材料自然老化的关系，在试验室创造一定的高温、高湿、光照等条件，在不同的时间观察档案制成材料各种性能所发生的改变，从而预期档案寿命的一种

05.02.020　微环境控制　micro-climate control
一定空间内进行温湿度、有害气体浓度等环境因素的控制，从而确保该区域内档案保护效果的方法。

05.02.021　保护管理　conservation management
对档案保护工作的管理，是通过计划、组织、领导和控制，以便达成档案保护工作目标的过程。

05.02.022　实时监控　real-time monitoring
对档案、档案馆及其环境进行 24 小时无间断监督、调节及控制的行为。

05.03　档案修复

05.03.001　档案修复　restoration
对已破损或内含有不利永久保存因素的档案进行处理，以恢复其原来面貌，提高其耐久性的技术。包括去污、去酸、加固、档案字迹的显示与恢复、档案修裱等。

05.03.002　档案纸张脱酸　deacidification
对于 pH 值在 6.0 以下的酸化档案纸张采用碱性物质中和氢离子的措施。脱酸后纸张的 pH 值应达到中性或弱碱性。

05.03.003　液相去酸法　liquid-phase deacidification
通过使用某些碱性溶液与纸张中的氢离子中和来达到去酸的目的，可分为碱性水溶液去酸和碱性有机溶剂去酸。

05.03.004　丝网加固法　reinforcing by silk
用蚕丝和棉丝织成网状，并喷上聚乙烯醇缩丁醛或其他胶黏剂，在一定温度、压力下，使丝网与档案黏合在一起，从而达到加固纸张的目的，此方法适用于双面有字迹档案的

加固。

05.03.005　小麦淀粉糨糊　wheat starch paste
用除去面筋的面粉兑水加热搅拌制成的黏合剂。是最常用的修裱黏合剂。制好的糨糊团应浸入冷水盆中冷却、保存。使用时，将糨糊团从冷水盆中拿出捣烂，兑水搅拌成米汤状，再用铜丝小笀过滤，除去未捣碎的疙瘩，即可使用。糨糊的稀稠程度要合适，一般淀粉与水的比例，以重量计为 1∶5，以容量计为 1∶3。此外，糨糊的稀稠程度还应根据档案纸张的厚薄而定。

05.03.006　修裱　mounting
以糨糊做黏合剂，运用修补和托裱的方法，把选定的纸张修补或托裱在破损档案原件上，以恢复或增加强度，提高档案耐久性的一项档案修复技术。

05.03.007　修补　repairing
对残破档案进行局部修整的技术方法。一般适用于载体整体强度尚可，但存在局部残缺、

有孔洞或装订边狭窄的档案。在操作中,应根据档案原件的情况,采取补缺、接边、溜口、挖补等技术方法。

05.03.008 干托 dry mounting

糨糊刷在托纸上,撤潮后再与档案黏合的方法。适用于字迹遇水扩散的档案。分为飞托和覆托。

05.03.009 飞托 fly mounting

把糨糊刷在托纸上,用吸水纸稍加撤潮,再用棕刷把档案字面向上刷在托纸上的方法。

05.03.010 覆托 cover mounting

先将档案纸张正面朝下,拼对好破损档案,再将有字一面朝下,然后把刷有糨糊的托纸稍加撤潮,将有糨糊的一面朝下覆扣在档案背面(即无字的空白面),最后用棕刷排平、排实。

05.03.011 纸墙 paper wall

以木格为框架,表面粘贴多层高丽纸而成的干燥设备。适用于气候干燥地区,要求表面平整光滑。纸墙安装在墙壁上,其规格应根据修裱工作室墙壁高度和宽度而定。

05.03.012 排刷 coir scrub brush

用弹性棕丝扎制而成的托裱工具。大者可溜水,小者适合排活与托活。新棕刷有紫色粉末,未用前置于碱水锅沸煮,尽去浮色,再用清水洗去碱分晾干,整饰后使用。排刷忌着水,用于溜水,也应即时晾干。

05.03.013 抢救性保护 salvage conservation

针对濒危的档案采取修复、缩微复制、数字化等相应的保护措施。

05.03.014 预防性保护 preventive conservation

通过技术手段和环境控制预防档案损坏的措施。

05.03.015 治理性保护 curative conservation

对破损档案采取的一系列处理技术和保护方法。

05.03.016 档案砖 archival brick

指档案保存多年后,在多种因素影响下,有部分档案的纸张发生粘连,严重的黏结成块,像砖头一样,很难分离的现象。

05.03.017 字迹加固 stabilization for ink

为增加档案字迹的抗磨损性和抗扩散性等而在档案上添加保护层的措施。

05.03.018 砑光 calendering

将蜡涂在地图或画心背面的覆背纸上,用砑石磨光,使其平整,防止受潮的技术。

05.03.019 装订 binding

将零散的或拆散后修裱的档案进行装订,加工成件、册页、卷、轴等形式的工艺技术。

05.03.020 纸浆修补 leaf casting

使用与档案纸张原料相同或相近的纸浆,用手工或机械方法对缺损处进行填充的技术。尤其适用于字迹遇水不扩散、密集虫洞档案纸张的修补。

05.03.021 纸张加固 reinforcement

用粘贴、缝合、托裱、涂膜、热封等方法加固机械强度低的纸张、装订处、封皮等操作方法。

05.03.022 横挂式 transverse mounting

又称"横批式"。为一种装订方式。操作时横幅心子上下要分别镶边,左右要分别镶耳朵,之后在两边分别包一根穿丝带的天杆。

05.03.023 卷轴式 roll-up mounting

又称"卷子装"。将若干张纸粘成长幅,以棒状物作轴粘于纸的一端,以此为中心由左向右卷成一束,卷轴右端因暴露在外,常粘连一层纸或其他丝织品加以保护,称为"褾"或"玉池",俗称"包头"。褾前端中间常系丝带捆扎卷子。

05.03.024 鱼鳞装 scale mounting

又称"龙鳞装""旋风装"。北宋时期的一种特殊的装帧形式，是在卷轴式基础上的改进，是介于卷轴式与册页式的一种过渡形制。这种形制非卷、非册，是卷和册的结合体。外观如同卷轴，即在已粘接的大长幅纸的右端粘轴，然后以此纸为底，将一张张档案按顺序排列自右向左粘在上面。展开是宽窄相同、层层错开的页子，舒卷似旋风，展开后若鱼鳞，故得此名。

05.03.025　竖挂装　vertical mounting
由于卷轴长而窄，限制了对地图等某些特殊档案和长卷书画的随时利用，于是人们就把长卷与屏风的优点相结合，加宽加高，将卷轴竖挂，像屏风一样展现于人们面前，使人能一目了然，从而产生了竖挂式这一新形制。

05.03.026　宣和裱　Xuanhe mounting
又称"宋式裱"。宋代宣和年间，宫廷内府流行的一种特殊装裱样式。在心子上下镶绫为隔界，然后在其四周镶褐色小边，再镶天地头，并加惊燕(亦称绶带)。

05.03.027　蝴蝶装　butterfly mounting
简称"蝶装"。中国古代典籍的一种装订形式。因纸叶展开形似蝴蝶而得名。其方法是：先将每一印叶面向内对折，集若干叶为一叠，戳齐后，在纸叶背面折缝处用糨糊相互粘连，再用一张硬厚纸裹背粘于书脊作为前后封面，即为蝴蝶装。蝴蝶装产生于宋代，它适应了雕版印书一版一叶的特点，且文字朝里，版心集于书脊，有利于保护版框以内的文字，之后进行改装又无须订眼穿线，装订便捷。

05.03.028　经折装　accordion mounting
中国古代典籍中比较常见的装订形式。在梵夹装的影响下发展起来的，是将写、印好的书叶先粘连在一起成一长条形，再按固定规格左右均匀折叠，然后在首尾两叶纸上各粘上一张厚纸作为书皮。由于佛、道经典多采用这种装帧形式，所以称"经折装"。

05.04　档案复制

05.04.001　档案复制　archival duplication
采用临摹、摄影、复印、缩微摄影等方法制成与档案文件原貌相一致的复制件的技术。目的是保护档案原件，使其能长久或长期保存，并用复制件满足利用者使用的需要。

05.04.002　缩微摄影技术　microphotography；micrographics
用缩微摄影设备将原件缩小记录在感光胶片上，经过加工处理取得缩微品的方法。包括原件的编排、拍摄、冲洗加工、拷贝、还原、贮存、检索以及远距离传递等技术手段。使用时借助光学设备加以放大还原，进行阅读或复印。目前已广泛应用于档案复制。

05.04.003　缩微品　microform
含有缩微影像的各种载体的总称。

05.04.004　缩微胶片　microfilm
用于记录缩微影像的高解像力的感光胶片。缩微胶片主要包括卷式或片式的缩微品。

05.04.005　卷式缩微品　reel microfilm
以一定长度的胶片，按卷状形式使用和保存的缩微品，是缩微的基本形态。

05.04.006　片式缩微品　chip microfilm
以片状形式使用和保存的缩微品。

05.04.007　缩微摄影机　microfilm recorder
将原件的图像缩小记录在特制的感光胶片上的摄影设备。

05.04.008　安全胶片　uninflammable film
由三醋酸纤维素酯片基或聚酯片基制成的胶片。不易燃烧，含氮量低于 0.4%。20 世纪 50 年代已被广泛采用，代替了容易燃烧和爆炸的硝酸纤维素胶片。

05.04.009 重氮胶片 diazo film
包含一层或多层由重氮盐聚合物构成的感光层的感光胶片。在胶片处理后，重氮盐与感光层或处理液中的偶联剂反应形成偶氮染料影像。

05.04.010 微泡胶片 vesicular film
包含一层或多层由热塑性物质和重氮盐构成的感光层的感光胶片。

05.04.011 光学密度 optical density
用于度量感光材料经曝光、显影后的变黑程度。以 D 表示。

05.04.012 胶片密度 film density
感光测定的计量名称。用以计量感光胶片曝光和显影后的变黑程度。

05.04.013 反差 contrast
影像明暗对比的差异程度。

05.04.014 解像力 resolution
光学系统或摄影系统解像极限的数值表达，该数值用测试图测量，且大小为测试图影像在 1 毫米内可分辨的线对数。

05.04.015 感光度 sensitivity
又称"感光速度""感光灵敏度"。感光材料感光快慢的程度，是感光材料的重要性质之一。

05.04.016 感色性 colour sensitivity
又称"光谱感光度""分光感度"。感光材料对各种颜色光波的敏感程度和敏感光谱范围。

05.04.017 缩小比率 reduction ratio
简称"缩率"。缩微影像尺寸与原件相应尺寸或 COM 记录器书写栅格尺寸的比例关系。

05.04.018 标板 target
用以表示原件或缩微品特征和内容的被摄对象。是由一个或几个符号组成的平板。

05.04.019 拷贝片 copy film
能保持母片极性和尺寸的复制缩微品。

05.04.020 中间片 intermediate film
用以制作复制品的第二代或后续某代缩微品。

05.04.021 使用片 used film
专供使用的缩微拷贝片。多以中间片为母片制作。

05.04.022 代 generation
在逐级制作过程中缩微品所处的辈次。

05.04.023 负片 negative film
载有负像的缩微胶片。用 N 表示。

05.04.024 正像 positive image
在亮背景下显示暗的线条和字符的影像。

05.04.025 正片 positive film
载有正像的缩微胶片。用 P 表示。

05.04.026 极性 polarity
线条和字符相对于背景的明暗关系。

05.04.027 阅读器 reader
用于放大缩微影像，使之成为目视可读的设备。

05.04.028 COM 计算机输出缩微拍摄 computer output microfilm system
通过联机或脱机方式直接由计算机输出信息制作缩微品的技术。

05.04.029 CIM 缩微品输入计算机 computer input microfilm system
利用光学字符识别技术把缩微影像转换成由计算机可处理的数字化信息技术。

05.04.030 潜影 latent image
肉眼看不见的潜在影像。在照相乳剂中，潜影是在曝光的瞬间形成的。由于光的物理或化学作用，在个别的结晶（一般是卤化银）中所形成的不可见的影像，负片经过显影使其变为可见的影像。

05.04.031 缩微影像 microimage
不经放大肉眼无法直接阅读的微小影像。

05.04.032 影像区 image area
缩微影像所占的区域,由原件的尺寸和缩小比率决定。

05.04.033 硬拷贝 hard copy
缩微影像的放大影像,通常是在纸上,可裸视直读。

05.04.034 第 N 代缩微品 N generation microfilm
给各代缩微品制定的号码。

05.04.035 曝光时间 exposure time
感光材料接收辐射能作业的时间。

05.04.036 黑白胶片 black and white film
由黑白亮度不同的银构成影像的卤化银感光材料。黑白胶片主要由保护膜层、卤化银乳剂层和透明片基支持体构成。

05.04.037 银盐胶片档案 silver film archive
又称"银–明胶型胶片档案"。以卤化银、明胶、增塑剂及其他辅助成分制成乳剂涂布在片基上形成的胶片。经曝光和湿法冲洗加工后形成由金属银构成的影像。特点是感光速度快,成像质量好,影像能长期保存。但成本高,需要在暗室内操作。制作的缩微品,可作为档案原件的副本长期保存。

05.04.038 非银盐胶片档案 non-silver film archive
除银盐胶片以外的其他感光胶片。如重氮胶片、微泡胶片、光导热塑型胶片等。

05.04.039 感光层 photosensitive layer
位于底基上对光和其他辐射能敏感的涂层。

05.04.040 三醋酸纤维素酯片基 acetate film
简称"三醋酸片基""醋酸纤维素片基"。最

早的安全片基,出现于 20 世纪 30 年代。基本成分为经部分水解的三醋酸纤维素酯(酯化度 2.8)。厚度为 0.10~0.20 毫米。具有较好的透光度和耐光性,机械强度较差,几何尺寸稳定性也较涤纶片基等差。

05.04.041 聚酯片基 polyester film base
使用合成聚合物材料制成的片基的总称。包括涤纶片基和聚碳酸酯片基两类。此类片基具有几何尺寸稳定、柔韧性好、耐折、耐湿、耐寒等优点。多用于制作高空摄影、照相制版、X 射线胶片、录音磁带、窄画面电影胶片和部分缩微胶片等。

05.04.042 安全片基 safety base
三醋酸纤维素酯和聚酯性能稳定,不易分解和燃烧,三醋酸纤维素酯片基和聚酯片基统称为安全片基。

05.04.043 暗褪 fading in dark
组成彩色影像的染料分子,因其不稳定,保存在无光条件下,影像也会发生褪色的现象,在受热或受潮时会加速褪色。

05.04.044 明褪 fading in light
彩色影像遇光后引起的褪色现象。可见光或者短波长的紫外线,是造成明褪的重要原因。

05.04.045 胶片酶解 film deterioration by enzyme
胶片组成成分明胶中的蛋白质在微生物的作用下发生分解反应,导致明胶层逐渐液化,银发生位移,导致影像模糊不清的现象。

05.04.046 醋酸综合征 vinegar syndrome
三醋酸纤维素酯胶片在保存过程中出现的一种老化现象。一般症状分为三个阶段:一是当打开胶片盒时,能闻到一股酸醋味;二是有一部分胶片出现了白色结晶,渗出黑色黏液,胶片变形;三是少数胶片的乳剂膜已脱落,严重者影像荡然无存。

05.04.047 开放式装具 open enclosure; open

fittings

一种能防止胶片遭受机械性损伤,但不防光,可以接触到周围空气的装具。这类装具有开窗卡片、片盘、片夹等,短期保存的胶片档案可使用这类装具保管。

05.04.048　密闭式装具　airtight enclosure；airtight fittings

一种能限制胶片与周围空气的接触,并可以防光、防尘、防机械损伤的装具。这类装具有封套、片盒、平片箱等,短期保存或长期保存的胶片档案均可以使用这类装具保管。

05.04.049　密封式装具　airproof enclosure；sealed fittings

一种能完全切断胶片与周围空气接触,并可以防光、防空气污染物、防潮的装具。这类装具有密封式平片盒、密封式卷片盒、密封袋等,主要用于胶片的长期保管或耐久保管。

05.04.050　母片　master

用于复制下一代拷贝片的缩微品。相邻两代的缩微品,上一代为下一代的母片。

06. 电子文件管理

06.01　综　　合

06.01.001　电子文件　electronic records

国家机构、社会组织或个人在履行其法定职责或处理事务过程中,通过计算机等电子设备形成、办理、传输和存储的文件。广义的电子文件包括以模拟信号存在的电子文件和以数字信号存在的电子文件,前者如传统录音录像文件,后者也称数字文件。狭义的电子文件特指以数字信号存在的文件。我国档案领域通常采用狭义电子文件概念。

06.01.002　数字文件　digital records

国家机构、社会组织或个人在履行其法定职责或处理事务过程中,利用数字技术和数字设备形成、办理、传输和存储的由一系列有序二进制代码组成的文件。我国档案领域通常将数字文件和电子文件作为同义词。

06.01.003　原生性电子文件　born-digital records

直接在计算机等电子设备中产生的电子文件。不包含由实体文件经数字化加工转化形成的电子文件,如扫描件。

06.01.004　转化型电子文件　converted electronic records

实体文件经由扫描、拍摄等数字化加工手段转化形成的电子文件。

06.01.005　电子文档　electronic document

依赖计算机等电子设备形成的文档。通常有两种理解:(1)非结构化的计算机文件,这是信息技术领域惯常的理解;(2)电子文件和电子档案的集合,这是非信息技术领域常见的理解。

06.01.006　档案数字资源　digital archival resource

以数字信号存在的档案信息资源。包括原生性电子档案、传统载体档案数字化成果及其他具有档案属性的数字数据。

06.01.007　档案数据　archival data

以档案形式存在、具有档案属性以及描述档案及其管理服务过程的信息记录。包括档案、元数据、档案管理过程记录、档案用户行为数据等。通常特指以数字形式存在的上述信息记录。

06.01.008 计算机文件 computer file
为操作系统所知的、已命名的、有序的字节序列。

06.01.009 电子公文 electronic administration documents
通过计算机等电子设备形成、办理、传输和存储的公文。广义上指公务活动中形成的所有形式的电子文件,狭义上指具有法定效力和规范体式的电子文件。

06.01.010 聚合 aggregation
高于文件对象层级的任一文件实体的集合。

06.01.011 组件 component
又称"数字组件"。作为一个或多个数字文件的一部分,含排序、构建或呈现其内容及形式的必备元数据,且需要特定保存措施的一个数字体。如一个网页的多媒体组件。

06.01.012 复合文件 compound records
由两个及以上相对独立的、技术上具有紧密关联的组件构成的文件。如网页文件中的HTML、CSS、JPEG 图片都是组件,共同构成一份复合文件。

06.01.013 组合文件 combined records
由两个及以上相对独立的、管理上具有紧密关联的组件组成的文件。如请示和批复是两个相对独立的文件,但二者需要组合在一起才能表示一个完整的管理活动,在管理过程中可以将两者组合为一份组合文件。

06.01.014 电子证据 electronic evidence
案件发生过程中形成的,以数字化形式存储、处理、传输的,能够证明案件事实的数据。经过科学管理的电子文件可以充当电子证据。

06.01.015 文件的三要素 three elements of records
文件构成所必备的三个要素。一般认为文件由内容、背景和结构三个要素构成。

06.01.016 结构 structure
文件内容信息的组织方式和表达方式。文件的组成要素之一。组织方式如正文和附件,表达方式如格式等。按照存在方式,结构可分为逻辑结构和物理结构。

06.01.017 内容 content
文件中所包含的表达作者意图的信息。文件的构成要素之一。

06.01.018 背景 context
文件所处的环境。文件的构成要素之一。文件的背景信息包括文件之间的相互关系、形成文件的业务活动、文件的技术环境等。

06.01.019 真实性 authenticity
文件内容、结构和背景与形成时的原始状况相一致的性质。真实的文件满足以下条件:第一,文件用意与其制文目的相符;第二,文件的形成者和发送者与其既定的形成者和发送者相吻合;第三,文件的形成或发送时间与其既定时间一致;第四,由特定机构使用安全可靠的系统软件形成和管理。

06.01.020 完整性 integrity
文件信息齐全且未被破坏、变异和丢失的特性。完整的文件满足以下条件:第一,每一份文件的内容、结构和背景信息没有缺损;第二,作为记录机构活动真实面貌的、具有有机联系的多份电子文件及其他形式的相关文件数量齐全,文件之间的有机联系得以揭示和维护;第三,文件形成之后内容没有被非法改动。

06.01.021 可读性 readability
文件经过存储、传输、压缩、解压缩、加密、解密、载体转换、系统迁移等处理后能够以人可以识读、可以理解的方式输出,并保持其内容的真实性。

06.01.022 可用性 usability
文件能够被检索、呈现或理解的特性。

06.01.023　文本文件　text records
又称"字处理文件"。使用文字处理软件生成的由字、词、数字或符号表达的文件。

06.01.024　数据库文件　database records
以数据库数据形式存在的具有文件属性的记录。

06.01.025　图形文件　graphic records
根据一定算法绘制的图表、曲线图,包括几何图形和把物理量如应力、强度等用图标表示出来的图形等。

06.01.026　图像文件　image records
全称"数字图像文件"。使用数字设备采集或制作的画面,如用扫描仪扫描的画面、用数码相机拍摄的照片等。纸质文件、缩微胶片均可经过扫描转换成图像文件。

06.01.027　视频文件　video records
使用视频捕获设备录入的数字影像或使用动画软件生成的二维、三维动画等各种动态画面,如数字影视片、动画片等。视频捕获设备可将模拟影像转换成数字影像。

06.01.028　音频文件　audio records
用音频设备录入或用编曲软件生成的文件。

06.01.029　程序文件　programming records
用计算机语言编写且具有文件属性的程序。

06.01.030　版式文件　fixed-layout records
全称"版式电子文件",又称"版面固定文件"。内容信息被排版在预定义页面中,具有显示一致性的版面固定的电子文件。

06.01.031　电子邮件　E-mail
寄件人通过网络传递给收件人的数字信息。

06.01.032　元数据　metadata
关于数据的数据。在电子文件管理中,特指用来描述文件背景、内容、结构及其整个管理过程的数据。

06.01.033　元数据元素　metadata element
通过标识、定义、约束性、值域等一组属性描述的元数据单元。

06.01.034　文件管理元数据　recordkeeping metadata；records management metadata
描述文件内容、结构、背景和管理过程的信息,是支持文件形成和跨时空管理与利用的结构化或半结构化信息。

06.01.035　保存元数据　preserving metadata
全称"长期保存元数据"。保存文件的系统和机构使用的用来支持电子文件保存过程的信息。

06.01.036　电子文件生命周期　life cycle of electronic records
将电子文件视为一个生命体,其从形成到永久保存或销毁的过程要经历若干阶段的理论。电子文件生命周期理论的基本思想主要有:第一,电子文件从其形成到销毁或永久保存是一个完整的、不可割裂的运动过程;第二,这一过程可以根据电子文件的功能、效用和价值的变化划分为若干阶段(如现行期、半现行期、非现行期),对不同阶段的管理需求应该统筹设计和实现;第三,电子文件在每一阶段因其特定的功能、效用和价值形态而具有不同的价值主体和价值实现方式,但电子文件运动的阶段性与其物理位置、保存场所没有必然的对应关系;第四,电子文件管理功能通过管理电子文件的系统实现,不同阶段的管理需求通过相应的管理功能实现,因此电子文件生命周期全程的管理和监控措施应该向前延伸到电子文件系统的设计之中。

06.01.037　全程管理　lifecycle management
根据电子文件的特点和管理要求建立一个完整的管理体系,对电子文件从产生到永久保存或销毁的整个生命周期进行全面管理、系统管理和过程管理,体现在电子文件管理体制与模式的确定、管理系统的设计和运行、管理制度的内容和执行等方面,以保证电子文件整个生命周期受到严密控制。电子文件管理理念和原则之一。

06.01.038　前端控制　headend control

对电子文件整个生命周期过程的目标、要求和规则进行系统分析和科学整合,使需要和可能在文件形成阶段实现或部分实现的管理功能尽量在文件形成阶段实现。电子文件管理理念和原则之一。

06.01.039　集成管理　integrated management

将与电子文件生成、运行、保管等管理活动有关的要素进行合理的组合,形成具有要素群结构的管理体系。以实现文件流和业务流的集成,文件流与其他信息流的集成,以及文件流内部管理活动的集成。电子文件管理理念和原则之一。

06.01.040　电子文件管理　electronic records management

负责对电子文件的形成、接收、维护、利用和处置予以有效、系统控制的所有管理领域。包括捕获和维护以文件形式存在的业务活动、事务处理的证据和相关信息的过程。

06.01.041　电子文件管理体系　electronic records management system

以电子文件管理系统为主体,包括所有与电子文件管理有关的技术、法律、标准、人员等相关因素在内的,以保证电子文件的行政有效性与法律凭证性、有效存储与高效利用为目的的系统。

06.01.042　电子文件管理国家战略　national strategy for electronic records management

从国家层面和战略视角对电子文件管理全局性、基本性、长期性问题所进行的目标定位、统筹规划和基本制度安排。是国家对电子文件管理工作的基本态度和总体思路,其表现可以是法规、政策、标准、规划、项目等体现国家意志、带有全局性的关于电子文件管理的国家行为,其实质是用战略的眼光来研究和解决电子文件的管理问题。

06.01.043　数字档案馆　digital archives

运用现代信息技术对电子档案及其他数字资源进行采集、存储、管理,并通过各种网络平台提供利用的档案信息集成管理体系。

06.01.044　智慧档案馆　smart archives

综合运用互联网、物联网、大数据、云计算、人工智能等信息技术,对档案实体、档案数据,以及档案收集、管理、保存、利用等业务活动等实施智慧化管理的集成管理体系。

06.01.045　数字保存　digital preservation

在同一代或不同代技术环境中长期维护数字信息可访问性、可用性和可理解性的过程。

06.01.046　档案信息资源共享服务平台　archival information resource sharing service platform

以规范和便利档案信息资源共享为目的,依托跨区广域网或业务网建设的资源平台。能有效连接各级档案馆(室),实现档案资源集约化管理、分布式存储和远程档案利用。

06.02　系统与技术

06.02.001　载体　media

又称"介质""存储介质"。可将信息记录于其上或其中的物质材料的泛称。电子文件的载体有磁带、磁盘、光盘等多种形式。

06.02.002　业务系统　business system

生成和管理机构业务活动数据的信息系统。

06.02.003　电子文件管理系统　electronic records management system; ERMS

机关、团体、企事业单位和其他组织用来对电子文件的识别、捕获、存储、维护、利用和处置等进行管理和控制的信息系统。如果该系统仅用来捕获管理归档电子文件,则也被称为电子档案管理系统。

06.02.004 更新 refreshment
将数字信息从一个数字介质中复制到另一个数字介质中的过程,包括复制到同一种类的介质中。数字迁移方法之一。

06.02.005 转换 conversion
在确保档案原有信息(内容)不发生变化的前提下,变更档案的载体形式或文件格式。

06.02.006 仿真 emulation
模仿电子档案产生时的软硬件环境,使电子档案能够以原始面貌(初始格式、版面与内容等)显示,功能性也能得到保护的技术。仿真有助于保护、辨认那些极大依赖特殊硬件与软件而又无法在新、旧技术平台间进行迁移的电子档案。

06.02.007 迁移 migration
在不改变格式的前提下,将文件从一种软硬件配置中转移到另外一种软硬件配置中的过程。

06.02.008 文档类型定义 document type definition;DTD
一系列声明的集合。声明遵循特定的置标语法,并根据标准通用置标语言(SGML)和可扩展置标语言(XML)文档结构的限定对其文档的类或类型进行描述。定义详细说明了 SGML 或 XML 应用的语法,如:其派生的超级文本置标语言(HTML)和可扩展超文本置标语言(XHTML)。这种语法通常不是 SGML 或 XML 语法的通用形式。

06.02.009 元数据方案 metadata schema
表示元数据元素之间关系的逻辑架构。规定元数据的使用及管理规则,尤其是关于语义、语法及赋值的规则。

06.02.010 封装 encapsulation

将电子档案及其元数据作为一个整体按指定结构打包的过程。

06.02.011 模板 template
规定电子文件结构和显示方式的标准化文件。可在不同文件中以共同一致的方式使用。

06.02.012 电子签名 electronic signature
电子文件中以电子形式所含、所附用于识别签名人身份并表明签名人认可其中内容的数据。

06.02.013 数字水印 digital watermark
采用数字技术对电子文件、电子档案加注的起信息固化作用的标记。起防错、防漏和防调换等作用。

06.02.014 备份 backup
将电子文件或电子文件管理系统的全部或部分复制到存储载体或独立系统上的过程和结果。

06.02.015 容灾 disaster tolerance
通过建立科学的管理和备份系统来保证系统和数据具有对灾难性事件的抵御能力。以确保面对自然灾害、设备故障以及人为操作破坏时,系统支持的业务能够不间断地运行。

06.02.016 身份识别 identity recognition
用于区分操作者角色和权限的技术方法。

06.02.017 权限 authorization
按操作者身份所确定的系统资源使用权利。用于保证对电子档案的合法操作。

06.02.018 加密 encryption
将可读数据转换成必须使用还原密钥才能读取的格式的过程。

06.02.019 压缩 compression
为满足存储或传输的要求,利用特殊软件缩小电子文件大小以减少信息所占空间的过程。

06.02.020 密钥 secret key

在加密过程中明文转换成密文或解密过程中密文转换成明文算法中所输入的一种参数。通过不同的参数使同样的加密方法获得不同的加密结果，同样的解密方法下只有通过既定的参数才能获得预期的解密结果。

06.02.021 私钥 private key

在双钥加密系统中，用于控制加密和解密的成对密钥中不予公开的密钥。

06.02.022 公钥 public key

在双钥加密系统中，用于控制加密和解密的成对密钥中可以公开的密钥。

06.02.023 访问控制 access control

在身份认证的基础上，依据授权对个人或应用程序从存储设备上存取数据权限的定义或限制。

06.02.024 兼容性 compatibility

在特定情况下，同类环境（如标准、系统）一起使用的适宜性。也指硬件之间、软件之间、软硬件之间的配合程度。

06.02.025 互操作性 interoperability

系统、单元及团体与其他系统、单元及团体间提供、接受服务并利用交换的服务有效运转

的能力。

06.02.026 格式 format

电子文件在计算机等电子设备中组织和存储的编码方式。示例：文本格式 PDF、DOC、XLS、PPT、TXT、WPS、XML、HTML 等，图像格式 JPG、TIFF、GIF、PNG、BMP 等；图形格式 DWG、DXF、IGS 等；音频格式 WAV、MP3、MID 等；视频格式 AVI、WMV、FLV、MPEG、RM 等。

06.02.027 存档格式 archiving format

适合于档案长期存储、可读、可解析、可理解的格式。

06.02.028 开放格式 open format

数据描述模式透明且其规范公开可读的格式，通常是公共机构或国际组织制定的固定标准，其目的是建立软件互操作性标准。

06.02.029 封闭格式 closed format

数据描述模式不公开的格式。

06.02.030 档案级光盘 archival disc

耐久性达到特定要求和各项技术指标优于工业标准的可记录光盘。档案级光盘的归档寿命大于 20 年。

06.03 流程与方法

06.03.001 集中式保管模式 centralized custody model

将具有永久保存价值的电子文件送至国家指定或授权的机构、组织（通常为国家档案部门）集中保存，该类机构对其职能范围内的归档单位的档案工作进行领导、指导和监督，对其入馆档案进行实体和信息的双重控制。

06.03.002 分布式保管模式 distributed custody model

指各组织、机构中产生的电子文件不统一移交给特定部门，而将其留存于本机构内部加

以保管和利用的模式。

06.03.003 双套制 dual-filing system; paper-electronic double archiving system

又称"双套归档"。机构将相同内容的电子文件和纸质文件同时归档保存的管理模式。具体分三种情况：一是电子文件随业务生成，归档时打印成纸质文件；二是纸质文件随业务生成，归档后经数字化加工转换为电子文件；三是电子文件、纸质文件双轨运行，两者同时归档。参见"双轨制"。

06.03.004 单套制 digital archiving of digital

records

又称"单套归档"。电子文件仅以电子的形式归档保存的管理模式,不再同时打印输出纸张。

06.03.005 双轨制 paper-electronic double record keeping system

业务过程中同时形成、运转纸质和电子两种形式的文件的管理模式。具体指文件在业务运转过程中形成电子和纸质两种版本,二者同步随业务流程流转,业务结束后进行双套归档。

06.03.006 单轨制 digital record-making and recordkeeping system

业务过程中仅以电子的形式形成、流转文件的管理模式,即文件在业务运转过程中只形成电子版本。广义的单轨制包括单套制。

06.03.007 捕获 capture

将电子文件及其元数据收集进入电子文件管理系统的过程。

06.03.008 登记 register

在电子文件进入电子文件管理系统时,赋予其唯一标识符的行为。

06.03.009 在线归档 on-line filing; on-line archiving

通过计算机网络,将电子文件及其元数据向电子文件管理系统移交,其管理权限向档案部门移交的过程。

06.03.010 离线归档 off-line filing; off-line archiving

将电子文件及其元数据存储到可脱机存储的载体上向电子文件管理系统移交,其管理权限向档案部门移交的过程。

06.03.011 物理归档 physical filing; physical archiving

将电子文件通过网络或者脱机载体保存进电子文件管理系统的归档方式。电子文件的管理权限同步向档案部门移交。

06.03.012 逻辑归档 logical filing; logical archiving

具有档案价值的电子文件在归档之后仍然存储在业务系统中的归档方式。通常要求将其元数据移交到电子文件管理系统中,档案部门也可以委托业务部门对这些归档文件进行保管和提供利用,并对其管理工作进行指导和监督。

06.03.013 双重鉴定 dual appraisal; content and technical dual appraisal

对电子文件进行内容鉴定和技术鉴定以确定文件的价值和保管期限。

06.03.014 内容鉴定 content appraisal

根据电子文件所含信息的有用性和社会需求,鉴定电子文件的保存价值和历史意义,并在此基础上确定其保管期限。

06.03.015 技术鉴定 technical appraisal

判断电子文件的有用程度是否具有实现的可能,即检查电子文件的技术状况,以明确电子文件的利用价值是否处于可利用的状态,包括对文件真实性、完整性、可读性的分析以及对文件载体性能的检测。

06.03.016 物理案卷 physical file

一组互有联系的实体文件集合体,是档案管理最小的集合体。

06.03.017 逻辑案卷 logical file

又称"虚拟案卷""电子案卷"。计算机系统中一组互有联系的文件集合体,在逻辑上被作为一个案卷来处理,无论这些文件的物理存储位置如何。

06.03.018 检索策略 retrieval strategy

在分析检索课题内容实质的基础上,选择检索系统、检索途径,确定检索词及其相互逻辑关系等的信息检索方案,其实质是对检索过程的科学规划。

06.03.019 联机检索 online retrieval
用户或检索中心的检索人员通过计算机终端或网络工作站,以人机对话方式直接对档案数据进行检索、浏览、输出。

06.03.020 布尔检索 Boolean retrieval
利用布尔逻辑运算符[与(AND)、或(OR)、非(NOT)等]进行检索词语或代码的逻辑组配。

06.03.021 截词检索 truncation retrieval
用一个词的局部进行检索,认为凡满足这个词局部中所有字符(串)的档案,都为命中档案。按截断的位置来分,截词有后截断、前截断、中截断三种类型。

06.03.022 加权检索 class-weighted retrieval
在检索时,给每一个检索词一个表示其重要程度的数值(权值),权值多少视检索词在档案文献中所占的重要程度而定,然后对含有这些检索词的档案文献进行加权计算,加权和在规定的阈值以上者,作为答案输出。

06.03.023 分类检索 category retrieval
按照分类号或类目来检索所需档案的方式。该检索的前提是把档案主题概念按知识分类进行表达、系统组织和排列。

06.03.024 主题检索 subject retrieval
用取自自然语言的语词来检索所需档案的方式。该检索的前提是用叙词或关键词来表达档案主题概念。

06.03.025 销毁 destruction
对保管期满且不再具备保存价值的电子文件进行消除或删除,使之无法恢复的过程。包括信息销毁和载体销毁两种方式。

06.03.026 审计跟踪 audit trail
在计算机系统中自动追踪对文件进行的操作,以使在电子系统中的任何文件访问都被记录下来,可用于识别与文件有关的未授权活动,如修改、删除或增加等。

06.04 档案计算机管理

06.04.001 档案管理自动化 automatization of archives management
使用计算机等信息技术与设备实现档案工作环节自动化处理的过程。

06.04.002 机读文件 machine readable records
以代码形式记录于磁盘、磁带、穿孔卡片等载体之上,必须通过计算机或其他设备的转换才能识读的文件。电子文件管理早期阶段使用的术语。

06.04.003 档案机读目录 machine-readable catalogue of archives
以编码形式和特定结构记录在计算机存储载体上的,档案管理系统能自动控制、处理与编辑输出的档案目录信息。

06.04.004 计算机自动抽词 automatic computer word extraction
计算机根据词频等特点从机读档案信息中抽取关键词,并通过机读词表将关键词转换成主题词,以标识档案文献主题。

06.04.005 计算机辅助标引 computer-assisted indexing
通过计算机自动完成依据检索语言确定文献标识的过程。

07. 历 史 文 书

07.01 文书称谓(含文种)

07.01.001 书 shu
(1)上古文书的统称或命书结集的简称。春秋战国以前的命、诰、誓等王命文书与诸臣上书均可谓"书"。春秋战国时期各诸侯国和官员之间往来文书亦称"书"。(2)秦始皇改"命"为"制",改"令"为"诏",为皇帝专用,确定臣僚上书皇帝的专门文书为"奏",此后"书"成为官府往来文书通用文种的统称。在汉代的官府往来文书中,书是常用的正式文书,上行下行皆可,平行则称为移书。

07.01.002 命 ming
又称"册命""册(策)""简书""命书"。西周用来授官赐爵的文书,其中往往对受封者有所诰戒,故诰与命往往合称,广义的命也包括诰在内。

07.01.003 诰 gao
上古用来训诫和勉励臣僚,发布政令的文书。

07.01.004 誓 shi
古代为讨伐敌人而誓师宣言的军事文书。

07.01.005 训 xun
上古时的训诫文书。

07.01.006 典 dian
上古记述帝王政法的文书册籍。

07.01.007 谟 mo
上古臣下议政的文书。

07.01.008 事书 shi shu
《周礼》中所记由内史向王宣读的诸侯陈事文书。

07.01.009 券 quan
又称"券书"。古代表示信用的凭证类文书统称。一般判为两半,各执其一作为凭证。

07.01.010 约剂 yue ji
古代用于凭证的契券类文书。据《周礼·秋官·司约》,"凡大约剂书于宗彝,小约剂书于丹图"。其中"大约剂"为邦国之约,书于宗彝;"小约剂"为万民之约,书于竹帛。

07.01.011 质剂 zhi ji
古代用于买卖交易、抵押典当等的契约类凭证文书。据《周礼·地官·质人》,"质人掌成市之货贿,人民、牛马、兵器、珍异,凡卖儥者,质剂焉。大市以质,小市以剂"。其中,"人民、牛马"之类买卖属于大市,用长券,而"兵器、珍异"之类属于小市,用小券,这两类都属于"万民之约"的"小约剂"。其制为"手书一札,前后文同,而中别之,使各执其半札"。

07.01.012 傅别 fu bie
又称"债券"。古代用于借贷的契约类凭证文书。《周礼》中有记载,战国时已普遍使用。其制为"手书大字,中字而别其札,使各执其半字"。以竹木制成,剖作两半,债务人持左券,债权人持右券。两券相合,以追讨债务和解决债务纠纷。

07.01.013 书契 shu qi
古代用于取予受入的契约类凭证文书。其制为"书两札,刻其侧"[《周礼》(汉)郑玄注。]

07.01.014 符 fu
古代君主征调兵将用或通过关津的凭证文书。一般是双方各持一半以验真假,用金、青铜、玉、竹、木等材质制成,多为动物形状。

07.01.015　虎符　hu fu

古代用于征调兵将用的凭证文书。一般以铜或金制成伏虎形状,分作两半,右半在中央,左半付在外将帅,左右相合始得发兵。

07.01.016　节　jie

古代执行王命、出入门关时所持的凭据。如《周礼·地官·掌节》,"掌节掌守邦节而辨其用,以辅王命"。初以玉、铜、竹为材质,春秋战国时多用青铜铸造,上有铭文,但仍多取竹节之形,后竹节渐渐消失。

07.01.017　盟书　meng shu

又称"载书"。始于西周,是周天子与各诸侯国之间、诸侯国之间或卿大夫之间订立盟誓,以求神明约束的文书。盟书内容为参加盟誓者要遵从誓约要求,否则神明会降灾祸之类。

07.01.018　版图　ban tu

版图是用于记载王朝人口和山川领土的簿册。"版"是户籍,记载统治人口;"图"是地图,记载统治范围。后来泛指国家的疆域。

07.01.019　世系　shi xi

古代记载姓氏承续系统的谱系文书。《周礼》小史之职在记录贵族的世系。记载帝王世系的称帝系;记载诸侯卿大夫世系的称世本。

07.01.020　令　ling

(1)春秋战国时期产生的发布政令,尤其是用于颁布政策法规的文书。这一时期,"令"与"命"统称为命书。(2)秦汉时皇太子、王后、诸侯王下达的文书称令。后代皇太子之令多称令书、令或令旨。(3)民国南京临时政府时期公文程式规定为上级公署职员行用于下级公署职员,或公署职员行用于人民时专用文书;此后各时期,作为各级行政机关发布法令、任免官吏及有所指挥时使用的文种,细分种类繁多。

07.01.021　语书　yu shu

古代官府告诫官吏或民众的文告。湖北云梦睡虎地出土的战国秦简中有秦王政二十年(公元前227)南郡郡守腾告诫所属县道官吏的文告。

07.01.022　上书　shang shu

战国时期臣民向君主言事的上奏文书。

07.01.023　玺书　xi shu

(1)古代用印文书的统称,春秋战国时期已普遍使用用印文书。(2)钤盖皇帝玺印下发文书的统称。

07.01.024　诏令文书　zhao ling wen shu

简称"诏令"。又称"诏敕""制诏"。皇帝向所属臣民发布的各种文书的统称。这类文书具有法律效力,与一般只有行政效力的官府下行文书性质不同,在中国古文书中自成一类。

07.01.025　制　zhi

秦代皇帝专用文种。秦始皇改"命"为"制",用于颁布重大法制性命令。

07.01.026　制书　zhi shu

(1)汉至唐宋等王朝皇帝专用文种。如汉代制书以"制诰三公"或"制诏某官"起首,用于颁布赦令、赎令、任免职官,及下达其他命令。魏晋南北朝时期沿用,北朝北周曾把制书改称"天制"。唐代的制书,原称诏书,因武则天讳而改制书,用于"行大赏罚,授大官爵,厘革旧政,赦宥降虏"[(唐)李林甫等《唐六典》]。宋代制书,用于"处分军国大事,颁赦宥德音,命尚书左右仆射,开府仪同三司、节度使,凡告廷除授"。(2)古代皇帝诏令文书的统称。

07.01.027　慰劳制书　wei lao zhi shu

唐代皇帝专用文种,用于对官僚的褒奖嘉勉。

07.01.028　诏　zhao

秦代皇帝专用文种。秦始皇改"令"为"诏",用于颁发一般性的命令。

07.01.029　诏书　zhao shu

(1)汉代皇帝专用文种。亦称为诰。汉蔡邕《独断》认为汉代诏书有三种："其文曰'告某官某,如故事',是为诏书。群臣有所奏请,尚书令奏之,下有'制曰',天子答之曰'可',若'下某官'云云,亦曰诏书。群臣有所奏请,无尚书令奏制之字,则答曰'已奏,如书'。本官下所当至,亦曰诏书。"(2)宋代皇帝专用文种,用于"赐待制、大卿监、中大夫、观察使以上"[(元)脱脱等《宋史》]。(3)元代皇帝专用文种,用于重大的典礼、外交、赦宥、政治改革、人事任命、诛罚等,由翰林国史院撰发,用汉文文言拟制。(4)明清时期代皇帝专用文种,为皇帝或以皇帝名义向全国臣民及某些藩属普遍发布的最为隆重的文件。(5)古代皇帝诏令文书的统称。

07.01.030　策书　ce shu

汉代产生的皇帝专用文种。汉代主要用于册封、谏谥诸侯王以及三公,或罢免三公。魏以后以金、玉为之。

07.01.031　册书　ce shu

又称"册文"。皇帝命封、祭祀、赐谥、拜官等专用文种。其中,上尊号为玉册;立帝、立后、立太子为立册,封诸王为封册;太子、诸王、大臣薨逝称哀册。唐代册书,用于"立后建嫡,封树藩屏,宠命尊贤,临轩备礼"[(唐)李林甫等《唐六典》]。宋代册书用于"立后妃,封亲王、皇子、大长公主,拜三师、三公、三省长官"[(元)脱脱等《宋史》]。元代册书用于上皇帝谥号、尊号、立帝后等。明清时期多称为"册命""册文",用于册封皇太后、皇后、皇贵妃,以及册命亲王、君王等宗室贵族。

07.01.032　戒书　jie shu

又称"戒敕"。汉代皇帝专用文种,用于训诫、约束刺史、太守和三边营官等文武官员恪守职责。所谓三边营官,指东汉在洛阳西、西北、北边设置常屯营兵的领兵将领。魏晋南北朝时期沿用,北周时曾称为天敕。

07.01.033　赦文　she wen

又称"赦书""赦诏""赦令"。古代帝王颁布的一种免罪、推恩和申明禁令的诏令文书。始于汉代,颁布赦诏时有较为隆重的仪式。

07.01.034　丹书铁券　dan shu tie quan

又称"金书铁券""誓书铁券",简称"铁券""铁契"。自汉代开始帝王颁赐给功臣给予世袭享有免罪等特权的凭证。铁券分左右两半,一半交给受赐人,一半存于中央。文字为红色,自唐以后多用黄金填写。

07.01.035　批答　pi da

中国古代帝王批复臣下章奏的文书。魏晋至隋,被称为"答诏"或"答表",批答之名始于唐代。

07.01.036　发日敕　fa ri chi

也称"发敕"。唐代皇帝专用文种,用于增减官员,废置州县,征发兵马,除免官爵,授六品以下官,处流以上罪等。

07.01.037　敕旨　chi zhi

唐代皇帝专用文种,用于"百司承旨而为程式,奏事请施行者"。

07.01.038　论事敕书　lun shi chi shu

唐代皇帝专用文种,用于"慰谕公卿,诫约臣下"。

07.01.039　敕牒　chi die

(1)唐代皇帝专用文种,用于"随事承旨,不易旧典"。宋代沿用。(2)元代用于除授和封赠六品以下官员的皇帝专用文种,不钤盖皇帝玺印,而由中书省宰相签押。

07.01.040　旨　zhi

宋代以后皇帝旨意的专称。

07.01.041　教旨　jiao zhi

宋代以后皇后旨意的专称。

07.01.042　诰命　gao ming

中国古代帝王诏令文书之一。帝王发布的用

于封赠高级官员的命令,南宋始称诰命。用于"应文武官迁改职秩、内外命妇除授及封叙、赠典,应合命词"。明初定封赠一品至五品皆授诰命,清沿明制。

07.01.043 敕书 chi shu

(1)宋代皇帝专用文种,用于"赐少卿监、中散大夫、防御使以下"。(2)明清时期的人事任命文书,从明代敕谕中分化出来,包括坐名敕和传敕,以明确领受官员的职能范围及任职要求、注意事项的职权证明书、责任委托书。其中,坐名敕是因敕书内须写明被授予者的名字,用于品级高的文武官员和从事专门事务的钦差官员;传敕则敕书内不具领受人姓名,本官离任,交下任收掌,在本衙门内流传。(3)清代颁授给朝鲜、越南、琉球等藩属国国王,用于敕封和明确藩属关系。(4)又称"全权证书"。清末颁发给派驻外国公使的职权证明书。

07.01.044 敕命 chi ming

明清时期用于封赠六品以下官员的封赠文书,清代还用于授予世袭有一定次数的爵位。

07.01.045 御札 yu zha

宋代皇帝专用文书,用于颁布重大的军政命令。《宋史·职官志一》记载:"布告登封、郊祀、宗祀祭大号令则用之"。

07.01.046 敕榜 chi bang

宋代皇帝诏令文书之一,用于"赐酺及戒励百官、晓谕军民"[(元)脱脱等《宋史》]。

07.01.047 圣旨 sheng zhi

中国古代皇帝为处理日常军政事务向官员和民众发布的所有命令、指示的统称。作为皇帝专用文书,始于元代,特指皇帝以蒙古文宣谕并记录、颁布的命令,用于因特定目的而颁发给具体机构或人物。明代继承,用来指皇帝处理日常政务的文书。

07.01.048 宣敕 xuan chi

又称"制敕"。元朝用于人事除授和封赠的皇帝专用文书统称。

07.01.049 宣 xuan

又称"制"。元代皇帝除授和封赠五品以上官员的专用文种,其上钤盖皇帝玺印。

07.01.050 敕谕 chi yu

中国古代帝王的诏令文书。源于西汉时的戒敕,明代始有敕谕之称,清代沿袭。敕谕是皇帝针对某时某地发生的重大事件,向特定地区或部门公布的重要政策法令,以及对有关臣民下达的重要命令、要求和训诫。

07.01.051 谕旨 yu zhi

明清时期皇帝日常发布命令的主要文书。

07.01.052 朱谕 zhu yu

明清两朝皇帝所颁的朱笔谕旨。因其文字用朱墨写就,故称。朱谕有两种,一种是皇帝亲自用朱笔书写;另一种是由内阁大学士或军机大臣草拟,奏呈皇帝同意后,用朱笔誊录于折上。

07.01.053 寄信谕旨 ji xin yu zhi

又称"廷寄""密寄""字寄""寄信上谕"。清代皇帝不交内阁宣示而直接授命军机大臣以寄信形式发给各省办事臣工的谕旨。内容多为告诫臣工、指授兵略、查核政务及责问刑罚失当等机要政事。

07.01.054 明发谕旨 ming fa yu zhi

简称"明发"。又称"内阁明发""明发上谕"。清代皇帝通过内阁发抄,对臣僚公开发布的谕旨。凡有关皇帝巡幸、上陵、经筵以及对各地的赈灾、缓免钱粮赋税,侍郎、知府、总兵以上官员的升降调补和应晓谕全国之事,均使用明发谕旨。

07.01.055 电寄 dian ji

又称"电旨"。清代以电报形式寄发的晚清皇帝批答臣工奏请的命令形式,亦代指以此种形式传递的谕旨。因其最初发送的文书为寄信谕旨,故称电寄。

07.01.056　金榜　jin bang

又称"黄榜""皇榜"。以皇帝的诏令形式公布的科举考试中殿试揭晓的榜示。因以金黄纸缮写而得名。清制,与大金榜内容完全一致,另缮一份尺寸较小的副本进呈皇帝阅览的榜示称为小金榜。

07.01.057　奏疏　zou shu

又称"奏议""章奏"。秦汉以后,臣僚向皇帝进言、陈事等所使用上奏文书的统称。

07.01.058　奏　zou

(1)秦朝臣僚上书皇帝的专用文种。战国以前统称上书,秦统一后改书称奏,作为臣僚上呈皇帝的专门文书。(2)又称"上疏"。汉代臣僚向皇帝陈请和举劾的专用上奏文书。

07.01.059　议　yi

(1)秦朝臣僚各抒己见或达成共同的意见而上呈皇帝的专用文书。(2)汉代又称为驳议,用于上奏表达有异议的事情。(3)唐代的上奏文书。"朝之疑事,下公卿议,理有异同,奏而裁之"[(唐)李林甫等《唐六典》]。

07.01.060　章　zhang

古代臣僚对皇帝谢恩或陈事的文书。始于汉代。魏晋隋唐,章也用于对皇帝谏言或庆贺。

07.01.061　表　biao

古代臣僚向皇帝陈请的文书。始于汉代。东汉至魏晋用途渐广。唐宋以后,表除了用于陈谢、庆贺,多以进书为主。

07.01.062　启　qi

魏晋时臣僚对皇帝陈述事情的文书称谓。明代臣民向太子及诸宗藩言事的文书称为启本。清代群臣向摄政王多尔衮上书言事用启本,臣僚对领兵出征的诸王上书言事也用启本。

07.01.063　笺　jian

魏晋开始上书皇后、太子、诸王等主要用于礼仪庆贺的文书。

07.01.064　奏抄　zou chao

唐代上奏文书的文种,宋代元丰改制后沿用。唐代时由尚书省就"祭祀,支度国用,授六品已下官,断流已上罪及除、免、官当者"[(唐)李林甫等《唐六典》],上报皇帝,由门下省审批,经皇帝御画,下发执行。

07.01.065　奏状　zou zhuang

古代上奏文书,用于臣僚向皇帝陈述政见、上书言事等。奏状起源于汉魏之际,演化至唐宋时期,使用日益频繁。其中,唐代奏状是诸司在按照常例申状尚书省外,非有例可寻的临时事务而直接上奏皇帝取旨的专用文种。

07.01.066　奏弹　zou tan

唐代上奏文书的文种,用于"御史纠劾百司不法之事"[(唐)李林甫等《唐六典》]。

07.01.067　露布　lu bu

又称"露板""露版"。(1)不缄封的文书。始于汉。汉代皇帝制书用玺封,但赦令、赎令均露布下发州郡。臣民上书君主不缄封者,也称露布。遇地震等灾害,地方官员也露布上书。(2)唐代上奏皇帝的专用文书,即《唐六典》所记"诸军破贼,申尚书兵部而闻奏"。(3)古代用称檄文、捷报或其他紧急文书。

07.01.068　榜子　bang zi

又称"录子"。唐代在表、状之外产生的向皇帝奏事的专用文书。宋代称为劄子。欧阳修《归田录》卷二:"唐人奏事,非表非状者谓之榜子,亦谓之录子,今谓之劄子。"

07.01.069　奏劄　zou zha

又称"殿劄""奏事劄子""上殿劄子""轮对劄子""转对劄子"等。宋代臣僚上殿奏事上呈皇帝的专用文书。

07.01.070　奏本　zou ben

明清时期奏疏文种,用于臣僚上书言事。明初规定凡臣民言事于皇帝均用奏本,增设题本后规定奏本只用于官员的私事。清承明制,但使用范围缩小至高级官员。

07.01.071　题本　ti ben

明清时高级官员向皇帝奏报政务时的主要文书。始于明永乐年间。有地方官员所奏"通本"和在京各衙门所奏"部本"之别。

07.01.072　奏折　zou zhe

又称"奏帖""折子"。清代高级官员向皇帝奏报公私事宜时的上行文书。形成于康熙朝。之后奏折的使用范围日渐扩大,成为官员向皇帝奏事的主要文书。奏折按其用途和性质可分为奏事折、请安折、谢恩折及贺折四类。

07.01.073　朱批奏折　zhu pi zou zhe

简称"朱批"。又称"朱批谕旨"。清代奏折的一种,是皇帝用朱墨批阅过的奏折。朱批,指清帝用朱砂红笔在折尾所作的批示。

07.01.074　贺折　he zhe

清代奏折的一种。官员在贺捷、贺胜、逢年过节表示庆贺时向皇帝所上的奏折,称为贺折。

07.01.075　请安折　qing an zhe

又称"安折"。清代奏折的一种,用于向皇帝请安问候。在奏折正式用于奏报政务后,规定官员每次向皇帝奏事时,每封奏折内另具一请安折。

07.01.076　录副奏折　lu fu zou zhe

简称"录副"。清代奏折的副本之一。奏折经朱批,在发还具奏人遵行之前,由军机处或方略馆抄录一份,以供有关衙门传抄执行和存案备查。

07.01.077　奏副　zou fu

清代奏折的副本之一。奏副是在京各衙门向皇帝进呈奏折,奉旨后将原折与所奉谕旨一起抄录成的副本。

07.01.078　奏片　zou pian

清代军机大臣有遵旨查议的事件回复或向皇帝请示日常政务的文书。其款式与奏折略同,形式简便。

07.01.079　夹片　jia pian

又称"附片"。清代高级官员夹附于奏折内进呈的、向皇帝奏报政务时的上行文书,通常为事件分量较轻、不必单独成折或不便在原折中叙述之事。

07.01.080　密本　mi ben

中国古代上奏文书。清代臣民上书皇帝的题奏本章和上书摄政王多尔衮的启本中,事涉机密者用密本。清初奏折广泛应用以前,凡臣子密查密报也用密本。

07.01.081　折本　zhe ben

清代皇帝对于内阁进呈的部本暂不决定如何处理,折角发下,留待御门听政时征询群臣意见的题奏本章。

07.01.082　题副　ti fu

明清时题奏本章例有副本,题本的副本称为题副。其制源于明,清沿明制。

07.01.083　官府往来文书　guan fu wang lai wen shu

古代中央和地方各级官府之间往来行文的文书统称,有别于皇帝使用的诏令文书、臣僚上奏皇帝的奏疏和私人使用的文书。按不同行文对象,可分为上行文、下行文、平行文和不分上下行的文书四类。

07.01.084　记　ji

中国古代官府往来文书,约始于西汉。既可作为上行文书,又可作为下行、平行文书,使用非常广泛。上行的记,称为奏记,或奏笺。下行的记,多见于郡府或都尉府下文至县道候官。与书、檄相比,记的体式比较简略。

07.01.085　檄　xi

中国古代官府往来文书。汉代的檄文用途有

二：一是作为讨伐敌人、征召军队和报告军情的军事文书。这类檄文可追溯至西周时的誓，战国始称檄，魏晋以后称露布。二是用于各级官府征召下级官吏、责问有关情况、下达命令等。唐、宋至清代，檄又作为下行的符、牒、牌、札等文种的别称。

07.01.086　合檄　he xi

中国古代官府往来文书。多数作为日常军政事务的官文书，也可用于军事调遣、通报军情、告知警备。汉代凡涉机密的文书一般用合檄，用两板相合，缠上绳子，压上封泥，以防泄密。

07.01.087　板檄　ban xi

中国古代官府往来文书。板檄是指写在木板上不加木板封盖、可以公开传阅的檄文。居延出土之板多为板檄，多属于重要的紧急文书。

07.01.088　教　jiao

汉代官府往来文书下行文种，为上级官府向下属下达的教令。曹魏时为王侯官吏的下行文，隋唐时教成为皇室亲王、公主使用的文书，一般官员不再使用。

07.01.089　帖　tie

中国古代官府往来文书下行文种。始于魏晋南北朝。中唐以降，用作一般公文的帖渐多。明清时期，帖是地方中下级衙门府、州下行州、县使用的正式下行文，且常用于催督下属。

07.01.090　告示　gao shi

中国古代官府往来文书下行文种。源于"语书"。后通作"榜"。元代白话改称榜示为告示，明清沿用，是官府以张贴形式对百姓或属吏普发的文告。民国时期改称布告。明清对属吏在较小范围张贴的告示习称示，对百姓在较大范围张贴的习称告示。

07.01.091　告身　gao shen

古代授予新官（职事官、散官、勋官）或封爵时发给的文书凭证。始于南北朝。唐宋时最为兴盛。《通典·选举三》："既审然后上闻，主者受旨而奉行焉。各给以符而印其上，谓之告身。其文曰尚书吏部告身之印，自出身之人至于公卿皆给之。武官则受于兵部。"

07.01.092　牌　pai

中国古代官府往来文书下行文种。牌原为古代颁发给官吏出入宫禁、城池等的凭证。元代始有将文书内容直接写在递送下行文书的信牌内者。明代用作武官都司的下行文种，但未被定为法定文种。清代，牌文是法定的主要下行文种，可用于中央、地方、文武各衙门，使用相当广泛，称为信牌或宪牌。

07.01.093　票　piao

中国古代官府往来文书下行文种。明清时期官府常用的下行文种。票文的用途与牌文基本相同，一类是催稽公事，发布命令，另一类是用作凭证。票文处理手续较为简单，郑重程度稍差，是牌文的简化与补充形式，种类繁多。

07.01.094　劄　zha

中国古代官府往来文书下行文种。劄作为官文书，始于北宋。中书省、枢密院发给下级衙门命令的劄子，又称省劄、堂劄子。省劄中常用"劄付某某"的句式，元代劄付逐渐演变为官府下行文种名称。明代劄付为正式官文书，是高级衙门使用的文种。清前期劄文多称为劄付，后期常简称劄，用途与牌文相同，但不及牌文普及。

07.01.095　札　zha

中国古代官府往来文书下行文种。清代乾隆中叶以后，讨论公务的书札被归入卷宗，成为公文，并逐渐取代了牌、票的功能。清代后期，札文成为最流行的下行文种，大多为地方上级对所属下级官员使用，但始终未被列为法定文种。

07.01.096　谕　yu

习称"堂谕""红谕""传谕"。中国古代官府往来文书下行文种。明清时各级官府长官对于属员、属吏等有所命令、指示或通知的文书。最初称为谕帖,后简称为谕。谕的文字通常较短,简便灵活,虽未被定为法定文种,但在衙门中广泛使用。清末分别演变成"饬"和"令",为民国沿袭。

07.01.097　任命状　ren ming zhuang

又称"委任状"。中国近代官府往来文书下行文种。任命状最初称状,民国时南京临时政府委任职员及授赏徽章的证书用状,北洋政府公文程式和国民政府实行五院制后规定其为任命官吏时专用文书。

07.01.098　布告　bu gao

中国近代官府往来文书下行文种。进入民国后,明清时的告示改称为布告。用于官署向民众宣布事实或有所劝诫。北洋政府公文程式规定其为事实之宣示,及就特定事项对于一般人民命其行为或不行为时的专用文书。国民政府实行五院制后和国民政府行政院《修改公文程式》规定布告为对公众宣布事实或有劝诫时专用文书。

07.01.099　通电　tong dian

中国近代官府往来文书。是面向广大范围公开拍发的电报公文。通电出现于晚清光绪年间,民国时期使用愈加频繁,主要用于表达政治立场和公布重要事实等,但长期未列入正式公文,如需正式公文,仍应补具。直至1942年,国民政府的公文程式规定才取消了通电需补具正式公文的要求。

07.01.100　禀　bing

(1)又称"禀帖"。中国古代官府往来文书上行文种。古代尊上言事称禀,向上级写的书信有时也称禀。明代禀文使用广泛。清乾隆初年,批示后的原禀可归入案卷,禀具有了正式官文书性质,但长期未列入法定文种。清代禀文用途广泛,一般是向上级汇报工作、请

示问题、陈情建言。(2)民国时期,袁世凯复辟帝制时公文程式规定为人民对于官署之陈请时专用文书。

07.01.101　红白禀　hong bai bing

清代中期以后官府往来文书上行文种。红白禀是清代使用最多的禀文,为两件一套式样。红白禀作用不同,白禀书写正文存案,红禀写批语发回给下级。

07.01.102　夹单禀　jia dan bing

又称"夹单密禀"。中国古代官府往来文书上行文种。禀文成为正式官文书归卷后,若还有不便公开上达情事,则用夹单禀。夹单不归上级衙门卷内,多是更为机密情事,反映的问题更为真实。

07.01.103　呈状　cheng zhuang

中国古代官府往来文书上行文种。元明时期向有隶属关系的上级行文用呈状,为级别较高衙门使用的上行文。呈状清代前期仍使用,后改称呈文。清代呈文用途广泛,用来呈报、呈复、呈送等,一般不需要批示。呈文一直沿用至民国,是重要的上行文。

07.01.104　呈　cheng

中国近代官府往来文书上行文种。民国时期的基本上行文种。呈的用途主要有:下级官署对上级官署,或职官对长官有所陈请或报告;人民对官署有所陈请。

07.01.105　签呈　qian cheng

(1)中国近代官府往来文书上行文种。签呈是用简便的签条纸缮写的上行文。签呈的主要用途有:机关内部的官员对本机关长官陈述事件、请示办法或奉谕呈复;幕僚对其主管官有所呈报或建议。(2)民国时期通用文书,是用签条纸缮写的上行文。机关内部的官员,对本机关上级长官陈述事件、请示办法或奉谕呈复时,均用签呈。

07.01.106　申状　shen zhuang

中国古代官府往来文书上行文种。宋代申状用于下级对上级行文,是法定的上行文种,用于请示、报告和建言等。元代申状用于六部向中书省行文、各路向行中书省行文。明代沿用申状,多向上报告说明一般情况。

07.01.107　申文　shen wen

中国古代官府往来文书上行文种。清代申状多改为折式,故改称申文。申文沿袭明代用法,多用于向上报告说明一般情况,或报送有关物品、解送人犯等,一般不需要批示。

07.01.108　申陈　shen chen

中国近代官府往来文书上行文种。鸦片战争后,申文作为外交文书使用,称为申陈。根据中英《南京条约》规定,外国之属员对清廷之大臣进行交涉时用申陈。

07.01.109　验　yan

又称"验折"。中国古代官府往来文书上行文之一。验文之名起于清初,应是从清代申文、呈文分化发展而来。验文属报告性质,不需要批示,也不用书册,使用范围、用途与申文相同。

07.01.110　详　xiang

(1)中国古代官府往来文书上行文种。明代上行文申状、呈状中需要上级批示的一类,称为详文。清代详文的使用范围很广,凡可用申文、呈文的衙门大都可使用详文。详文是清代的法定上行文,尤其清中前期禀文尚未流行时,凡向上级请示、报明重要政务,均可使用详文。(2)民国时期,袁世凯复辟帝制时公文程式规定详为下级官署或职官对于上级官署或长官行文时用,事关机密者用密详。

07.01.111　副详　fu xiang

中国古代官府往来文书上行文种。详文须带书册式的副本,文字与详文无异,称为副详,因为采用册式装订,通称详册。

07.01.112　由详　you xiang

中国古代官府往来文书上行文种。一般来说,详文与详册内容相同,为简便起见,有些详文内容可以比详册简略,以减少缮写时间,这种详文称作由详或简详。

07.01.113　节略　jie lve

中国古代官府往来文书。节略是军机大臣等叙明事件概略,恭呈御览的清单,是有关文件上报时的附件,清代一般官员对上级也可使用。民国时节略开始向独立文种转化,成为属吏向长官呈报某一案件概略的文书。鸦片战争以后,节略还可作为半正式的外交平行文书使用,用来说明事实或有关法律问题,重要性次于照会。

07.01.114　说帖　shuo tie

中国古代官府往来文书。清代题本、奏本的处理程序。一般是交由内阁草拟票签,即草拟初步处理意见,提供给皇帝参考。民国时属官晋谒上官,有所建议或条陈意见办法时,附于呈文的一种文书也称说帖。所陈事项比呈文详细,是补充说明的附件。

07.01.115　签　qian

中国古代官府往来文书下行文种。签是上级对下属使用的专门催稽公务案件的文种,具有便签性质,手续极简,且多在衙门内使用。签的用途清代官方并无记载,产生时间尚不可考,清中叶以后已普遍使用。

07.01.116　关　guan

中国古代官府往来文书平行文种。东汉末年地方官府之间用关文,以后历代陆续沿用。唐代关文作为平行文,用于尚书各部之间,地方府州诸曹之间。宋元沿袭,明代关文规格略有下降,但仍高于移文。清朝关文规格又有降低,且只在地方有关衙门之间使用。

07.01.117　刺　ci

中国古代官府往来文书平行文种。两晋南北朝到唐代,刺可用于同级或不相隶属机关之间询问有关事宜。宋代,刺作为平行文书的功用,为咨所取代。

07.01.118 牒 die

中国古代官府往来文书。牒原指短小的木片,魏晋南北朝时作为文书,用途渐广,各不相统属的官府往来文书多用牒。唐代牒文作为法定文种广泛使用。宋代牒文用于不相统属的各官府之间,上行、下行、平行皆可。元代沿用,但分类更细。明清时的牒文有所简化。

07.01.119 平牒 ping die

中国古代官府往来文书平行文种。平牒从牒文分化而来,唐、宋、元时就用于平行官文书。明清沿用,但程式不同。

07.01.120 牒上 die shang

中国古代官府往来文书上行文种。牒上从牒文分化而来,元代沿袭。明代守御千户所、兵马指挥司对直隶各府用牒上。清代取消。

07.01.121 故牒 gu die

中国古代官府往来文书下行文种。故牒元代称为"今故牒",用于品级稍高之官对品级稍低之官行文;明清沿用,省称为"故牒"。

07.01.122 咨 zi

中国古代官府往来文书平行文种。咨文源于唐代谘报,用于翰林院与三省、枢密院之间的平行文书。元代沿袭,中央台省对地方行台省行文时使用,"谘"又写作"咨"。此后直至民国,咨一直作为平行文,主要用于高级衙门(官署)之间商洽公务、通知事项等。

07.01.123 咨呈 zi cheng

(1)中国古代官府往来文书上行文种。始于元代,为咨文的分支。用途与平行的咨文无太大区别,收文衙门等级地位略高,明清沿袭。(2)民国时期,袁世凯复辟帝制时公文程式规定各部院、各省最高级官署与政事堂行文时用咨呈,复辟帝制失败后北洋政府公文程式规定咨呈为专供各特任官署向国务院

行文时专用文书。

07.01.124 移 yi

又称"遗书""移书""移会"。中国古代官府往来文书平行文种。始于春秋战国,是各诸侯国及各官员之间往来文书的统称。三国时期,移被定为平级机关之间往来的正式文种,为隋唐沿袭。清代移文作为平行文种,在京和地方衙门均可使用,使用者品级大多不高。

07.01.125 付 fu

又称"移付""传付"。中国古代官府往来文书平行文种之一。明代以后始作为文种名称,是在京各部院内部各司之间、地方衙门内部各房之间使用的内部文书。清代、民国沿用。

07.01.126 照会 zhao hui

中国古代官府往来文书平行文种。照会作为正式官文书始于明代,用于高级衙门向不相隶属的品级地位稍低的衙门行文,清代沿用。照会又作为平行外交文书,中英《南京条约》签订后规定,两国同级官员之文书往来,必当平行照会。民国时期,南京临时政府公文程式规定照会为行用外国之公文时专用文书。外交照会使用广泛,沿用至今。

07.01.127 知会 zhi hui

中国古代官府往来文书平行文种。清代知会、知照皆从清代折式移(移会)演变而来。其中知照形式比较正规,知会形式简单,手续简便,介于正式文书与便签之间,多用于通知转达照例施行的事务,在京衙门之间使用较多。

07.01.128 交片 jiao pian

中国古代官府往来文书平行文种。清代军机处对在京各部、院、府、寺、监衙门等使用的不具折面的折子,名为交片,一般用于转达皇帝旨意,通知有关事项。

07.01.129 函 han

中国古代官府往来文书。清末私人信函开始被作为正式官文书看待,归入卷宗。函既可用于不相隶属的官员之间,又可用于上下级之间及地方官与绅商、社会团体之间,还可作为外交文书使用,其规格略低于照会,一直沿用至民国。民国时期,国民政府行政院《修改公文程式》规定函为同级机关或不相隶属之机关公文往复时专用文书。

07.01.130 揭帖 jie tie

中国古代官府往来文书。始于明代,有多种用途。有申报上司、补充说明的揭帖;有阁臣密奏的密奏揭帖;还有平行揭帖。凡地方大臣的奏疏,将内容抄缮若干副本,送交有关各部院查考的,又称随本揭帖。另外还有新任官员向上级报送个人履历的履历揭帖、向上司举劾官员的密揭和民间百姓散发传单的匿名揭帖。

07.01.131 手本 shou ben

中国古代官府往来文书。手本是本折式样的文件。明代将谒见上司、拜见老师的名帖,改为本折式样,称为手本。清代沿袭,清中叶以后多称履历手本,用于低级官员谒见上司。还有平行手本,又称移会手本,也直接从明代移(移会)演变而来,是不相隶属衙门、文武衙门之间使用的平行文。

07.01.132 传 chuan

出行过关的凭证。汉代的传,有私事用传和公事用传两种。私事用传,必须满足一定条件才能申请。公事用传,由朝廷颁发。与传同作为通行凭证的还有符,此类符由兵符发展而来,为与军事有关的人出入关道河津的通行证。

07.01.133 过所 guo suo

古代为通过关津而向官府申领的通行文书。过所由汉代的符、传发展而来,至唐代制度已臻于完备。唐代的过所在中央由尚书省颁发,在地方则由都督府或州发给。

07.01.134 官契 guan qi

民间典卖田宅向官府登记纳税,确认产权的书面契约。官契与私契相对而言,由于向官府登记纳税后,官府会在契约上加盖印章,故又称"红契""赤契""印契"。

07.01.135 金票 qian piao

又称"金业票""金业归户票""分亩归户票""分税归户票"等。土地清丈金业之际发给业主的一种凭证。所谓金业,即通过土地清丈,经过官府认定而登录于鱼鳞图册上的土地产业。始于元末明初,清沿袭。

07.01.136 牙帖 ya tie

旧时官府颁发给牙商或牙行的营业执照。牙商或牙行纳税后取得牙帖,方准营业。

07.01.137 执照 zhi zhao

官府颁发给有关人员典型的证明文件。执照由官府颁发,被授予者即获得了官方的某种认可,表明拥有了某方面权利,或已完成某方面义务,并得到法律的保护。

07.01.138 护照 hu zhao

执照中比较特殊的一种,最初是发给办事出差员等人出入沿途关津的证明,各处验明护照后即可放行,办事出差员等凭护照还能得到一定的照应保护。后来专指证明出国公民身份的专用证件。

07.01.139 监照 jian zhao

中国古代最高学府国子监发给捐纳者的监生执照,也就是监生的学历证书。监生资格的捐纳始于明代景泰年间,至清代更加泛滥。

07.01.140 度牒 du die

国家发给僧尼、喇嘛等人的执照凭证。持有度牒,可以免除赋役。唐宋至明清,度牒制度一直不废。

07.01.141 戒牒 jie die

又称"护戒牒"。出家僧尼经过寺院传戒仪式,接受戒法以后得到的资格凭证,是度牒的补充证件。戒牒源于唐代,后代沿袭。

07.01.142　甘结　gan jie
中国古代的一种诉讼文书,即官府处理诉讼后当事人出具自承所供属实,甘愿接受处分或息讼结案的字据。此外,旧时承办官府事务时所立的保证文书,并声明如不履行,甘愿受罚,亦称甘结。

07.01.143　印结　yin jie
官员为证明某人的身世、履历等情况而出具的保证文书,因钤盖衙署印信被称为印结。清制,外省官员赴京考试、捐官,贡监生、吏员考职和捐纳候选主事等,必须取具印结核对。

07.01.144　邮符　you fu
古代官方发给乘驿人员通过驿站时证明身份、取得供应的凭证。清制,凡官员兵役经过驿站,均发给邮符,驿站须查验邮符后,方能照有关规定给予接待。清代邮符使用的具体文种有勘合、火牌、火票、兵票、尾单、排单等。

07.01.145　勘合　kan he
又称"勘契""半印勘合"。规格最高的乘驿凭证文种。古代文书加盖印信后,将其分为两半,双方各执一半,用时查验骑缝的半印是否相合,称为勘合。勘合以纸质形态出现见于元代。明沿元制,制定了行移勘合制度。清初沿袭明制,勘合仍多使用。

07.01.146　火牌　huo pai
官员、差役、兵丁等因差经过驿站,取得相应供应的凭证。火牌一般由兵部按照牌文格式刷印制发,事毕缴销。火牌还经常发给兵役作为传递文书的邮符使用。

07.01.147　火票　huo piao
清代递送紧急公文的凭证。清制,凡由驿马递送的公文,可以兵部制发的火票为凭,令沿途各站接递。火票手续较为简便,是广泛使用的邮符。

07.01.148　兵票　bing piao
又称"兵部火票"。火票中特殊的一种,是官府递送公文、背护敕书、解送物品、押解犯人的凭证,由兵部制发或地方自制。

07.01.149　合挥　he hui
太平天国颁发给低级官员,准许官员妻子随营的凭证。其上印有龙凤图案,故又称"龙凤合挥""龙凤批"。

07.01.150　示　shi
(1)南京临时政府公文程式规定为公署职员向一般人民宣告事件时用。(2)袁世凯复辟帝制时公文程式规定为官署对于人民有所宣示时专用文书。

07.01.151　公布　gong bu
南京临时政府公文程式规定为大总统宣布经参议院决议之法规时专用文书。

07.01.152　批　pi
(1)南京临时政府公文程式规定为公署凡受有呈词而裁决判断之复文时专用文书。(2)北洋政府公文程式规定为行政各官署对于人民的呈文分别准驳时专用文书。(3)袁世凯复辟帝制时公文程式规定为上级官署或职官对于下级官署或职官,及官署对于人民陈请之准驳时专用文书。(4)广州、武汉国民政府及蒋介石发动反革命政变时期公文程式规定为对人民或所属官吏陈请事项有所裁答时专用文书。(5)国民政府实行五院制后和国民政府行政院《修改公文程式》规定为各机关对于人民陈请事项分别准驳时专用文书。

07.01.153　大总统令　da zong tong ling
北洋政府公文程式规定为大总统公布法律、教令(指大总统颁布的非经立法机关通过的法规、命令)、国际条约、预算及特任、简任、荐任官吏时专用文书。

07.01.154　院令　yuan ling

北洋政府公文程式规定为国务院发布命令时专用文书。

07.01.155　部令　bu ling

北洋政府公文程式规定为国务院各部及相当于部的院、会发布命令时专用文书。

07.01.156　训令　xun ling

(1)北洋政府公文程式规定为大总统对于官吏，以及上级官对于下级官有所指挥时专用文书。(2)国民政府实行五院制后和国民政府行政院《修改公文程式》规定为上级机关对于所属下级机关有所谕饬或差委时专用文书。

07.01.157　指令　zhi ling

(1)北洋政府公文程式规定为大总统对于官吏，以及上级官对于下级官，因其呈请而有所指挥时的专用文书。(2)国民政府实行五院制后和国民政府行政院《修改公文程式》规定为上级机关对于下级机关因呈请而有所指示时专用文书。

07.01.158　委任令　wei ren ling

北洋政府公文程式规定为大总统对于官吏及上级官对于下级官有所差委时专用文书。

07.01.159　处分令　chu fen ling

北洋政府公文程式规定为行政各官署对于特定人民，就特定事项命其行为或不行为时专用文书。

07.01.160　公函　gong han

(1)北洋政府公文程式规定为无隶属关系的行政各官署往复文书时专用文书。(2)袁世凯复辟帝制时公文程式规定为国务卿对于各部院及各省最高级官署，遇有商议事件时专用文书。(3)南方革命政府公文程式规定为军务院内部办公使用的文书。(4)国民政府实行五院制后规定为不相隶属之机关公文往复时专用文书。

07.01.161　策令　ce ling

袁世凯复辟帝制时公文程式规定为任免文武职官及颁给爵位勋章并其他荣典时专用文书。

07.01.162　申令　shen ling

袁世凯复辟帝制时公文程式规定为公布法律、教令、条约、预算，对于各官署及文武职官之指挥训示，及其他大总统依其职权执行之事件时专用文书。

07.01.163　告令　gao ling

袁世凯复辟帝制时公文程式规定为对人民有所宣示时专用文书。

07.01.164　批令　pi ling

袁世凯复辟帝制时公文程式规定为裁答各官署之陈请时专用文书。

07.01.165　封寄与交片　feng ji & jiao pian

袁世凯复辟帝制时公文程式规定为国务卿面奉大总统谕与各部院行文时用封寄或交片，与各省最高级官署行文时用封寄。

07.01.166　饬　chi

(1)文书命令词。同"敕"，命令的意思。它是上级要求属下完成某件事的专用命令词。(2)袁世凯复辟帝制时公文程式规定饬为上级官署或职官，对于下级官署或职官指挥委任时专用文书。

07.01.167　咨陈　zi chen

(1)袁世凯复辟帝制时公文程式规定为各省最高级官署对于各部院有所陈请、报告时专用文书。(2)南方革命政府公文程式规定为对无隶属关系，但地位稍高的机关行文时用，如都司令、都督、都参谋、军总司令、国内各地特派专使、派驻各国公使或代表，对军务院行文时均用咨陈，而军务院对上述机关行文则用咨。

07.01.168　咨令　zi ling

南方革命政府公文程式规定为对无隶属关系

但地位稍低的机关行文时专用文书,如军务院对军总司令行文用咨令。

07.01.169　法　fa

民国时期国家最高机关依立法程序制定发布的文书,所规定的内容,为国家施行政务的根本法规。

07.01.170　规程　gui cheng

民国时期各政府机关根据法或条例所制定的关于本机关或所属机关的组织、人员职责、处理事务程序等各项规定的文书。

07.01.171　章程　zhang cheng

民国时期通用文书,与规程的性质相同,但为非政府机关所制定。

07.01.172　规则　gui ze

民国时期各机关根据根本法规制定执行方法或处理程序的详细规定的文书。

07.01.173　细则　xi ze

民国时期根据其他法规而更为细密、详尽的规定,并列举处理事务的办法和手续的文书。

07.01.174　纲领　gang ling

民国时期对某一事件作原则性规定,以作为其他法令规章制定依据的文书。

07.01.175　电报　dian bao

民国时期通用文书,电报用于上行称"电呈",平行称"电函",下行称"电令",以同一内容而宣告于两个以上受电单位的,称"通电"。电报的特点是传递快速,体裁简单,没有一般公文的格式与套语,叙事直截了当,文字精练扼要。但它只有在交通方便、设有电台的地方才可应用。

07.01.176　代电　dai dian

全称"快邮代电"。民国时期通用文书,意为用快速邮递代替电报。按照电报的形式撰拟文件,由邮局发出,是地处偏僻、电报不通的地方传递紧急公文的一种办法。后来由于代

电的体裁简便,上行、平行、下行均可使用,因此采用者日多,即使在交通方便、电报通达的地方,也使用代电行文。

07.01.177　意见书　yi jian shu

民国时期个人或团体向长官或主管机关呈述不属职务范围内情事的文书。

07.01.178　折呈　zhe cheng

又称"手折"。民国时期官吏面见长官陈述事件时,所呈递用作备忘的文书,目的在于防止言者疏漏,听者不能详尽。

07.01.179　建议书　jian yi shu

民国时期向合议制机关陈述意见的一种文书。

07.01.180　报告书　bao gao shu

民国时期在会议上陈述本机关工作情形与行政概况的文书。职员奉委调查某种事项完毕后,将调查情形回复上级的书面文件,也称报告书。

07.01.181　请愿书　qing yuan shu

民国时期人民对于政府机关有所请求时所用的文书。

07.01.182　理由书　li you shu

民国时期书面条陈办法并叙述其理由的文书。

07.01.183　会议录　hui yi lu

民国时期记载会议经过情况的文书。内容包括会议的名称、次别、时间、地点、出席者、列席者、主席、记录人、报告与讨论事项及议决结果、临时动议与决议情形,最后记明何时散会。

07.01.184　提议案　ti yi an

又称"提案"。民国时期出席会议人员在会上提出其建议的文书。

07.01.185　质问书　zhi wen shu

民国时期依据法令的规定,有质问权者向有

关单位提出问题要求答复解释的文书。

07.01.186　计划书　ji hua shu
民国时期预先规定某一时期内工作内容与程序的文书。

07.01.187　方案　fang an
民国时期机关或团体拟定对于某种事业的办法的文书。

07.01.188　宣言　xuan yan
民国时期政府、政党、社团或个人向社会宣布它的政策、政见，或对某一事件表明态度的文书。

07.01.189　笺函　jian han
又称"便函"。是公函的简式，民国时期通用文书。内容多属无关紧要的事项，通常用普通信笺，由机关主管部门具名发出。

07.01.190　广告　guang gao
民国时期在报刊上宣布事件告众周知的文书。宣布事件，以布告为最正式的公文，其次为通告，末为广告。

07.01.191　榜示　bang shi
民国时期专门发表考试名单的文书。

07.01.192　牌示　pai shi
民国时期通用文书，官署公布事件时贴于木牌上的告示，一般悬于官署门前。牌示的对象是具体的个人或单位。

07.01.193　证书　zheng shu
民国时期证明有关人员资格、成绩，或证明著作物、制造物取得法律保护的权利的文书。

07.01.194　证明书　zheng ming shu
民国时期遇有遗失未便补发的证书时，官署应遗失人的请求给予证明的文书。

07.01.195　告书　gao shu
又称"文告"。民国时期政府或长官对所属官吏或人民有所劝谕或告谕，不愿用令或布

告时所用的文书。

07.01.196　手谕　shou yu
民国时期长官亲笔所写告示属员的文书。

07.01.197　誓词　shi ci
民国时期个人在接受职务、执行任务或参加团体组织时，表示其信约的文书。

07.01.198　训词　xun ci
民国时期集会时长官训话内容的书面文书。

07.01.199　演说词　yan shuo ci
民国时期演讲人所发表意见的书面文书。演说词有事先撰拟的，也有根据演讲内容记录后整理的。

07.01.200　簿册　bu ce
民国时期登记、会计、统计和调查分析情况时所应用的表格文书。其特点是用一定的栏目形式来表达所要记述的内容。

07.01.201　爰书　yuan shu
中国古代的一种司法文书，是整个司法审判过程的笔录。秦汉时通行。内容包括诉讼案件的诉辞、证辞、现场勘查、法医检验的记录以及其他有关诉讼的情况报告。

07.01.202　奏谳书　zou yan shu
古代议罪案例文书的汇编。汉代司法制度规定县道、郡官吏断治狱事有疑难不能决者，均须逐级呈报皇帝，再议罪、断决，这种制度就是奏谳。把奏谳的案例汇编成册，就形成了奏谳书。

07.01.203　状　zhuang
(1)古代向上陈述事实、说明情况的一种文书。作为文种名称起源于汉代。百姓对官府使用者称为辞状，又称"陈状"。(2)南京临时政府公文程式规定为委任职员及授赏徽章的证书。(3)广州和武汉国民政府及蒋介石发动反革命政变时期公文程式规定为人民对于官署有所陈述时专用文书。

07.01.204 劾状 he zhuang

古时弹劾、揭发官吏罪状的一种文书。通常由官吏代表官方起诉,而不设置专门的监察机构,需逐级上报,有时也简称为"劾"。

07.01.205 讼状 song zhuang

涉讼者因纠纷或诉讼而产生的一切文书。既包括衙门中的告状、诉状、禀状、差票、点名单、堂审记录、结状、保状等,也包括民间的投状、调解文书等。

07.01.206 录 lu

秦汉时期国家机关日常行政的一类重要文书。是对所考察事项的客观、忠实的记录。

07.01.207 课 ke

秦汉时期的课考文书是各级官府为了行政管理的需要,围绕各项行政事务分别编制的考核文书,名目繁多。

07.01.208 履历 lv li

用来记录官吏出身、经历及任职情况的文书,是考察官员的依据和凭证。源于魏晋,唐以后使用频繁,有众多别称和用法与之相似的文种,如唐代的"由历",宋代的"脚色状",宋代至清代的"贴黄"。

07.01.209 名籍 ming ji

以人为主轴逐项编制而成的一种簿籍文书。常见于出土的秦汉简牍文书,汉简的出土实物尤为丰富。

07.01.210 黄籍 huang ji

两晋南朝时期通行于郡国的户籍册,因用黄纸书写,故称。为官府征税起役的依据。

07.01.211 白籍 bai ji

东晋南朝时期出现的一种特殊户籍。东晋南朝时期,正式户籍称为黄籍,登载拥有土地的民户。永嘉之乱后,大量南渡北人不拥有土地,东晋南朝政府将他们单独编入用白纸登记的户籍,故称。

07.01.212 计簿 ji bu

又称"上计簿""计籍""计书"。中国古代地方政权记录所属地域赋税、户口、人事等情况的文书。始于战国,汉代沿袭并完善了上计制度,由各级上计官府根据会计簿书及其他相关资料编制出上计报告,年终逐级汇总上报,最后由中央受计。

07.01.213 手实 shou shi

唐宋时期在基层官吏监督下居民自报户内人口、田亩以及本户赋役承担的实况记录。在唐代,它是制定计账与户籍的主要依据,每年填报一次。

07.01.214 计账 ji zhang

古代州郡计吏用于登记、上报人事、户口、赋税等的账册。汉代上计制度的沿袭,北朝至唐称为计帐。

07.01.215 四柱清册 si zhu qing ce

又称"四柱册"。四柱清册是古代官府在办理钱粮报销、盘查仓库储存或移交时编制的报表。四柱是指"旧管""新收""开除""实在"古代会计结算的四大要素。唐宋已有,后代沿用并逐渐发展。

07.01.216 朱卷 zhu juan

科举考试试卷名目。朱卷是参加科举考试的举子试卷弥封后再交誊录生用朱色毛笔重新誊写形成的副本。试卷誊录制度始于宋代,后世沿袭。清代新中试的举人、进士将自己试卷墨印刊刻赠送亲友的刊本试卷,也称为朱卷。

07.01.217 墨卷 mo juan

科举考试试卷名目。墨卷是参加科举考试的考生提交的试卷原件。因答卷是用毛笔蘸墨汁书写,故称。

07.01.218 题名录 ti ming lu

又称"乡会试题名录"。题名录是科举时代乡、会试出榜后编印的登科人名录,即将中试者姓名、年龄、籍贯等按榜上次序开列的名册。

07.01.219　登科录　deng ke lu
又称"殿试录"。为科举时代殿试文件的汇编。详载进士姓名与进士诸科、制科、拔萃科之人数等。始于唐代的登科记。

07.01.220　乡试录　xiang shi lu
为科举时代各省乡试结果出来后编印的中试举子名录。始于唐代，明清相沿。清制，每科乡试结束后，除照例缮造题名录外，还选择优秀应试答卷进呈。内列考试官员衔名、中试举人的名额、次第、籍贯、优秀文卷数篇，并由正副考官作序。

07.01.221　谱牒　pu die
又称"家谱""族谱""宗谱"。关于姓氏家族、民族民系等族群的世系图表、家规家训、祠堂祖茔、族产公田、人物传记、家族历史等内容的口传记忆或图画文字记录。源于先秦，后代相沿，至今盛行不衰。

07.01.222　玉牒　yu die
皇家的族谱。玉牒唐代已有，至今保存完整的仅有清代玉牒。清代玉牒分满文、汉文两种，系统记录了清朝历代皇族人口及宗法谱系。

07.01.223　民契　min qi
又称"白契"。民间契约文书，不经官府，是民间当事人由中人撮合，保人担保而签押订立的凭证文书，作为各方共同遵守的法律文件和备存查照的依据。民契起源无可考，唐宋以后日渐成熟。

07.01.224　佃约　dian yue
又称"佃契""租约""租契""租帖"。古代契约文书的一种，是承佃人与业主就租种田地或租赁房屋铺面等承租事宜签订的契约文书。佃约起源无可考，当在私有制出现之后。今天的租赁合同等契约文书即从佃约演变

而来。

07.01.225　收执　shou zhi
契约文书的一种，是收到他人或单位钱款财物时给对方的书面凭证。收执的历史源流难以考证，当自有交易等人类活动时就存在。今天普遍使用的发票即从收执演变而来。

07.01.226　流水账　liu shui zhang
简称"流水"。又称"日流""流水簿"。会计文书的一种。是记载银钱货物流水的单式簿记序时账。流水账起源已不可考，当在人类社会有钱物往来时就存在。民间至今仍较为广泛地使用。

07.01.227　当票　dang piao
又称"当据"。民间文书的一种，是当铺收存典当物后开具给当户的票据。当票起源与古代的典当活动有关。民国以来至今，典当业及当票仍然流行于世。

07.01.228　关书　guan shu
又称"关约""关聘""关帖"。契约文书的一种，是古代延请塾师、聘请幕僚或拜师学艺所订立的约定。关书起源已不可考，当起于关聘事实存在的先秦时期，明清时盛行，一直流行至近代。

07.01.229　笔据　bi ju
又称"字据"。契约文书的一种，是当事双方中的一方用笔书写给对方收执的凭据。笔据起源已不可考，当自有租借等关系之实后产生，一直沿用至今。

07.01.230　金兰谱　jin lan pu
又称"金兰簿""金兰契""金兰帖"。民间契约文书的一种，异姓男性或女性之间由于情投意合，结为异姓兄弟姐妹，互相交换谱帖，其帖称为金兰谱。

07.01.231　合同　he tong
又称"合议""合墨"。民间契约的一种，也是

双方或多方的定约,合同更加强调各方达成的某些协定及共同承担的经济、法律以及道义上的责任。

07.01.232　哀启文　ai qi wen
又称"哀启"。民间礼仪文书的一种。是由死者家属叙述死者生平事迹及临终情况的书启,一般附于讣告之后分送亲友,也有单独成文分送的。哀启文大约始于清初,清代、民国

被广泛使用。

07.01.233　行状　xing zhuang
又称"行述""事略"。民间礼仪文书的一种。是由死者(传主)家属等相关人士叙述传主家世谱系、乡贯里籍、姓名字号、科举仕途、重要事迹等内容的文章。魏晋南北朝时期较多使用,唐宋时期已普遍使用,明清以来成为丧葬礼仪文书的重要种类。

07.02　文　书　用　语

07.02.001　昧死　mei si
秦至西汉臣民上奏文书的起首和结束用语。昧死意谓冒死,用于对君王的敬辞,始自战国。

07.02.002　稽首　qi shou
王莽至东汉臣民上奏文书的起首和结束用语。《独断》谓王莽盗位,慕古法,去"昧死",曰"稽首"。光武因而不改,公卿、侍中、尚书等朝臣上书曰"稽首""顿首",诸营校尉、将、大夫以下等非朝臣上书曰"稽首再拜"。稽首和顿首,跪拜时,皆引头至地,稽首触地时间比顿首长。

07.02.003　叩头死罪　kou tou si zui
汉代官府往来文书起首和结束用语。

07.02.004　上书皇帝陛下　shang shu huang di bi xia
章奏文书起首用语。《独断》载:"陛下者,陛阶也,所由升堂也。天子必有近臣执兵陈于陛侧,以戒不虞。谓之陛下者,群臣与天子言,不敢指斥天子,故呼在陛下者而告之,因卑达尊之意也。"[(汉)蔡邕:《独断》,《汉魏丛书》,(明)程荣纂辑。]

07.02.005　上尚书　shang shang shu
东汉章奏文书起首用语。臣僚章奏须经尚书转达,不直称皇帝而言皇帝身边的尚书,以示对皇帝的尊敬。

07.02.006　粪土臣　fen tu chen
官吏上书皇帝时的自我谦称。

07.02.007　草莽臣　cao mang chen
平民上书皇帝时的自我谦称。

07.02.008　敢言之　gan yan zhi
上行文书中表示行文关系和结束用语。

07.02.009　敢告　gan gao
平行机关之间表示行文关系的用语。

07.02.010　敢告之　gan gao zhi
臣僚上奏皇帝言奏劾事用语。

07.02.011　敢告卒人　gan gao zu ren
汉代两郡之间平行文书或郡对本郡诸都尉、校尉或下行所属县级官府用语。卒人指官署门卒,不直称受文官署而言其门卒,以示对其尊敬,犹后代称阁下。

07.02.012　某手　mou shou
手为经手之意。秦至汉初负责撰拟或收发文书的文吏的签署。

07.02.013　告　gao
下行文书中表示行文关系的用语。

07.02.014　谓　wei
下行文书中表示行文关系的用语。

07.02.015　下　xia
下行文书中表示行文关系的用语。

07.02.016 听书从事 ting shu cong shi

秦代文书结束用语,意接到文书立即执行。

07.02.017 敢告主 gan gao zhu

秦代文书结束用语。

07.02.018 承书从事下当用者 cheng shu
cong shi xia dang yong zhe

汉代下行文书结束处或表示行下之辞的末尾
处常用此语,意谓主者施行。

07.02.019 如书 ru shu

汉代下行文书结束用语,意谓按照文书中所
言行事。

07.02.020 如诏书 ru zhao shu

各级官府在向下转达诏书时的结束用语,意
谓接到诏书后按照诏书命令行事。王国维
谓:"苟一事为律令所未具而以诏书定之者,
则曰如诏书。"(王国维:《敦煌汉简跋四》,
《观堂集林》。)

07.02.021 如律令 ru lv ling

下行及平行文书常见结束语,意谓按照律令
行事。王国维谓:"苟为律令所已定而但以
诏书督促之者,则曰如律令。"(王国维:《敦
煌汉简跋四》,《观堂集林》。)

07.02.022 唯官移 wei guan yi

意谓陈写文移,请官长批准。唯表喏辞。

07.02.023 书到言 shu dao yan

下行公文中用语,意谓受书之后,要回报受书
的时间。

07.02.024 言到日 yan dao ri

下行公文中用语,意谓受书之后,要回报受书
的时间。

07.02.025 窃 qie

文书领述词。私自、私下的意思。在公文中
使用,表示谦虚,没有实际意义,有时只起到
发语词的作用。"窃"与文件作者自称或发
文衙门名称连用,表示对受文者的恭敬。

07.02.026 窃惟 qie wei

文书领述词。又称"窃维"。用以领叙人们
熟知的道理,作为立论的根据。"惟"即
"维",是思维的意思,"窃惟"可以译为我想、
我考虑。

07.02.027 窃照 qie zhao

文书领述词。用以领述事实清楚、不必查阅
案卷就能明白的问题。"照",查照,查看清
楚的意思。

07.02.028 照得 zhao de

文书领述词。文件正文不装叙来文,开始时
用"照得"引起下文。

07.02.029 为照 wei zhao

文书领述词。"为照"一词中的"为"字已经
虚化,没有实际意义,用来引出不必查阅文
件、资料就很清楚的问题,在上行文、平行文、
下行文中都可以使用。

07.02.030 照出 zhao chu

文书领述词。是专门用于刑名案件的领述
词。刑名案件的判词,在叙述对案犯依律拟
定罪名之后,有一段文字是交代案中的其他
有关事项处置情况的,如赃款赃物、契约文
书、尸身凶器等物。这段文字用"照出"领
述,用"余无再照"作结。

07.02.031 查 cha

文书领述词。凡是有案卷可查、有事实可查、
有例律可查、有理论可查的,都可以使用。适
用于上行、平行、下行各文种。

07.02.032 案查 an cha

文书领述词。意思为有案卷可查,已经查过
卷了,用"案查"领述。

07.02.033 卷查 juan cha

文书领述词。意思为有案卷可查,已经查过
卷了,用"卷查"领述。

07.02.034 伏查 fu cha

文书领述词。由"查"字组成的领述词。"伏",人屈体向前,为表示谦恭的语词,用于上行文。

07.02.035　遵查　zun cha

文书领述词。由"查"字组成的领述词。"遵",依照、按照,为表示谦恭的语词,用于上行文。

07.02.036　为查　wei cha

文书领述词。"为"是虚词,没有实际意义。"查",指查卷,用于领述查卷而得到的情况。

07.02.037　饬查　chi cha

文书领述词。用于领述奉饬查卷所得的情况。

07.02.038　案照　an zhao

文书领述词。"案照"与"案查"的意思、用法完全相同,意思为有案卷可查,已经查过卷了,但在语气上显得较为谦和。

07.02.039　案据　an ju

文书领述词。意思是有案卷作依据,只用于下行文。在领述下级来文时,常把"案据"一词拆开,在"案"与"据"之间填入时间,形成"案于某月某日据"。

07.02.040　情　qing

文书领述词。"情",相当于"情况是"。书吏、衙役、百姓对长官行文时,如直接陈述问题,常以"情"字开头,引出下文。

07.02.041　兹　zi

文书领述词。"兹","现在"的意思。"兹"字单独使用时,多数用来作为提出要求段落的领述词。"兹"如果与其他公文用语连用,形成"兹奉""兹查"等词,其意义重点在"奉"与"查"字上。

07.02.042　看得　kan de

文书领述词。常见的看语领述词,在叙述刑名案件时,用来引出案件的判词。

07.02.043　查得　cha de

文书领述词。常见的看语领述词,在叙述刑名案件时,用来引出案件的判词。与"看得"含义、使用方式都相同,但有经过查卷以后得出看法的意思。

07.02.044　议得　yi de

文书领述词。各部院对皇帝交议事件陈述自己的看法时,因为强调是交议事件,所以不再使用"看得"领述,而使用"议得"一词。清初刑名案件的看语中,在叙案之后有一段定议,是用来说明量刑情况的,这段定议也常用"议得"作领述词。

07.02.045　审得　shen de

文书领述词。司法文书中看语的专用领述词。

07.02.046　问得　wen de

文书领述词。司法文书中叙案时使用的专用领述词。

07.02.047　咨开　zi kai

文书引述词。公文装叙来文,"咨开"表示征引开始,"咨"为征引文件的文种名称,"开"是开列的意思,用于引述下行文或平行文,"咨开"即咨文中开列。

07.02.048　牌开　pai kai

文书引述词。公文装叙来文,"牌开"表示征引开始,"牌"为征引文件的文种名称,"开"是开列的意思,用于引述下行文或平行文,"牌开"即牌文中开列。

07.02.049　呈称　cheng cheng

文书引述词。公文装叙来文,"呈称"表示征引开始,"呈"为征引文件的文种名称,"称"是说的意思,用于引述上行文,"呈称"即呈文中说。

07.02.050　详称　xiang cheng

文书引述词。公文装叙来文,"详称"表示征引开始,"详"为征引文件的文种名称,"称"

是说的意思,用于引述上行文,"详称"即详文的内容是。

07.02.051 禀称 bing cheng
文书引述词。公文装叙来文,"禀称"表示征引开始,"禀"为征引文件的文种名称,"称"是说的意思,用于引述上行文,"禀称"即禀文的内容是。

07.02.052 蒙 meng
文书引述词。公文引叙来文要先交代来文衙门,在来文衙门之上,要冠一特定词汇,上级来文用"蒙""奉",平级来文用"准",下级来文用"据"。"蒙",承蒙的意思,是对收受上级事物表示尊敬的说法。与"开"形成"蒙……开"固定句式。

07.02.053 奉 feng
文书引述词。公文引叙来文要先交代来文衙门,在来文衙门之上,要冠一特定词汇,上级来文用"蒙""奉",平级来文用"准",下级来文用"据"。"奉",即捧,是对收受上级事物表示尊敬的说法。与"开"形成"奉……开"固定句式。

07.02.054 准 zhun
文书引述词。公文引叙来文要先交代来文衙门,在来文衙门之上,要冠一特定词汇,上级来文用"蒙""奉",平级来文用"准",下级来文用"据"。"准",依照的意思,与"开"形成"准……开"固定句式。

07.02.055 据 ju
文书引述词。公文引叙来文要先交代来文衙门,在来文衙门之上,要冠一特定词汇,上级来文用"蒙""奉",平级来文用"准",下级来文用"据"。"据",根据,与"称"形成"据……称"固定句式。

07.02.056 奉批 feng pi
文书引述词。照录上级衙门批语的引述词。公文中在引用上级批语之前,常常要用"蒙某某批""据某衙门详"等字样叙述案件。

07.02.057 蒙批 meng pi
文书引述词。照录上级衙门批语的引述词。公文中在引用上级批语之前,常常要用"蒙某某批""据某衙门详"等字样叙述案件。

07.02.058 沐批 mu pi
文书引述词。照录上级衙门批语的引述词。公文中在引用上级批语之前,常常要用"蒙某某批""据某衙门详"等字样叙述案件。

07.02.059 奉上谕 feng shang yu
文书引述词。引述皇帝的旨意。"奉上谕"引述的是特降谕旨文字。

07.02.060 奉旨 feng zhi
文书引述词。引述皇帝的旨意。"奉旨"引述的是本章的批红文字。

07.02.061 奉朱批 feng zhu pi
文书引述词。引述皇帝的旨意。"奉朱批"引述的是奏折的朱批文字。

07.02.062 等因 deng yin
文书引结词。引述上级或平级衙门文件结束时,用"等因"交代引文截止。

07.02.063 等情 deng qing
文书引结词。装叙下级衙门文件用"等情"作引结词,交代引文截止。

07.02.064 等语 deng yu
文书引结词。作用有三种:一是用于引叙下级文件的结束;二是用于引用律、例条款的结束;三是用于刑名案件中供词的结束。

07.02.065 在案 zai an
文书引结词。指事情已经立案,文件已归入案卷之中。

07.02.066 缘由 yuan you
文书引结词。公文中如需要抄录上级批语,在录批之前要有一段文字叙述批语所针对的问题,这段文字用"缘由"作结,然后再录批语。

07.02.067　钦此　qin ci
文书引结词。是说明谕旨等皇帝的话结束的专用引结词。"钦"是对皇帝所做事情的尊敬说法,是专对皇帝使用的敬语。

07.02.068　可也　ke ye
文书引结词。是呈堂稿的常用结束语。

07.02.069　蒙此　meng ci
文书结转词。用于引述上级来文之后,与引结词"等因"连用,形成"等因,蒙此……"句式。"蒙","承蒙"的意思,是对接到上级衙门命令、指示的谦敬说法。

07.02.070　奉此　feng ci
文书结转词。用于装叙上级来文结束之后,与"等因"连接使用,提示以下的文字是文件作者叙述接到来文之后的办理情况。

07.02.071　准此　zhun ci
(1)文书结转词。引叙平级来文之后转入下文,用"准此"结转,一般用法为"等因,准此"。有些文件在用"等因"引结之后,要交代文件到达及其他有关情况,然后再用"准此"引出下文。(2)文书命令词。照此办理的意思,是对下级受文者的命令词。

07.02.072　据此　ju ci
文书结转词。用于下级来文引叙结束,转入下文。"据",根据、依据的意思。"据此"多用在"等情""等语"之后。

07.02.073　到　dao
文书到达词。本衙门的简称加"到"字,指明文件行踪,使文件运转关系更加清楚。如"到司""到县""到本部堂"等。

07.02.074　仰　yang
文书命令词。原意为敬慕、仰仗的意思。在清代的下行文中,是上级衙门要求属下办事

的命令词。

07.02.075　为此　wei ci
文书归结词。在叙述完情况之后,用"为此"交代文件要求。下行文中"为此"与命令词连用,上行文与平行文中用"为此"交代行文目的。

07.02.076　照准前因　zhao zhun qian yin
文书归结词。用于平行文。"照准",意思相当于查据,为了避免行文重复,公文中常用"前因"代表已知情况。"照准前因"常与"合亟飞饬"组成固定短语,用来归结文种已叙述过的情况。

07.02.077　兹奉前因　zi feng qian yin
文书归结词。文件中已经叙述过上级来文内容,在说明情况之后,用此归结,转入下文,提出自己的请求或其他意见。

07.02.078　拟合就行　ni he jiu xing
文书归结词。意思为应该立即行文,是一种较为谦和的说法。收到了平级或下级来文之后,用"拟合就行"转入下文,常与"为此"连用,形成固定短语"拟合就行。为此……","为此"下面接对受文者的要求。

07.02.079　合行唤讯　he xing huan xun
文书归结词。司法文件专门用语,意思是应该传唤审讯。常与"据此"连用,形成固定短语,用于差票等刑名文书之中。

07.02.080　理合呈请　li he cheng qing
文书归结词。发文者对受文衙门提出具体要求,公文的最后一段提要求时可用其开头,"理合"是应该的意思。

07.02.081　仰即遵照　yang ji zun zhao
文书祈使词。发文者对受文衙门提出具体要求,公文的最后一段提要求时可用其开头。

07.02.082　相应知照　xiang ying zhi zhao
文书祈使词。发文者对受文衙门提出具体要

求,公文的最后一段提要求时可用其开头,

"相应"是应该的意思。

07.03　文书制度

07.03.001　避讳　bi hui
古代文书行文制度。指在文书及言谈中回避君父尊亲的名字,以示尊敬。约始于西周。避讳之法,或改易同意之字,或改易同音之字,或就原字缺笔书写。

07.03.002　驿传　yi chuan
又称"传舍""驿站"。驿传是我国古代政府供官员往来和传递公文的交通机构。约始于春秋战国时期,后代沿袭并不断发展,主要有邮和驿两种。

07.03.003　抬头　tai tou
又称"平阙之制"。古代文书行文制度。即在撰写文书时,将特定的词句或空一至数格或另起一行平格或另行高出数格书写,以示尊敬。文书抬头制度始于秦代,历代沿袭。

07.03.004　玺印　xi yin
古代文书用印制度。玺印起源于商代,秦始皇后,皇帝之印独称"玺",臣民的称"印"。是官府书信往来和私人交往的凭证。

07.03.005　封泥　feng ni
又称"泥封"。古代简牍文书封缄制度。简牍文书封固时用绳捆扎,在绳结处加以检木,封以胶泥,钤以印记,以防泄密。盛行于秦汉。

07.03.006　署押　shu ya
古代文书署押制度。署押就是在文书、契约末尾画上押字,属于花押的一种,有防伪作用。萌于汉晋,延至明清。

07.03.007　留中　liu zhong
古代奏章处理制度。始于汉代。清制,内外官员进呈皇帝的奏折文书,皇帝阅批后将原折留于宫中不交下,时称"留中"。

07.03.008　草麻　cao ma
唐宋文书用纸制度。用白麻纸和黄麻纸起草诏书,故称草诏、草麻。其中翰林学士起草的诏书用白麻纸,中书舍人起草的用黄麻纸。

07.03.009　进画颁行　jin hua ban xing
唐宋文书处理制度。指臣僚进呈文件给皇帝审阅,皇帝在文书末尾空白处签署意见,画"行"等批语表示同意,然后颁下执行。

07.03.010　引黄　yin huang
古代文书摘要制度。始于唐代。把文书主要内容用黄纸摘录贴于封面或公文正文之前,因多用黄纸书写,故称。

07.03.011　递角　di jiao
递角即传递公文的意思,公文一封为一角。始称于唐宋时期。指我国古代政府交付驿站发送的公文。

07.03.012　匦函投书　gui han tou shu
匦函投书是唐宋时的一种文书投递方式。始于唐垂拱初年,指于朝堂之东南西北四方分设四个箱匣,广收天下表疏,以了解民情。

07.03.013　飞表奏事　fei biao zou shi
飞表奏事是唐代以飞骑进行驿传的一种快速传递公文的形式。始于贞观年间太宗征辽。

07.03.014　入递　ru di
入递是指文书通过递铺传递。递铺为宋代通信组织的总称,分为步递、马递和急脚递等不同等级。

07.03.015　金字牌急脚递　jin zi pai ji jiao di
金字牌是一种朱漆木制、刻以金书的通信急牌,其上内容主要是敕书及军机要务。金字牌急脚递为宋代创设的一种驿传。

07.03.016　照刷磨勘文卷　zhao shua mo kan wen juan

简称"照刷文卷"。元明清文卷检查制度。各级监察部门通过定期检查文卷有无稽迟、失错、遗漏等办理情形,以考察官员政绩。

07.03.017　贴黄　tie huang
古代文书制度。(1)唐代文书纠错制度。唐代诏敕等文书,如需更改之处,用黄纸贴上改写。(2)宋代贴黄,又称为引黄。指奏状等上行文书,如有意所未尽,则揭其要处,以黄纸别书于后。(3)明代奏章摘要制度。明代臣工进呈奏章需要将中心内容以百字概括,贴附于文尾,以供皇帝阅批。此制始于明末崇祯帝,清代沿用。

07.03.018　行移勘合　xing yi kan he
明代中央发文核对制度。其制,以簿册合空纸之半,编以字号,上盖内府关防印,右之半纸在册,左之半纸付天下各司。所司以册合其字号,印文相同则行之,谓之半印勘合。

07.03.019　标朱　biao zhu
又称"朱标"。明清文书处理制度。指上级对下级行文时,用红笔填写行文日期,并在文中关键字样上用红笔圈点勾勒,用以提示下级注意。

07.03.020　画行　hua xing
明代一些文件左上角署有发文衙门简称或者文种名称,其下方由主管官签字画押,表明文件经过主管官过目,批准放行。清代将之省略简化为画一"行"字,朱笔草书,字体较大,最后一笔大都拖成长脚直贯到底,称为画行,有时也沿袭旧称,仍称为"签押"。

07.03.021　判日　pan ri
文件标明日期,由主管官用朱笔填写,称为"判日"。

07.03.022　摘由　zhai you
摘由与正本开头事由不同,是文稿内容的确切概括。

07.03.023　述旨　shu zhi

谕旨的处理制度。一般情况的谕旨,由军机章京撰拟完毕,装入黄匣,交军机大臣,备召见时带入。军机大臣面见皇帝,或交由内监递入,请示皇帝最后审定,被称为"述旨"。

07.03.024　过朱　guo zhu
谕旨的处理制度。述旨发下,皇帝如有朱笔改动,则称之为"过朱"。

07.03.025　阁抄　ge chao
谕旨的处理制度。谕旨交内阁发布之前,先由章京在"随手簿"内记载,明发则注明"交"字。交由内阁满票签处传知有关衙门赴阁抄回,即所谓"阁抄"。

07.03.026　点扣　dian kou
谕旨的处理制度。寄信倘若文稿篇幅较长,如遇急需缮正,则点定行款字数,分数人缮写,术语称为"点扣"。

07.03.027　接扣　jie kou
谕旨的处理制度。寄信倘若文稿篇幅较长,如遇急需缮正,则点定行款字数,分数人缮写。缮写完毕后,将纸粘接,称为"接扣"。

07.03.028　朱笔回缴　zhu bi hui jiao
谕旨的处理制度。凡皇帝的朱谕均需缴回宫中,禁止私自留存损毁,违者从重治罪。根据朱笔回缴制度,各省接到廷寄,事情处理完毕后应将原件缴回奏事处,存贮宫中。

07.03.029　需头　xu tou
汉蔡邕《独断》所记汉代章奏文书缮写制度。明代杨慎《谭苑醍醐》解释为空出首幅,以供诏旨批答之用。

07.03.030　票拟　piao ni
又称"拟票""票旨""条旨"。明清文书处理制度。指明代的题奏本章需经内阁大学士草拟批复或批办意见,并将意见标写在另一张纸签上,供皇帝御批定夺。清代沿袭。

07.03.031　批红　pi hong

题本的处理制度。每日进本,由批本处交内奏事处转呈,得旨则批本,由内阁批本处照"钦定"票签或改签旨意批写满文于清字本面,交典籍厅学士批写汉文在汉字本面,均用朱笔录写(丧日用蓝笔书写),称为批红。经过批红的本章称为红本。

07.03.032　科抄　ke chao
题本的处理制度。红本由收发红本处送交六科,传知有关衙门赴科抄录,称"科抄",或遵行,或议覆,或转咨各省办理。

07.03.033　叙案　xu an
叙案指对事件的来龙去脉、背景情况等加以交代,作为发表意见、报告情况、请求旨意的缘由依据,大多是转引来文、成例、成案的方法表述。

07.03.034　看语　kan yu
看语是上奏官员对事件的处理意见或汇报办理情况的文字,放在叙案之后,并且不许冗长。

07.03.035　接折　jie zhe
奏折的处理制度。每日奏折经皇帝批阅后,于清晨寅、卯二时发下,内奏事处即将朱批奏折等送交军机处,军机章京分送军机大臣互相阅看,称"接折"。

07.03.036　见面　jian mian
奏折的处理制度。朱批"另有旨""即有旨"及未奉朱批之折,军机大臣皆另贮黄匣,捧入请旨办理,称为"见面"。

07.03.037　事下　shi xia
奏折的处理制度。述旨或"钦定",或经朱笔改正(过朱),再由内奏事处下发军机处,称"事下"。

07.03.038　交发　jiao fa
清代文书处理制度。军机大臣承旨后,撰拟明发谕旨、寄信谕旨或随旨。明发交内阁满票签处传抄,寄信封交兵部捷报处驿递,随旨

交各院部速办,时称"交发"。

07.03.039　发抄　fa chao
清代文书处理制度。凡内外官员的题奏,经皇帝批阅后,需在京各衙门遵照办理的,皆将原题奏及皇帝批示抄交该衙门,称为发抄。

07.03.040　交折　jiao zhe
奏折的处理制度。值日章京将本日所接各省原折各归原函缴还内奏事处,谓之"交折"。外折或由兵部捷报处驿递,或由专差赍回,也称为"交发"。

07.03.041　开面　kai mian
所谓"开面"即开写折面的意思。折面正中偏上仍标明"奏"字,靠右边注明上奏人姓名及奏折内容的简练摘由,靠左边注有抄录月日。

07.03.042　排单　pai dan
清代驿站传递公文填注的单据。通常粘在火票尾部,目的是稽查程限,分清责任。

07.03.043　序案　xu an
清代地方衙门办文,凡是接到需要立案的事件,先将封套拆开,叠作卷皮,写明立档单位、立卷单位、时间,然后始写案由。随着办案过程中收发文的不断增多,随时将文件归卷,即先立案,后组卷,称之为"序案"而不称"立卷"。

07.03.044　副本制度　fu ben zhi du
有时也称"别本"。古代文档管理的一项重要制度。指同一文书档案抄出的抄本或复制本,与正本相对而言。据史料记载西周已有副本制度,历代沿袭并发展,清代形成了较为系统的副本管理办法与制度。

07.03.045　一稿三章　yi gao san zhang
民国时期文书制度。任何公文文稿,均以三"章"为限。"章"者,取其签名盖印负责之意。以拟稿人为第一章,核稿人为第二章,判行人为第三章。

08. 中国档案事业史

08.01 中国古代档案

08.01.001 结绳 knots

人类文字产生之前采取给绳子打结的方式来记事,这是我国最早的记事方法。相传是根据绳结的大小或颜色来区别事件的大小或意义。现今某些没有文字的民族,仍然采用结绳的记事方法。

08.01.002 刻契 carved symbols

人类文字产生前,在竹片、木片或其他材料上刻画条痕、符号以记事的一种方法,比结绳更进一步。现今某些没有文字的民族,仍有用刻契记事的。

08.01.003 刻画符号 carved or drawn marks

原始社会时期遗留下来的主要刻画、描画在陶器上的几何形或像具体事物之形的符号。主要见于仰韶、马家窑、龙山、良渚和大汶口等文化遗址中,与原始汉字有一定关系。

08.01.004 夏书 Xia shu

《尚书》中的夏代文书。计有《禹贡》《甘誓》《五子之歌》《胤征》4 篇。《禹贡》记禹治水后全国地理面貌,《甘誓》是禹之子启征伐诸侯有扈氏的誓师辞。今一般认为,这两篇是战国时期据远古材料而撰写的夏代史实,而《五子之歌》《胤征》两篇则属于伪《古文尚书》。

08.01.005 商书 Shang shu

《尚书》中的商代文书。共 17 篇,其中《今文尚书》5 篇:《汤誓》《盘庚》《高宗肜日》《西伯戡黎》《微子》。据考订,除《汤誓》是后人追叙关于商朝的历史传说外,其余各篇都是较直接的档案材料。另外,《仲虺之诰》《汤诰》《伊训》《太甲》《咸有一德》《说命》等篇则属伪《古文尚书》。

08.01.006 殷墟甲骨档案 oracle bones archives of Yin Dynasty ruins

出土于河南安阳小屯村周围殷墟遗址的刻写在甲骨上的文字遗物,属商代后期。年代主要为武丁、祖庚、祖甲、廪辛、庚丁、武乙、文丁、帝乙、帝辛诸王前后二百余年,绝大部分是在占卜活动中形成的,内容涉及祭祀、征伐、年成、天时、旬夕、王事等各方面。此外,还有记载官制、世系的记事刻辞,以及记载祭祀表和族谱的表谱刻辞。

08.01.007 周书 Zhou shu

《尚书》中的周代文书。包括《牧誓》《洪范》等 32 篇。据考订,除《泰誓》等 13 篇为伪古文尚书外,其余各篇都是较为可信的档案材料,是周代历史的重要原始资料。

08.01.008 周原甲骨档案 Zhouyuan oracle bones archives

1977 年主要在陕西岐山凤雏周原宫殿遗址出土的西周早期甲骨档案。主要是灭商以前文王时期和武王灭商以后的遗物,有少量卜辞和较多的记事刻辞及记载占巫的"筮数"(卦象),反映了西周早期在黄河流域的活动、农业生产、祭祀先祖以及周王世系、职官等情况。

08.01.009 侯马盟书 Houma allied oath

1965 年山西侯马晋城遗址出土的春秋晚期晋国世卿赵鞅与卿大夫间誓盟时形成的信约文书,时间为晋定公十五年至二十三年(公元前 497—前 489)。共计 5 000 余件,用玉片、石片制成,大多呈圭形,状窄长,字迹多为朱红色,少者 10 余字,多者达 200 余字。按其内容可分为宗盟、委质、纳室、诅咒和卜籖等类。

08.01.010　沁阳载书　Qinyang allied oath
1930 年到 1942 年,河南沁阳武德镇东周时期盟誓遗址出土的信约文书,为春秋晚期晋国韩氏宗主(韩简子)的誓盟活动中所形成的,用石圭、石片制成。

08.01.011　温县盟书　Wen county allied oath
1980 年到 1982 年,河南温县武德镇东周时期盟誓遗址出土的信约文书,为晋国韩氏宗主(韩简子)的誓盟活动中所形成的。此批文书与 20 世纪 30 年代发现的"沁阳载书"同出一地,总数约有 5 000 片,用石圭、石简等制成,呈薄片状,用毛笔书写。虽出自多人手笔,字体风格迥异,但盟辞内容大体一致,都是要求参盟者对其主忠心不二,并祈求晋国先公鉴察。但因埋藏地下年深日久,许多字迹已模糊脱落。

08.01.012　云梦秦简　Yunmeng written slips created in the Qin Dynasty
1975 年湖北云梦睡虎地 11 号秦墓出土的战国末期秦国简牍档案。主要包括法律、行政文书,内容有《编年记》《语书》《秦律十八种》《效律》《秦律杂抄》《法律答问》《封诊式》《为吏之道》等。

08.01.013　里耶秦简　Liye Qin slips
2002 年湘西龙山县里耶发现的木质秦简,总数约 36 000 件,时间从秦始皇二十五年(公元前 222)至秦二世二年(公元前 208),多为官府留下的档案文书。内容包括政令、各级政府之间的往来文书、司法文书、吏员簿、财产(含罚没财产)登记和转运、里程书、郡县设置、历谱等,涉及战国至秦代湘西乃至更为广泛地区,如秦内史郡、南郡、巴郡、洞庭郡、苍梧郡等,其中洞庭郡等资料从未见诸文献记载,可补史籍之缺。

08.01.014　敦煌汉简　Han Dynasty wooden slips from Dunhuang ;Han Dynasty written slips from Dunhuang
1907 年起在中国甘肃省敦煌市、玉门市和酒泉市汉代烽燧遗址陆续出土的简牍遗物统称。大部分为汉代敦煌郡所属各烽燧的文书档案,时代约自西汉武帝末年(公元前 1 世纪)至东汉中期(公元 1 世纪),又以西汉中、晚期及东汉早期的简居多。主要内容与屯戍有关,包括戍卒名籍、戍卒廪食簿、戍卒作簿、守御器簿以及诏书律令的抄件。

08.01.015　居延汉简　Juyan wooden slips created in the Han Dynasty
近代以来出土于居延地区的 3 万余枚汉代简牍的总称。其中主要有两次重大发现,一是 1930 年中国西北科学考察团在汉代张掖郡居延先后发现汉简万余件,有公元前 102 年至公元 30 年的纪年,有报告、公文、书信、律令等档案。二是 1972 年至 1976 年,居延地区发现的东汉王莽时期的简牍。近 2 万枚,绝大多数是木简,少数是竹简,内容是律令、牒书、诏书、爰书、劾状等文书档案。形式有简(札)、两行、牍、检、符、觚、签以及有字的封检、削衣等多样。简牍出土时,有的仍编缀成册,其编绳两道三道不等。简上文字有一定的行文程序和文牍格式,对于研究古代文书档案制度具有重要价值。

08.01.016　张家山汉简　Zhangjiashan bamboo slips created in the Han Dynasty
1983 年到 1988 年,于湖北江陵张家山汉墓出土的 2 000 余件西汉竹简。其中包括律令、遣策等,有 500 余件为律令,2000 余件包括 20 多种律名,其主体比云梦出土的秦律更为充实、完整。

08.01.017　尹湾汉简　Yinwan written slips created in the Han Dynasty
1993 年,于江苏连云港尹湾西汉墓中发现的竹简。共计 133 件,木牍 24 方,约 4 万字。墓主师饶是西汉晚期的东海郡功曹史。墓中出土的简牍有《集簿》《东海郡吏员簿》《东海郡下辖长吏名籍》《东海郡下辖长吏不在署、未到官者名籍》《东海郡属吏设置簿》《武库永始四年兵车器集簿》等文书档案。

08.01.018 走马楼吴简 Zoumalou written slips created in Wu Kingdom

1996年,于长沙走马楼的古井中发现东汉至三国有年代的竹木简10万多件,其中木简2 400件为三国吴嘉禾(232—238)年间的佃田税务券书。另有竹简近10万件,年代仍以嘉禾为主,间有黄龙(220—231)以及早至汉献帝建安二十五年(220)的纪年简,为有关赋税和户籍的公牍及签牌、封简及封泥匣等。这是近年简牍出土数量最多的一次,也是少见有关三国时代的简牍。

08.01.019 罗布泊魏晋文书 Lop Nur documents created in Wei and Jin Dynasties

从1900年起,于中国新疆罗布泊西北楼兰古城陆续出土的魏晋时期的汉文、佉卢文、早期粟特文文书。主要是当地行政机构和驻军的各项公文和公私往来信件,内容涉及行政机构设置、驻军概况以及垦区生产、生活情况;佉卢文文书主要是安归迦王时期的文书,内容有案件审理材料和买卖土地的契约以及公私信件。

08.01.020 吐鲁番文书 Turfan documents

1959年至1975年,新疆吐鲁番东南的阿斯塔那和哈拉和卓附近的古墓群陆续出土的晋至唐代文书档案。除部分直接随葬的文书外,大部分文书被当作废纸用来制成死者的服饰,或是一些俑的构件,乃至葬具(纸棺),故多已残缺。主要为汉文,也有回鹘文、粟特文等,内容包括户籍、手实、记账、受田账、欠田账、退田账、收支文簿、收支账历、授官、授勋的告身、审理案件的辩词和录案、租佃、买卖、雇佣的契约以及私人的信札等。

08.01.021 起居注 imperial diary

古代专门记录皇帝言行起居的笔录。周即有左、右史记录帝王言行,至魏晋开始设有专门编纂起居注的起居舍人,唐贞观初置起居郎,废起居舍人。唐宋起居注记述最详,元明开始趋于简略。起居注为编年体例,逐日记载,按月成册。

08.01.022 时政记 record of political affairs

唐宋时皇帝与宰相廷议奏对的议政记录,属机密档案。始于武周长寿二年(693),由宰相专记,每月封送史馆。唐文宗后,由中书门下佐官撰录。宋自太宗始,沿用未衰。分中书时政记和枢密院时政记两种。元以后废。

08.01.023 灵石宋代文书 Lingshi documents created in the Song Dynasty

1966年初发现于山西灵石绵山的宋代文书。文书保存完好,字迹清楚。共计有五件:建炎二年(1128)正月初八日鄜延路经略安抚使劄一件,建炎二年八月二十四日都统河东路军马安抚使劄一件,建炎二年九月初四日河东陕西路经略使劄一件,以及建炎二年八月初九日和十二日手书各一件,内容是有关该地区组织民众进行抗金斗争的事宜。

08.01.024 南宋徐谓礼文书 Xu Weili documents copied in South-Song Dynasty

2011年底侦破归案的浙江省武义县南宋徐谓礼墓葬出土文书。包括徐谓礼一生历官的官文书抄录件,即录白告身、录白敕黄和录白印纸,共计15卷,为研究南宋中下级官员的历官过程以及政治制度等提供了第一手材料。

08.01.025 黄册 huang ce

又称"赋役黄册""户口黄册""民黄册""粮户册"。明清时地方上报中央的人丁、赋役档案,因簿册封面为黄色,故名。始于明洪武十四年(1381),以户为单位,每户登记本户籍贯、丁口、姓名、年龄、田宅、资产。每十年重新编造一次,将十年内各户人口的生死增减、财产的买卖和产权的转移等分别登录册内,称"大造黄册"。清初沿用,康熙时改为造送"丁口增减册",黄册不再修订。

08.01.026　青册　qing ce
明清时期地方机关保存的人丁、赋役档案。内容与黄册同。洪武十四年(1381),诏天下编人丁、赋役黄册,一式四份,除呈送户部者用黄纸面称黄册外,其余存布政司、府、县者,用青纸面,称青册。

08.01.027　鱼鳞图册　fish-scale inventory
又称"田册""鱼鳞册""鱼鳞图"。宋、元、明、清政府为征收田赋之便而编造的各户土地田亩档案,因绘制的各户田亩形状依次排列,形似鱼鳞,故名。宋代婺州等地曾编造,元代在江南地区推广,明清时普遍推行。鱼鳞图册以土田为主,详细登记田主姓名、田亩四至以及土地沃瘠,与黄册同为明代主要的赋役档案。

08.01.028　满文老档　early archives in Manchu script
清入关前根据原始档案撰修的官方档册,老满文(无圈点满文)书写。按年月日体例编列,起自后金天命前九年(明万历三十五年,1607),止于清崇德元年(1636),记录了努尔哈赤和皇太极时期满族贵族建立后金和清政权的政治、军事活动。乾隆四十年(1775)重抄和转抄,转抄本一律改用新满文(加圈点满文)。

08.01.029　满文木牌　Manchu script in wooden tablets
清初的一种原始档案。因满族早期文书多书写在木牌上传递保存,故曰满文木牌。木牌削木而成,不加修饰,长短不同,形式各异,一端有孔,四五片为一组贯以皮条或麻绳编缀,以便于传递与保存。顺治二年(1645)废止。

08.01.030　随手登记档　Council of State's digests of memorials and edicts
简称"随手档"。清代军机处之收发文件登

记簿之一。该档由每日值日军机章京负责登记,将本日所收奏折、片、单及所奉到之谕旨等件,分别登载。朱批全录,谕旨及折、片只摘叙事由,这些文件处理时的情形,也分别注明。此项制度起于乾隆元年(1736),止于宣统三年(1911),逐日登记,装订成册。乾嘉时期,每半年订为一册,道咸以后,中外交涉频繁,谕折多,故每季成册。

08.01.031　大内档案　archives of the Forbidden Palace
中国清代紫禁城内阁大库、方略馆大库、国史馆大库及宫中各处所藏档案的统称。清代档案的重要组成部分。

08.01.032　信牌档　xin pai dang
原为明代辽东都司档案。清入关前作废纸糊制信牌袋,1948年冬清理清代档案时从信牌袋上揭取下来,故称信牌档。内容主要为明代中、后期辽东都司的文件,可分为军事、民族、马市、驿站、赋役、司法、民政、职官、外交、文教、其他等十一大类。

08.01.033　屏风档　ping feng dang
原为明代山东都司档案。清入关前作废纸糊制屏风,1948年清理盛京故宫档案时从屏风上揭取下来,故称屏风档。多为嘉靖年间(1522—1565)山东都司及其所属卫所成务、操练、军纪、粮饷、官员任免等方面的文件。

08.01.034　黑图档　hei tu dang
清代康熙至咸丰年间(1662—1861)盛京内务府与北京内务府和各部之间的来往文书,为编年体抄本。该项档案按例每隔数年以楷书重抄一次,先录满文,后录汉文,然后汇编成册,实为档案副本。该档分京来、京行、部来、部行四类,内容包括官庄旗地、流民垦荒、皇室产业收支、满族八旗比丁、选秀女以及八旗官兵婚丧嫁娶等。

08.01.035　上谕档　shang yu dang
又称"上谕簿""上传档"。清代军机处所存皇帝谕旨汇抄。起于雍正年间,止于宣统三年(1911),其间略有佚失,不过基本完整。包括现月档和四季档。录存上谕,成为军机处的一种存档制度,上谕档因此成为皇帝发出的各项谕旨的唯一抄存件。

08.01.036　现月档　xian yue dang
上谕档之一,军机处存档的上谕抄件。每月合订一册。

08.01.037　四季档　si ji dang
上谕档之一,根据现月档,将军机处存档的上谕抄件每年另修一份副本,按照春、夏、秋、冬四季分装成册,故称。

08.01.038　丝纶簿　si lun bu
明清时内阁录存皇帝对官员题本批示的簿册,取"王言如丝,其出如纶"之义。始于明。清制,官员的题奏本章,每日由内阁交六科发抄,均由当值内阁中书详录本章批红并摘记事由,每月一册,以备参考。

08.01.039　纶音档　lun yin dang
清代军机抄存皇帝除日常政务所发谕旨外的特降之谕旨的档册。

08.01.040　寄信档　ji xin dang
清代军机处汇抄清廷发出的各项寄信谕旨的档册。

08.01.041　电寄档　dian ji dang
清代军机处汇抄的以电报发出的皇帝之寄信谕旨的档册。

08.01.042　红名篇　hong ming pian
清代宗人府记载皇族子女的字辈、生辰及其祖、父、妻氏姓名等情况的档册。

08.01.043　外纪档　wai ji dang
又称"别样档"。清代内阁汉票签处抄录的部分官员奏折。按定制,京内外官员的奏折,奉旨允行或交部议复者,均交内阁发抄,并由内阁抄录一份,以备参考,每月一册。

08.01.044　剿捕档　jiao bu dang
清代军机处录存有关历次镇压起义和对少数民族用兵中发布的上谕及少量官员上报的奏折的档册,亦间载有对外国的用兵。起自嘉庆元年(1796),止于光绪七年(1881)。

08.01.045　议复档　yi fu dang
清代军机处汇抄军机大臣复奏交议事件的奏片的底册。起自雍正十一年(1733)一月,止于宣统三年(1911)十二月。清制,凡内外官员的请示或条陈事件,均交由军机大臣详议后复奏。

08.01.046　电报档　telegraph archives of Council of State
清代军机处汇抄的收到和发给各省督抚、将军及各出使大臣官员的电报档册。起自光绪十年(1884),止于光绪三十四年(1908),一般每月一本,共四百三十三本。

08.01.047　早事档　morning affairs archives
清代军机处录存皇帝早朝事务活动的档册。其内载有每日早朝的值班衙门、所引见人员、官员奏事情形、皇帝旨谕以及召见官员情形等内容。起自咸丰元年(1851),迄于宣统三年(1911),每年多为二册。

08.01.048　木兰档　Mulan archives
清代军机处记载皇帝木兰行围的档册。该档册还记载了皇帝在赴热河围场狩猎期间军机处办理谕旨、处理奏折以及与留京王大臣等往来诸事。

08.01.049　石峰堡档　archives of Shifengbao
清代军机处所立关于乾隆年间石峰堡起义的档册。乾隆四十九年(1784)四月至九月,甘肃通渭石峰堡回民田五率众起事。此档抄存了清政府在镇压这次起义中所发布的上谕,还包括清政府审讯起义被俘人员的口供记录,以及办理此案措置不力的陕甘总督李侍尧等人的口供、议罪情形。

08.01.050 俄罗斯档 documents of diplomatic affairs between Qing government and Russia government

清内阁录存清政府与俄国交涉各项官文书的档册。内容包括双方的来往文书、清政府官员办理有关事件时的奏折及皇帝的指示。起自乾隆八年（1743），止于咸丰十一年（1861）。其中有满、汉文本，也有所录俄方来文的俄文及拉丁文本，咸丰朝编纂《筹办夷务始末》时有满文汉译本。

08.01.051 和图利档 archives of Hetuli

又称"杂项档"。清代录存杂务经办的档册。和图利，为满语"旁枝琐事"之义，故名。内容为货物采购、防盗防火、花卉种植、置料修房等事，文字大都为满汉合璧。起自清乾隆三十四年（1769），止于乾隆四十九年（1784）。

08.01.052 样式雷图档 yang shi lei charts

从清代康熙中期到民国初年掌管样式房并主持皇家建筑设计的雷氏建筑世家留下的建筑档案。包括设计图纸、烫样，以及施工设计、工程做法等详细档案史料。

08.01.053 宁古塔副都统衙门档案 archives of Ningguta Deputy General's Yamen

清代记载宁古塔副都统衙门与吉林、黑龙江将军衙门往来文书及属员呈文等的档册，起于康熙十四年（1675），止于光绪二十六年（1900）。

08.01.054 珲春协领衙门档案 archives of Hunchun Deputy General's Yamen

又称"珲春副都统衙门档案"。清代记载珲春协领衙门与吉林将军、阿勒楚喀副都统衙门往来文书的档册。起于清乾隆二年（1737），止于光绪二十六年（1900）。

08.01.055 阿勒楚喀副都统衙门档案 archives of Alechuka Deputy General's Yamen

清代记载阿勒楚喀副都统衙门与吉林、黑龙江将军衙门往来文书以及属员呈文等的档册。起于同治五年（1866），止于光绪二十五年（1899）。

08.01.056 巴县档案 Ba county archives

清代四川巴县官府、中华民国时期巴县公署以及民国前期四川东川道等遗存的有关行政、司法、社会等丰富内容的地方衙门档案。起自乾隆十七年（1752），止于民国三十年（1941），共约11.6万卷。

08.01.057 淡新档案 Danxin archives

曾称"台湾文书"。清乾隆四十一年（1776）至光绪二十一年（1895）台湾淡水厅、新竹县与台北府遗存的行政、司法等内容的地方衙门档案。现存1 162案、19 246件。

08.01.058 南部档案 Nanbu county archives

又称"清代四川南部县衙门档案"。清代四川南部县遗存的地方衙门档案。共计18 186卷、84 010件。始于顺治十三年（1656），止于宣统三年（1911），全面记录了清代县衙行政管理活动。

08.01.059 孔府档案 Confucian Mansion archives

曲阜孔府孔子嫡系后裔在奉祀、袭封、朝贺、题补属员、林庙祭田管理等公务和家族生产经营与生活中形成的历史档案。包括明代档案、清代档案、民国档案三个部分。其中明代档案62卷，从明嘉靖十三年（1534）至崇祯十七年（1644）；清代档案6 538卷，从清顺治元年（1644）至宣统三年（1911）；民国档案2 421卷，从1911年至1948年。

08.01.060 政治官报 The Official Journal of Politics in Qing Dynasty

清政府专载国家政牍和立宪法令的刊物。光绪三十三年九月二十日（1907年10月26日）创刊，日刊。设有谕旨批折、宫门抄、电报奏咨、奏折、咨札、法制章程等十类，鼓吹君主立宪,抵制革命舆论。免费分寄京内各部院、各省督抚衙门,其余分派购阅,不发售。宣统三年(1911)皇族内阁成立,改名《内阁官报》。

08.01.061 临时政府公报 The Nanjing Provisional Government Bulletin

南京临时政府为宣布法令编印的刊物。1912 年1月29日创刊,4月5日停刊,共出58期。每期分法制、咨、令示、纪事、抄译外报、电报及杂报等栏,发表中华民国临时政府中央和地方政事。凡临时大总统及各部所发公文,有通行性质者,皆须登于该报,且具有正式公文的效力及文献公布的性质。

08.02 档案工作制度

08.02.001 石室金匮 shi shi jin kui; golden box and stone room

又称"金匮石室"。中国古代珍藏档案的一种方法。库房采用石质结构,装具采用金属材料,既坚实、耐久,又能防火。明嘉靖十三年(1534),仿古代石室金匮之制,建皇家档案库皇史宬。清沿用,今仍存。

08.02.002 悬法象魏 xuan fa xiang wei

又称"象魏悬书"。先秦时期公布政教法令的一种制度。象魏,是君王宫廷门外的高大建筑,也叫"象阙""冀阙"。通常左右各一,上圆下方,其下部作为张挂法令文告的地方,每到规定时日,即将法令文告等悬挂出来,以供观览。十日之后,再收藏于官府。

08.02.003 拣除 jian chu

唐代档案鉴定制度。每三年对不需要长期保存的文件进行一次剔除。该制度是中国列入法典的最早的档案鉴定制度。

08.02.004 诸司应送史馆事例 The Regulations of Transferring Archives of Major Official Agencies in Tang Dynasty

唐代史馆制定的全国主要机关移送档案的制度性文件。包括报送档案的种类、机关及方法。按规定,其报送种类包括"天文祥异""藩国朝贡""藩夷入寇及来降""州县废置及孝义旌表""法令变改、断狱新议""饥荒并水旱虫霜风雹及地震流水泛溢""刺史县令善政异迹"等;报送机关包括王朝中央三省、六部、各寺、各局以及地方州县衙门;报送方法有"每季具录送""即报""勘报""录附考使送"等多种形式。

08.02.005 牒索 die suo

唐代史馆征集档案的方式。唐史馆除据《诸司应送史馆事例》收集各机关档案外,还可经访查,对有关机关确存有可供修史参考的档案,可直接以公牒牒文索取,称牒索。凡接牒索机关,须在一月之内将所索材料报送史馆。

08.02.006 检简 jian jian

宋代档案鉴定制度。按照规定非长期保存的公文文书保管期限为十年,每三年对架阁(即已归档)文书开展一次检查鉴定,凡需销毁的,申报上级差官完毕后可销毁。凡需长期留存的,要移存别库架阁,并在原登记簿上用红笔注销,写明转移年月。

08.02.007 千文架阁法 file storage methods of the Song Dynasty

宋代州县贮藏案牍簿籍的一种方法。将案牍以年、月、日先后为序,按照《千字文》字序编列字号,连粘保管。为北宋周湛所创,后在各地方衙署推行。曾巩《隆平集》卷十四载:"江西民喜讼,多窃去案牍,而州县不能制。湛为转运使,为立千文架阁法,以岁月为次,严其遗亡之罪。朝廷颁诸路为法。"

08.02.008 图书排架检校 archival examining and checking system of Yuan Dynasty

元代检查、核实文书的档案制度。根据《元史》所载:中书省设检校官四员,负责查验、校核左右司及六部公文保存期限和保管遗失情况。

08.02.009　清检　qing jian
对档案进行清理、编卷的过程。清检有"清点、查检"之义。

08.02.010　上缴朱批奏折制度　returning system of Zhupi memorials
又称"缴回朱批奏折制度"。清代公文回收制度。清制,朱批奏折初起时均及时发还具奏人遵办,具奏人奉谕批办完成后,应将朱批奏折缴还皇帝,不得留存。自康熙朝即有此规定,但执行不严。康熙六十一年(1722)雍正帝继位后严令回缴康熙朱批奏折,自此成为定制,所缴回奏折由内奏事处保存。清各朝朱批奏折在办完后的缴回时间和途径不尽一致。有随办随缴,也有按月汇缴;有由具奏人呈缴,也有呈军机处或奏事处代缴。

08.02.011　清档制度　regulations of archival coping
清代管理档案的一项制度。军机处替皇帝撰拟谕旨和办理奏折,每日由值日章京将所拟之各项谕旨、所递送之片单,按类依次登抄于簿;各项草拟稿件,由值日章京会同领班章京检齐销毁,时称"清档"。

08.02.012　修档制度　regulations of archival re-coping
清代修缮军机处档案的档案保管制度。乾隆时期特规定档册每五年修缮一次;咸丰四年(1854)改为满文档每5年、汉文档每3年修缮一次,此后遂为定制。修档包括两项内容:一是添修新档,即将5年中军机处所抄录积存的主要档簿,一律另修副本保存;二是修补旧档,即将历年翻阅磨损或受潮霉烂以及丢失的档案检查修补。

08.02.013　月折包　yue zhe bao
清代奏折录副存档保管制度。清制,凡官员进呈皇帝的奏折,经皇帝批阅后,如事涉在京各衙门需知道或办理者,则由军机处将录副折发交内阁,由内阁传知关系衙门抄回办理,抄罢缴还录副折。军机处汇总的未奉朱批的原折(即不另录亦不发还原奏人的朱批奏折)每日归为一籤,于籤上标明籤内折片之作者、数量,每半月一包,汇存备查。因包面标明年、月,故称"月折包"。

08.02.014　清理东大库分类目录　the classified catalogue of Imperial East Cabinet Archive
清嘉庆年间内阁典籍厅拟订的内阁大库东库存贮档案的分类目录,是已知存世最早的中国档案分类目录。该目录共分为二十五大类:太上皇表文类、徽号类、元旦类、长至类、万寿类、三节表底类、平定庆贺类、谕旨类、诏书类、敕书类、册封类、封号美名类、大行类、祭告类、谥号类、奏折类、散馆类、文殿试类、武殿试类、考试类、稿案类、档册类、来文类、杂项类、外藩表文类。

08.02.015　处务规程　rules of administrative affairs in the Republic of China
又称"办事规则"。民国时期政府机关处理事务的详细规定。一般由本机关自行拟制,其内容包括机关内部机构的设置及职掌分工,各级官员的权限,文书处理程序及其他应遵守的事项等。

08.02.016　裁汰书吏差役办法　Rules of Cutting Down Archival Staffs in Hubei military Government
湖北军政府1912年3月制订的整顿旧有档案工作人员的办法。办法规定以考试和访察两种方法考察书吏,决定去留。考试法,指根据各县政务对各科房书吏分门出题考试,录取后试充课员,经三个月试用再行评定;访察法,指调查了解原书吏人品、办事能力和声名。除此两法外,旧员如兼通新政确实可用者,可直接按其所长,酌情任用。

08.02.017 编档 filing;copying
民国时期文书档案工作基本术语。(1)对一案的全部文件删繁摘要、抄录成册的过程。具体做法是每案订为一册,其文件繁多者可分至数册。每案之首,应作一总由,括叙全案大概情形。(2)又称"立卷"。按一定原则与方法,将一案的文件进行清理排列。

08.02.018 出纳 receiving and lending archives
档案部门点收和出借档案的工作。

08.02.019 排比 arranging in order
旧时在档案整理过程中,按一定的原则和方法,确定各个类项或案卷排列位置的工序。

08.02.020 正辑 official album
由具有永远保存价值的文件组成的案卷。

08.02.021 要辑 important album
又称"副辑"。较为重要但无须永远保存之文件组成的案卷。

08.02.022 杂辑 unimportant album;miscellanea
例行文件中无关重要者编成的案卷。

08.02.023 别辑 affiliated album
又称"附辑"。附属于正辑、要辑、杂辑文件之图籍、表册等附件。因其不能与文件合编一卷而单独编成的案卷,其保存年限依所附之辑类而确定。

08.02.024 外交部编档办法 The Filling System of Ministry of Foreign Affair
北洋政府外交部关于编辑"专档"的规章。1914 年 10 月制订。规定该部于档案库设编档和编纂两课,分司档案整理和编辑工作,各厅司各科则指定一人专门负责本科档案事宜并与编档课和编纂课接洽。

08.02.025 各省市县旧档应予保存令 Orders for Curation of Aged Archives for Every Province, City and County
国民政府档案工作法令之一。1930 年 3 月 1 日发布。具体做法是各省市县政府各机关,将旧有档案妥为保存,或交学术机关保存整理,不得销毁。

08.02.026 整理国史及档案办法 The National History and Archives Arrangement Method
南京国民政府关于整理和保存民国档案史料的决定。1934 年 5 月通饬执行。办法的具体要求是:第一,由中央图书馆搜集民国以来的官书私著,分类储藏;各机关新旧刊物,均应检送一份于该馆。第二,组织国立档案库筹备处,计划库房之建筑、档案之保存和便利研究各事宜。第三,中央及地方政府各机关并公共团体所有档案卷宗,均应每年登记一次,呈报上级机关转送国立档案库存查;其有档案卷宗应销毁时,应先由上级机关送经国立档案库核定。第四,各大学及学术机关,应派专家参加国立档案库筹备处的整理工作。注意收集近代史料,并与国立档案库密切联系。

08.02.027 整理蒙藏文旧卷办法 The Arrangement Regulations of the Mongolian and Tibetan Aged Volumes
国民政府蒙藏委员会关于整理清代理藩院和北洋政府蒙藏院满文、蒙文、藏文档案的规则。1934 年 8 月蒙藏委员会制订。具体做法是整理满文、蒙文、藏文档案时,须先将各卷摘出事由,再按其性质分为民政、财政、军事、外交、教育、宗教、司法、农矿、垦牧、工商、交通等类;分类完毕后,再逐件译为汉文,缮正后附入原卷内;翻译完毕后,按照各卷内容,分别编制满文、蒙文、藏文旧卷索引簿。

08.02.028 各机关保存档案暂行办法 Provisional Regulations for Curation of Archives in Every Agency

国民政府档案工作制度之一。1941年10月公布。全文共八条,具体做法是各机关应切实保存档案,不得任意焚毁;自该办法施行之日起六个月内,各机关应将全部档案造具录由之登记目录一份,送交国史馆筹备委员会备查,以后新归档的档案,每半年造送目录一份;各机关认为无须保存的档案,应先造清册送国史馆筹备委员会查核,认为与国史有关者,由国史馆筹备委员会接收,其余由各机关长官派员监销,但其目录仍须保存,以备查考;各机关认为无须保存的档案,由国史馆筹备委员会接收后,一切整理保管事宜由该委员会负责,但各机关仍可调阅;各机关认为必要时,可将一部分档案委托国史馆筹备委员会代为保管。

08.02.029　国防部接收中央各军事机关过时档案办法　Regulations of Accepting the Inactive Archive from Central Military Institutions of the Ministry of Defense

国民政府军事机关档案工作制度之一。1946年8月国防部颁布。具体做法是:第一,凡已失时效、原机关不再使用之档案,未经甄选,均不得焚毁废弃,一律由国防部史料局(1947年改名为史政局)负责接收保存。第二,各军事机关档案应区分为三年、五年及十年以上三种保管期限,到期即送交史料局接管。第三,凡奉命结束之机关,其档案除按规定交由新成立机关办理外,其未经移交之档案,应如数送交史料局,严禁焚毁。

08.02.030　中央各机关特种档案处理办法　Special Archives Processing Method of Central Government Agencies

国民政府档案工作法规之一。1947年5月国民党中央执行委员会秘书处根据蒋介石的指示制订,6月1日起实施。具体做法是特种档案密件须从其他档案中清检出来,经审核后,可以焚毁者,由各机关主官亲自监督焚毁;有必要保存者,整理编目后径送国民党中央秘书处设专柜保留,本机关仅保存目录;各机关主官如非由国民党员担任,此项档案不得列入交代;省、县级政府机关亦照此原则,酌情办理。

08.02.031　档案手册　Archival Manuals

国民政府国防部于1948年7月颁布的有关档案管理的制度规定。是加强“备战”、划一全军档案工作的依据。对军队档案工作中的一些主要问题作了明确规定。具体要求是将各级军事部门的全部档案区分为“临时档案”“中心档案”“永久档案”三类;与此相适应,在军事系统的档案机构也分别设置“临时档案室”“中心档案室”“一般档案室”。并由联勤总司令部设档案库,统一保管全军的永久档案。还规定临时档案室受中心档案室指导,中心档案室定期向全军档案库移交档案等制度,从而达到“非常时期”严格控制全军档案的目的。对于档案的保密、销毁等项目,规定得尤为严密。

08.02.032　故宫博物院文献馆整理档案规程　The Archival Arrangement Regulations of the Archive of the Palace Museum

故宫博物院文献馆关于整理清代档案的规章。国立北平故宫博物院文献馆制定,于1936年6月刊行。分总则、整理、编目及用纸四章,具体规定是:凡有关历史之文书,包括档簿、册籍、折件、单片、卷轴及满文木牌、明铁券等,皆为档案;整理档案应保存原件的形式与标识,不得拆散、废弃,要以原来的行政系统为整理系统,按机关、文件名称、时代、地域及具名者等特征分类,或结合运用进行立卷;编目时应就文件名称、具名者、时代、地域、主题各项中的一种为正款目,余则酌编为副款目;对于著录的项目和要求,以及整理用纸也作出了详细的规定。

08.02.033 文书档案连锁法 chain administrative method of documents and archives

20世纪30年代中期国民政府文书、档案改革运动的中心内容，即在一个机关范围内集中统一文书、档案工作的做法。具体做法是文书运转各环节，从收发室至承办单位的档案室，在程序、责任上连锁起来，以达到提高行政效率的目的。包括将文书工作和档案工作在分类、编号、登记、归档四个程序上进行集中统一。

08.02.034 档案十进分类法 decimal classification of archives

档案分类方法之一，此分类法每一级中相同性质的条目只有十个，所以叫十进分类法。仿美国杜威图书十进分类法编制的分类法。具体做法是把全部档案按照一定原则分为十类，每类分为十项，每项分为十目，以下子目、细目都以十为限类推。分类层级不限，多者达七、八级，每一级采用一个分类原则，不同层级可采用不同原则。

08.02.035 纲目分类法 categorical classification of archives

档案分类方法之一。仿美国国会图书馆分类法编制而成。具体做法是固定以组织机构和职掌为一、二两级分类原则。首先将档案按组织机构分成若干类，然后按各机构的业务职能分成若干纲，以下层次则视具体情况而定。

08.02.036 类户分类法 agencies and its receiving agency classification

曾称"职掌分类法"。档案分类方法之一。1931年由教育部创立。具体做法是以"类"和"户"相结合对档案进行分类。"类"即是本机关组织机构或职掌，为第一级分类原则；"户"为来文机关的名称，是第二级分类原则。第三级则把来文机关的档案（与本机关的来往文书）按问题再区分。

08.02.037 不分类管理法 no category of management method；archival management method of numbering

档案管理方法之一。具体做法是在收发、校对时就把档号统一，收发文之字号即档号，归档时档案科无须另编档号。一号一卷，按号归档，每一卷宗五十号。再按问题、作者、地域、时间等编制多套目录簿（卡），通过编目工具达到迅速调用的目的。

08.02.038 文件处置办法 Records Disposition Regulations

档案管理办法之一。中国共产党于1931年制定的第一个档案管理办法。具体做法：将中央文件分成四大类，每一大类内的文件按十进位的方式分成政治、苏维埃、组织、宣传、妇女、军事、农民、职工、青年、党务十个小类。中央文件和地方文件分开。一般性的事务文件和重要性的文件分开。文件和书报刊物分开。群众团体的文件和党的文件分开。每一类都要作出总目录和分类目录。

08.02.039 十三部分类法 thirteen-part classification

中央文库的档案分类方法。中央文库档案与其他材料被分为十三部：最高决议、一般决议、对外发表的宣言大纲、个别指示、对国际的报告、对外发表的刊物、组织部（局）及秘书处各科文件、主要内部刊物及其内容指示、公开图书、军委及其他部委文件、苏维埃文件和反帝文件、烈士材料、政治局与常委会议记录。十三部均编有单独目录并分别装箱保存。

08.02.040 开箱必读 must-read for unpacking

中央文库编制的一种档案检索工具。具体做法分两部分：第一部分是"装箱记载"，记载着文件箱的号码，每一箱子中的文件名称，文件的起止日期；第二部分是"开箱注解"，介绍文件整理的方法、存放次序以及注意事项。

08.03.001　巫　wu

职官名。商周时掌管祭祀、占卜、记事,并以舞降神的人。商代巫为有较高知识者,通神事,在国家政治生活中有重要地位。周代巫的地位渐降。

08.03.002　史　shi

职官名。掌祭祀、策命和记事的人。史,即巫史,古代巫祝之官的通称。《说文解字》:"史,记事者也,从又持中。中,正也。"意即手执简册(文案簿书)以记事。殷墟卜辞中已有关于"史"的记载。西周至春秋时期,史职渐繁。

08.03.003　贞人　zhen ren

职官名。殷商时期用龟甲从事占卜以定吉凶并负责记事的人。属于巫史之列。殷墟甲骨卜辞中记载贞人之名甚多,贞字上一字常为人名。

08.03.004　乍册　zha ce

又称"作册"。职官名。掌祭祀、著作策命并王策命以告神。见于殷墟卜辞,与尹、史同类。金文中也多有所见,西周时亦称"作册内史""作命内史"。

08.03.005　五史　wu shi

商周时期五种史官的总称。大史、小史、内史、外史分列四方,与御史合为五史。大史掌记录时事,保管文书。小史,佐大史,掌其小事。内史掌策命诸侯及孤、卿、大夫,掌书王命。外史,掌四方之志,三皇五帝之书。御史,又名柱下史,掌管图籍等。

08.03.006　主书　zhu shu

职官名。掌文书簿籍,与掌书、尚书等官同列。春秋战国时置。秦汉时废。南朝宋改用文史。宋置主书令吏,陈置主书而去令史之名。北魏亦为主书令吏,北齐称主书。隋再加令史,唐又除之。宋以后不设。

08.03.007　尚书　shang shu

职官名。初为宫廷中主管文书簿籍的职官,与主书、掌书等同列。战国时置。秦时为少府属官。西汉中叶以后,其权势日渐发展,汉武帝时设尚书五人,并分曹任事。隋唐中央首要机关分为三省,尚书省即其中之一。明清时六部尚书分掌政务。

08.03.008　掌书　zhang shu

职官名。掌管文书簿籍。春秋战国时置。秦汉时废。唐时掌书的职掌有所扩展。明、清时期,衍圣公府设掌书一人,掌文书印信。

08.03.009　御史　yu shi

又称"中史""中御史"。职官名。侍从君王左右,掌文书簿籍。春秋时置。东周列国都设有御史。秦、汉设御史中丞,掌兰台图籍秘书,并兼司纠察。此后,御史之衔屡有变化,职责则专司纠弹。至明清仅存监察御史。

08.03.010　御史中丞　yu shi zhong cheng

职官名。掌兰台图籍秘书及督察百官,为御史大夫之佐。汉代时置。西汉末,御史中丞更名御史长史,成为御史台的长官。自东汉至清代,为专司监察、弹劾的职官。

08.03.011　令史　ling shi

职官名。掌官府文书簿籍事务。秦始置。汉中央及地方衙署皆置令史、尚书令史等,掌文书事务;县令、县丞、县尉之下亦设有令史,典诸曹文书。隋唐之后,成为三省六部及御史台的低级办事人员。至明代废除。

08.03.012　兰台令史　lan tai ling shi

职官名。掌管兰台图籍文书庶务兼校订宫廷藏书,为御史大夫属官。东汉始置。魏、晋、南朝沿置。

08.03.013　掾史　yuan shi

又称"掾吏""掾属"。职官名。古代官府属吏的通称。职掌各曹事务,也掌管各曹文书事宜,汉代始置。汉代三公及地方郡县均设,多由长官自行辟举。隋唐以后,辟举制度被废除,掾史之名亦失。

08.03.014　主簿　zhu bu
职官名。各级主官属下掌管文书、办理事务的佐吏。汉代中央及郡县官署始置。此后历代多沿置。至清末废止。

08.03.015　书佐　shu zuo
职官名。掌起草和缮写文书的佐官。汉州郡诸曹皆置,由州郡长官自行辟除。魏、晋、南北朝时沿置,亦作"功曹书佐""西曹书佐""门下书佐""记室书佐"等省称。唐武德时更名为"参军事",后废止。

08.03.016　刀笔吏　dao bi li
职官名。战国及秦汉时期缮写并办理文书的小吏。古时记事于简策,书写谬误则以刀削除,故称刀笔吏。后世也称讼师为刀笔吏。

08.03.017　翰林待诏　han lin dai zhao
职官名。入值内廷掌四方表疏批答及应和文章之事。唐代始置。待诏之名,始于汉初,意即备皇帝顾问。唐初,凡文辞经学及卜医技术有专长者均值于翰林院,以备待诏。玄宗时遂以待诏命官,称翰林待诏。开元二十六年(738),又更名为学士,别置学士院,专掌内命。明清翰林院中仍置有待诏,掌校对章疏文史。

08.03.018　甲库令史　jia ku ling shi
职官名。门下省的属吏,主掌甲库收贮的应选官吏履历、考绩等档案材料。唐代设置。

08.03.019　中书舍人　zhong shu she ren
职官名。中书省属官,掌起草诏令、参决机密。晋代设置。唐宋沿置。明代废中书省,另设中书科,以中书舍人缮写文书。清沿明制。

08.03.020　典书　dian shu

职官名。主掌史官收贮的档案材料。魏晋始置。唐代,于弘文馆、秘书省、崇文馆、司经局,各置若干人。元末明初朱元璋置,后省。

08.03.021　楷书吏　kai shu li; beadle of regular script
又称"楷书手"。职官名。掌以楷隶书誊录缮写。晋代始置。唐宋沿置。

08.03.022　主管架阁库　director of Jiageku
职官名。主管六部架阁库,掌账籍文案等档案。宋代始置。北宋宣和年间(1119—1125)废。南宋初复置。

08.03.023　架阁库管勾　jia ge ku guan gou
又称"管勾架阁库"。职官名。主管架阁库。宋代设置,金沿置。元代该官职名较杂乱,职务大体与前相同。金、元时期也设管勾一职。清代唯孔庙有此官,掌祀田钱谷之出入。

08.03.024　架阁　jia ge
以架阁形式保存文书档案的机构。所谓"架",古意解释为"材木相乘",就是用若干木材纵横交叉,构成支撑物体,放置器物的架子。"阁"通"搁",有"载"意。有时亦指主管架阁库的职官。宋代有掌架阁的库官,管储藏账籍文案。金、元两代沿置。

08.03.025　守当官　shou dang guan
职官名。架阁库具体掌管档案的吏员。掌文案簿籍。宋代设置。置于中书、门下、尚书三省。

08.03.026　提控案牍　ti kong an du
又称"提举案牍"。职官名。掌案牍簿籍。元代设置。明初,承宣布政使司及都指挥使司,亦设有提控案牍。

08.03.027　典史　dian shi
职官名。县令的佐杂官,掌理断词讼、承办公务及主管州县案牍簿籍。元代始置。明清沿置,掌狱囚,同时"典文移出纳"。如无县丞、主簿,则典史兼充县署之事务官,所以典史也称作县尉。

08.03.028　都事　du shi

职官名。掌收发文移诸事。西晋、南北朝时始置都令史。为左、右丞的辅助人员,处理尚书省日常事务。北齐沿置。隋初改称都事。唐代沿置。清代于都察院设都市厅,置满、汉都事,兼职库使。

08.03.029　评事　ping shi

职官名。掌平决刑狱。隋代始置。设于大理寺。唐、宋至明沿置。清末改置,改大理寺为大理院,评事废。民国时,设平政院以理行政案件,亦设有评事。

08.03.030　司务　si wu

职官名。掌治本衙门吏役、接收文书、保管档案等职。明代始置。设于六部,其官署名司务厅。相当于古代之都令史、都事。清沿明制,除六部外,理藩院、大理寺、步军统领衙门等亦置司务厅,设满汉司务各一人。

08.03.031　驿丞　yi cheng

职官名。掌管驿站中仪仗、车马、迎送之事,与传递文书关系密切。明代始置。清沿明制,设于全国各州县。

08.03.032　孔目　kong mu

职官名。原指档案目录,后指掌文书事务的官员。唐代始置。于州镇中设立孔目官,宋以后渐不用,惟翰林院设。清于翰林院典籍厅设孔目,掌章奏文移、保管书籍等事。

08.03.033　经历　jing li

职官名。掌管文书收发、登记等事。金代始置。设于枢密院及元帅府,元明两代设置较广。清沿明制,中央机关及各地方衙署皆设。

08.03.034　照磨　zhao mo

职掌照刷磨勘卷宗、掌钱粮出纳账籍及办理文移诸事的职官名称。官秩九品至八品,官署为照磨所。元始设于布、按两司,明设于都察院、布、按及各府,清唯都察院不置,余

皆袭明制。

08.03.035　检校　jian jiao

元代检查、核实文书档案的制度。据《元史》卷八十五载:中书省设检校官四员,掌检校左右司六部公事期限和文牍稽失之事。

08.03.036　典籍　dian ji

掌管图籍的职官名称。元代始置,隶翰林院,明袭之。清于内阁设典籍厅,置典籍六人。其职为用宝洗宝,文书收发,收藏红本、图籍、表章,办理章奏,以及大典礼筹备事宜;国子监亦有典籍厅,掌保管书籍、板片诸事。

08.03.037　军机章京　jun ji zhang jing; grand councilor assistants

军机处办事之官员职名。掌军机处撰稿、缮写、收发文移、记载档册诸事,亦可参与军机处案件之办理,或奉命单独前往各省查办政务。军机章京由军机大臣从内阁官员中选调,设领班及帮领班。

08.03.038　笔帖式　bi tie shi

设于清朝中央各部院衙门、内务府、地方督抚衙门以及八旗驻防将军、都统、副都统机构内,掌管翻译、缮写满汉文书之低级职官名。人员来自满、蒙、汉军八旗,官秩九品至七品。

08.03.039　提塘　ti tang

清代各省驻京,掌管传递部院等衙门与本省往来文书的官职名称,亦传递本省官员敕书及州县官印信。隶属兵部捷报处,人员以本省武进士、举人及候补、候选守备充任。

08.03.040　攒典　zan dian

金元时掌会计钱粮数目,清时设于地方协办文牍事务之书吏名。清代各衙门首领官、佐贰官及杂职官员所招募吏员均可称攒典。攒典数额有限定,期满后可考核转职。

08.03.041　典吏　dian li

明清司、道、府、厅、州、县所募协助办理文牍事务吏员之统称。属四类外吏(承差、书吏、

典吏、攒典)之一,募用名额有限,役满后可考察任用他职。

08.03.042 书吏 shu li
官府中承办诸类文书案牍事务之吏员。汉代始见其名,历代设于中央及地方各官署,办例行公事。级别甚低,五年役满考职,一等为从九品杂职,二等为未入流杂职。

08.03.043 儒士 ru shi
清代设于礼部之京吏。负责清档房、汉本房文牍事务。由经承转补,五年役满后可考职。

08.03.044 幕僚 mu liao
又称"幕友""幕宾""幕客"。初指古代将帅幕府中之参谋、书记等僚属,明清时期指地方官聘协办公务之人员,主要办理文书、刑名、钱谷等。

08.03.045 书记 shu ji
古时职掌收发、抄写、校对工作或掌理案卷之人员的通称。唐宋时为"掌书记"之简称,主管文书之官职。

08.03.046 书记官 shu ji guan

清末及民国时期法院中掌记录、编案、文牍、统计诸事务,以及公务机关、军队中办理文牍和庶务之人员。职位分三等,为"一等书记官""二等书记官""三等书记官"。

08.03.047 司书 si shu
职掌文书之职官。商周时掌会计簿书、财政事宜及邦中版图诸事务。民国设于军队,职掌文书缮写,亦协办转发、校对文件事宜。

08.03.048 录事 lu shi
古代官府中掌管文书、纠察缺失之吏员。两汉郡县则有录事掾吏,职掌文书之事;两晋王府等设录事参军,纠察府事;而后历代中央及地方各官府皆置,职庶务,亦协办民政;民国时期可将一般主抄写的低级官员称录事。

08.03.049 文牍员 wen du yuan
清末和民国时期官府及政府机关中缮写文书,掌理案牍、档案之人员。

08.03.050 掌卷员 archival staff
民国时期各政府机构中负责整理、保管档案之人员。

08.04 文档机构

08.04.001 太史寮 tai shi liao; count historian office
商末周初始设,掌管历法、记注、占卜、文化教育,及国王册命与祀典诸事之机构名。其长官为太史,下设左史和右史,负责起草政府文书和国王册命,人员亦有掌管王族祭祀的太宗、太祝、宗祝,掌占卜的太卜、占梦,掌授氏姓的司商等。

08.04.002 府 fu
古时掌管储藏财物或者文书的机构及职官名。至唐转化为地方行政区划的名称,唐朝升都城或陪都附近的州为府,至宋代数量逐渐增多,一直保留至清。

08.04.003 盟府 meng fu

先秦时期周朝和各诸侯国所设立的收藏盟约载书、封爵勋策的官署名称。其长官为司盟。

08.04.004 天府 tian fu
周代设立掌管王室宗庙、收藏档案之机构。凡国家贵重器物、图版、谱牒等,亦有民数的登记册、邦国的盟书、狱讼的簿籍之类,皆送天府保存。

08.04.005 殿中禁室 forbidden rooms in the palace
秦代设立于宫中收藏重要律法文书的秘藏机构。主要藏秦代律法档案的副本,擅自偷看或者篡改者皆处死罪。

08.04.006 丞相府 cheng xiang fu; chief

counselor's office

秦汉时期设立以辅佐皇帝、总理全国政务的机构,亦是当时掌管律法、舆图、户籍、计书等重要档案之处所。府下各曹由令史负责文书工作。丞相府机构设置沿袭至明代初始废。

08.04.007 御史台 yu shi tai

古代掌管国家图书秘籍、四方文书,存国家律令,藏地方计簿等档案,并兼有监察之职的官署名称。西汉时为御史府,主存档案,其长官为御史大夫。汉后职责变化,司监察。

08.04.008 石渠阁 Shi Qu Ge

汉初为存储入关所获秦律令、图书而建造的汉代中央档案库。位于汉未央宫内,因四周有石砌水渠而得名。

08.04.009 兰台 lan tai

西汉设立于御史府中的中央档案库、图书库。主藏西汉王朝收集的舆图、律令、章奏等各类重要档案和秘书典籍。主管为御史中丞,后为兰台令史,负责档案典籍的整理、编纂和保管。

08.04.010 东观 dong guan

东汉始置,贮藏诏令、奏章等重要档案和图籍的档案库、图书库。建于洛阳南宫,建筑高大宏伟、环境雅致。设校书郎,职整理档案之责。

08.04.011 敦煌藏经洞 Dunhuang Grottoes

又称"敦煌石室"。甘肃省敦煌鸣沙山千佛洞第288号窟。1900年,此藏经洞被发现,从中清理出佛像绘画、经卷写本和各种文书共有四万四千余件。

08.04.012 进奏院 jin zou yuan

唐朝始设,为藩镇在京师所设立用于职掌各类章奏、诏令并传递、承转各类文书的机构。初名为上都留后院,主官为上都留后,为临时机构。大历十二年(777)改为上都知进奏院,以都知进奏官为主官,始为正式机构。除文书的投递、承转外,其还可承办上交贡赋、经营汇兑、进奉贿赂及本镇交办各种杂务。并随时将朝廷各类情况通报本镇,具有情报所的作用。

08.04.013 甲库 jia ku

唐朝所设立保存官员甲历的机构。甲历是记载官员的职名、履历、考绩以及考选、授官等情况的档案。尚书省、中书省和门下省三省皆设有甲库。甲库内设官分职,玄宗时,尚书省吏部甲库由员外郎、主事各一人专管,中书、门下省甲库由主事、录事各一人专管,由各令史负责具体管理。

08.04.014 三库 three storerooms

唐朝于尚书、中书、门下三省所设甲库的合称。

08.04.015 通进银台司 tong jin yin tai si

宋代通进司和银台司的官署合称。通进司职掌接受银台司所领天下章奏案牍、文武近臣奏疏进呈,以及颁布之事。银台司职掌抄录天下奏状案牍事目进呈,并发付相关机构检查,纠正其错误,并监督其执行。

08.04.016 制敕库房 zhi chi ku fang

宋代在中书、门下、尚书三省皆有设立的中央机关档案机构。此机构主要职掌收存诏令、制书等,并负责检查、整理、编录档案。

08.04.017 架阁库 jia ge ku

宋代始设立于中央及地方各官署,以保管档案的专门机构。架阁库以架阁存储档案而得名。宋中央中书省、门下省、尚书省、枢密院、三司及各寺、院皆设,尚书省六部架阁库存六部档案,枢密院架阁库存军籍及武官调遣、边备防务等军事档案及来往国书。三司架阁库收藏户口、赋役账籍档案。地方州县架阁库存地方档案。金元明清沿袭宋制。

08.04.018 枢密院架阁库 shu mi yuan jia ge

ku

宋代最高军事机关中所设立的档案保管机构。主要收藏军队军籍及武官调遣、边备防务等军事档案及各国来往国书。

08.04.019 金耀门文书库 Jin Yao Men Wen Shu Ku

北宋真宗景德三年(1006)所创置的掌收储盐铁、度支、户部三司历年文案的中央档案库。宋规定六部各类档案于本部保留两年后集中送至架阁库,而架阁库保存八年后,则移交给金耀门文书库。

08.04.020 承发司 cheng fa si

元代中书省与行中书省所设置的职掌文书登记、分发的官署名称。管理人员设有承发架阁照磨、承发兼照磨、承发架阁兼照磨、承发架阁库管勾等。

08.04.021 急递铺 ji di pu

宋、金、元时期设立的专门递送文书的驿站。宋称之为急脚递,金时仿设急脚铺,元世祖沿袭。急脚铺每隔十里(一里为五百米)、十五里或二十五里设立,置员数人,日夜守候。地方各类需要直达中书省的文书皆由急脚铺递送,接力传递,昼夜不息,传递速度相对较快。

08.04.022 内阁 nei ge; cabinet

中国明清两代所设立为辅佐皇帝办理国政的中枢机构。明初废丞相后设立,成员主要为内阁大学士,掌握实权,地位类似于丞相。清沿明制亦设立,但军机处设立后,内阁失去实际权力。

08.04.023 中书科 zhong shu ke

明清两代所设置职掌纂写诰敕、册文、铁券等文书的机构,隶属内阁。明代其职官为中书舍人,从七品。清代其职官有内阁学士、掌印中书、掌科中书、中书等。

08.04.024 诰敕房 gao chi fang

明清时期内阁所属的掌理核校颁发诰敕之事的机构。职官为中书舍人。明代诰敕房主掌书办文官诰敕,翻译敕书和异国文书、揭帖、兵部记功勘合底簿。清代沿置,掌收发诰敕,审其撰拟及缮写之式,用宝颁发。

08.04.025 制敕房 zhi chi fang

明代所设属内阁管辖的文书办理机构,与诰敕房齐名。职官为中书舍人,掌书办制、敕、诏书、诰命、册、表、宝文、玉牒、讲章、碑额、题、奏、揭帖等一应机密文书,以及收掌各王府敕符底簿。

08.04.026 通政使司 tong zheng shi si; bureau of transmission

简称"通政司"。明清时期管理章奏文书的中央机构。明洪武时初设,职官为通政使,掌内外章奏、封驳和臣民密封申诉之件,并参与议大政、大狱及会推文武大臣。清沿制,掌收各省题本,校阅后送内阁,将随本的揭帖交提塘官,投送关系部、科,有题本不合规制的,送内阁参处,有逾限期的,则移文关系部议办。后设奏事处,通政使司职责变简,而后清改题为奏,通政使司遂裁撤。

08.04.027 司务厅 si wu ting

明清时期中央各衙门普遍设立的文书机构。明代司务厅专掌部院文书收发、登记、分发和督促检查文书的承办。清沿制,职掌收外省衙门文书,呈堂书到,记其号以分于司。司务厅可防止案牍积压,书吏舞弊。

08.04.028 六科 liu ke

明代吏科、户科、礼科、兵科、刑科、工科的合称,其具体职掌包括:分类抄写内外章奏,驳正违误;殿前记录圣旨;进呈各衙门题奏本状于御前;将奉有圣旨的题奏本状送司礼监;抄题奏本状成册,送内阁;稽查各衙门文书办理等。六科联系控制六部,对六部拥有封驳、纠弹之权。清制,设六科,隶属都察院,掌发"科抄",分稽各项庶政,分别注销各衙门文卷,颁发内阁颁给官员的敕书。

08.04.029　照磨所　*zhao mo suo*

元明清时期官署内设掌磨勘文书和保管文卷的机构。元中书省、行中书省皆设置，由职官照磨掌磨勘文书和文卷保管。明仿元制，于五军都督府、都察院、布政使及按察使二司各府皆设置，汇集保管档案。清除都察院外，其余皆沿袭明制，职掌照刷卷宗事。

08.04.030　大本堂　*Daben Tang*

明代于宫中设立主要用于保存元朝档案、图籍的库房，亦是教育皇子和贵族子弟的场所。

08.04.031　后湖黄册库　*Houhu Huang Ce Ku*

明代洪武年间因建于南京后湖而得名的中央户籍赋役档案库。主要收藏黄册、全国土地册、鱼鳞图册。黄册是明代全国的户籍赋役册，存于户部、布政司、府、县，而存于户部的黄册需送至后湖黄册库保存。此库是中国古代规模最大的档案库。

08.04.032　皇史宬　*Huang Shi Cheng*

坐落于北京紫禁城东南的明清两代皇帝档案库。明嘉靖年修，是我国保存最完整的古代档案库，大殿皆为石材建造，内部陈放铜皮鎏金雕龙楠木柜。皇史宬由明世宗定名，内贮藏历朝实录、宝训、玉牒等。

08.04.033　古今通集库　*Gu Jin Tong Ji Ku*

明代宫中收藏皇帝赐封档案文书的御用档案库、图书库。主要收藏皇帝御赐功臣、将领、藩王等的诰封、铁券和京内外官员的诰封底簿。嘉靖时期，文渊阁受灾，此处便存部分图书。此库由太监主管，所藏档案以千字文或急就章编号排列。

08.04.034　太平府架阁库　*Jiageku of the Prefecture of Taiping; Tai Ping Fu Jia Ge Ku*

明代建于南直隶太平府的地方档案库。规模较大，建库三连各五楹，左藏黄册，右藏案牍。整个库房建在沙地上，上铺以木板，开多窗，注重防鼠患和防潮。

08.04.035　江西布政使司黄册库　*Jiangxi Bu Zheng Shi Si Huang Ce Ku*

明天顺年间修造的规模较大的地方档案库。有库房50间，厅事3间，外有池蓄水以防火。管理人员有幕职1人，吏1人，卒徒20人。

08.04.036　军机处　*jun ji chu; grand council*

清代中后期中央直属于皇帝，承皇帝旨意处理军国机要的最高政务机构。雍正七年（1729）设立，初称军机房，后改为办理军机处，乾隆时变为定制，宣统年间废除。军机处无固定成员，由亲王、大学士、尚书、侍郎或章京兼任军机大臣，称为大军机。大军机的属僚军机章京由内阁中书、郎中、员外郎等兼任，主要办理文书事务。

08.04.037　奏事处　*zou shi chu*

清代设置于宫廷为皇帝传递文书、口谕以及办理一些应讲、应传事件的机构。奏事处分内奏事处和外奏事处，由御前大臣兼管。内奏事处由太监担任，外奏事处设奏事官，选六部及内务府善写者充任。

08.04.038　典籍厅　*dian ji ting*

清代隶属于内阁专司文书办理、掌管档案图籍的机构。典籍厅分为南厅和北厅。南厅办理内阁内部事务，主掌文书收发、关防，并负责内阁的侍读、典籍、中书等官员的考绩和吏役的考察。北厅办理内阁和皇帝之间的各项事务，掌章奏，主办国家大典以及收存各类红本和档案图籍等。典籍厅还负责皇帝"御门听政"时需进"折本"，以及朝审、秋审时奏各省勾到各犯姓名及一般题本批写汉字谕旨等。

08.04.039　满本房　*Man ben fang; Manchu documents office*

又称"满本堂""满洲堂"。清代内阁的下设机构，主要职掌包括缮写、校阅经汉本房翻译的题本贴黄，掌管内阁大库的实录、圣训等档案文献和官员印信，向皇帝进呈实录，增修王公世爵谱册等，缮写各项满文祝版、册宝、谥号、封号、制诰等。职官有侍读学士、侍读、中书等。

08.04.040 汉本房 Han ben fang
清代内阁的下设机构,主要职掌通本收发,翻译贴黄及上谕、册宝、碑文、祝文等各项应翻译为满文的文书,缮写同题本一同进呈的本单。职官有内阁侍读学士 4 人,侍读 5 人,中书 42 人,贴写中书 16 人,供事 3 人。有"翻译房"之称。

08.04.041 蒙古房 Meng Gu fang
清代内阁的下设机构。职掌翻译蒙、回、藏等少数民族文字;各藩部奏事文件、庆贺表文等的翻译、具奏;缮写皇帝颁发给各部的诰、敕、碑文及武英殿蒙文书签及各体印文等;翻译、办理与俄国、西方各国往来的照会文书,对内阁大库及皇史宬所藏蒙文实录、圣训进行编号记档和管理。主要职官有侍读学士 2 人,侍读 2 人,中书 16 人,贴写中书 16 人。均为蒙员。

08.04.042 满票签处 Man piao qian chu
清代内阁下设机构。主要职掌校阅每日收到的满文题本,检定票签式样,撰拟满文票签,送交大学士阅定,与汉票签处合作,对发往六科的本章摘记事由,详录批示,缮写成"丝纶簿",抄写特降谕旨为"上谕簿"(或称"上谕档"),经办奏折的发抄,公布皇帝的明发谕旨及皇帝出行时向行在地发递本报等事宜。主要官员由满洲侍读、委署侍读、中书、贴写中书、蒙古中书组成。

08.04.043 汉票签处 Han piao qian chu
清代内阁下设机构。主要职掌校阅每日收到的汉文题本,检定票签式样,撰拟汉文票签,送交大学士阅定,会同满票签处对发往六科的题本摘记事由,详录批示,登记于"丝纶簿"。并抄录特降谕旨为"上谕档"。将内外官员奏准允行及交部议覆者,另录一册,叫"外纪簿"(外纪档)。撰拟制、诏、诰、敕、祝文、赐谥号、赐封号等御制文字,缮写御制诗

文集、宫殿匾额、楹帖、碑文。设有汉侍读、汉中书、供事等职官。另有委署侍读,无定额。

08.04.044 稽察房 ji cha fang
清代内阁下设机构。职掌催办、检查和汇报各部院接奉皇帝的各项谕旨后的执行情况。对由票签处传抄后的各部院遵旨议覆的事件逐日登记档册,俟各部院复奏之移会到日,逐一核对;将每月已结、未结各案,分别向皇帝汇报;存储、核对由票签处移交的军机处每日交内阁的各项谕旨,并缮写满汉合璧奏折,称之"汇奏谕旨",并将每月所收谕旨缮清,与稽察事件之月折一并奏报,以便查核。主要官员由满、汉侍读和中书等组成。

08.04.045 红本处 hong ben chu
又称"收本房""收发红本处"。清代内阁下设的内部机构,掌红本收发。官员上奏之题本,经批示后称为"红本",由满票签处领回后,红本处逐日发往六科传抄各衙门办理,年终将红本缴典籍厅入贮红本库。

08.04.046 批本处 pi ben chu
又称"红本房"。清代内阁下设的内部机构,掌题本进呈及题本批红事宜。将每日由满票签处中书送批本处题本,送内奏事处进呈,俟发下后,批本处依照皇帝阅定的票签,用红笔批于本面,再交满票签处带回。若有改签及"折本",皆存记档案,按日交发办理。司员有满翰林 1 人,内阁中书 7 人。

08.04.047 方略馆 fang lve guan
清代为纂修"方略"而设立的专门机构,隶属于军机处。每遇规模较大的军事行动及政事,为炫耀"功德",将办理此事过程中的谕旨及奏折等有关文书,汇集成册,记其始末,名曰"方略"或"纪略"。方略馆始设于康熙二十一年(1682),时为纂修《平定三逆方略》,书成即撤。乾隆十四年(1749),经军机大臣张廷玉等奏请,纂修《平定金川方略》而重设,书成后未撤,遂为常设机构。直至宣统三年(1911)四月,与军机处并裁。

08.04.048　档房　dang fang; archives division
清代内阁、军机处及六部、理藩院、大理寺等中央各部院卿寺衙门所属办事机构。掌理满、汉文档案，撰拟奏折或题本，并办理本衙门满、蒙官员之题升调补之事。多设两个档房，亦有设一个或三个者。主要职官有堂主事、笔帖式、堂书、经承等吏员。

08.04.049　南档房　nan dang fang
清代户部下设机构。主要职责为管理户部档案，每三年稽查八旗人丁数目，编造各旗丁口档册；掌管户部满缺官员之升补事宜。设有满堂主事。

08.04.050　北档房　bei dang fang
清代户部下设机构。职掌办理日常政务，缮写满、汉文题本、奏折；管理分拨各省报解之京饷，并监管统计各省之岁出、岁入事宜。由堂主事主之。

08.04.051　礼部清档房　qing dang fang of Ministry of Rites
清代礼部内设机构。职掌保管册档，承办本部满、蒙官员之升调补署，缮送本部司员、笔帖式及堂子、四译馆、鸿胪寺等处官员京察名册；缮写满、汉文之奏折。设满缺主事及笔帖式等。

08.04.052　黄档房　huang dang fang
清代宗人府的内部机构。职掌满洲宗室、觉罗生子女、继嗣、婚嫁、封爵、授职、升补、降革、死亡等宗室黄册和觉罗红册之事的登记和保存。主要职官有司官和笔帖式。

08.04.053　满档房　Man dang fang
清代各部院的内部机构。职掌奏折的缮拟，满汉文稿的翻译及各该部满、蒙官员的升补及差委等事。设有满主事、缮本笔帖式及经承等官员。

08.04.054　汉档房　Han dang fang
清代各部院的内部机构。主要职掌管理档案、缮写满汉文题本、将汉文题本翻译成满文、汉员的升补差委等事宜。置堂主事。

08.04.055　当月处　dang yue chu
又称"值月处""当月司"。清朝六部及理藩院、都察院、光禄寺等部院衙门所属文书机构。掌收在京各衙门之文书，编号记档后分司办理；管理各部堂印，收发本章，办理传抄事宜等。由各该堂官派委郎中、员外郎、主事及七品官等员司轮值。

08.04.056　督催所　du cui suo
清代六部及理藩院、都察院、光禄寺等中央各部院卿寺衙门设立的文书催办机构。职掌稽查办文例限，督催各属司等所承办之事件，并将已结、未结情况会同各科按月奏销。由该堂官派委郎中、员外郎、主事等官员任事。

08.04.057　捷报处　jie bao chu
清代兵部的下设机构。负责将各省出驿站递送的奏折转送至内奏事处；加封递送皇帝批回的奏折及军机处寄发的谕旨。由兵部堂官酌委设郎中、员外郎、笔帖式等员掌理；另设差官四十人，专掌递送。各省派驻京城之提塘官由该处管理。

08.04.058　都事厅　du shi ting
清代都察院下设办事机构。掌缮写本章，出纳文移；缮写官员册籍。乾隆六年（1741）与经历厅分工，分理礼、兵、工部事。设有都事、笔帖式。

08.04.059　军塘　jun tang
清代掌理接递文书等事的机构。设于甘肃安西州，新疆哈密厅、镇西厅境内，传递该地区往来文报。设都司管理。

08.04.060　翰林院　han lin yuan; Hanlin academy
朝廷专司笔札文翰之事的机构。主要职掌制诰、史册、文翰之事，以考议制度，详正文书，备天子顾问；职掌经筵、日讲、修书之事。设学士、侍读、侍讲、博士、典籍、侍书、待诏、孔目、史官。

08.04.061　方略馆大库　Fang Lve Guan Da Ku

清代贮存军机处和方略馆档案的库房。负责掌管缮写、记稿、保存、定期修缮军机处和方略馆的档案。军机处档案包括录存的官员奏折和未经皇帝批示的原折、皇帝下达的各项谕旨的存稿、军机处分类汇抄存查的档簿、军机处办理谕旨和奏折过程中形成的档案等。方略馆档案包括历次纂修方略时人员的调取、考绩及奖叙等有关记录，纂修方略及书籍时所收集的材料，以及各项稿本等。设有军机章京、承发供事、常川供事等。

08.04.062　副本库　Fu Ben Ku

清代内阁设立的贮存题本之副本的库房。雍正七年(1729)定京内外衙门之题本、副本俱送内阁，内阁照红本用墨笔批于副本，存贮于皇史宬。乾嘉以后，因皇史宬厢房贮满，经内阁奏准，于太和门之东、内阁大堂以西另建副本库一座，专贮副本。其司员由大学士于满、汉中书内派委。

08.04.063　国史馆大库　Archival Repository of National History Academy

清代的中央档案库。康熙二十九年(1690)，为修清太祖、太宗、世祖三朝历史而设国史馆，属翰林院。乾隆二十五年(1760)，国史馆移于东华门内桥东迤北。乾隆三十年(1765)以后，国史馆成为常设机构，国史馆大库建于国史馆旁。乾隆三十一年(1766)、嘉庆十六年(1811)、咸丰元年(1851)、宣统元年(1909)，都曾在国史馆修过实录等。

08.04.064　总理衙门司务厅　Siwuting of the Ministry of Foreign Affairs in Qing Dynasty

清代总理各国事务衙门的文书机构。同治三年(1864)设立，职掌请送印钥、收掌文书等事务。设有司员、文案科房供事。

08.04.065　总理衙门清档房　Qingdangfang of the Ministry of Foreign Affairs in Qing Dynasty

清代总理各国事务衙门管理档案的机构。职掌缮写、收贮、修辑、校对等具体事务。编修之档为正本，要求将修辑官、校对官名姓列于卷首，各行画押，每季分股限期呈堂阅看，逾期者记过或扣奖处分。设职官满汉司员、供事、苏拉(听差)。

08.04.066　诏书衙　Zhao Shu Ya

太平天国中央设立的保存档案、编纂史书、储集人才的机构。主管诏旨文书的撰拟；挖掘培养文书人员；负责太平天国的科举考试(天试文科部分)；保管所辖地区的官册、军册、户籍、名册、家册等并编纂历史。设典簿书掌理。

08.04.067　南京临时政府秘书处　The Secretariat of the Nanjing Provisional Government

南京临时政府总统府下设的主管文书档案及其他事务的机构。1912年1月根据《临时政府组织大纲》成立，分设总务、财政、军事、文牍、收发等科。收发科收掌总统府来往文书并进行编号。各科均设秘书，负责该科文书工作。其中文牍科负责整理保管总统府档案，是总统府的机关档案室。

08.04.068　湖北革命实录馆　Hubei Revolutionary Records Museum

湖北军政府收集、编纂辛亥革命档案及其他史料的机构。收集公私文牍、战事日记、革命团体和机关的历史沿革、办事章则、大事记以及革命党人事略等多种档案史料。1912年6月在汉口成立，1913年8月撤销。设总纂、编修、文牍、典守等。

08.04.069　故宫博物院文献馆　Archive of the Palace Museum

中华民国时期故宫博物院所设的明清历史档案馆。职掌明清档案和历史文物的保管、陈列、整理、编目,明清史料的搜集、整理和编印,历史文物的分类、摄影和编辑等事项。1925 年,故宫博物院成立,设古物、图书两馆,其中图书馆下设图书、文献两部。1927年 6 月,文献部改称掌故部。1928 年,故宫博物院设古物、图书、文献三馆。故宫博物院文献馆是中国第一历史档案馆的前身。

08.04.070　接收档案联合办事处　Joint Archive Acquisition Office

抗日战争胜利后国史馆筹备委员会和国民党中央党史会联合组设的临时档案机构。1945年 12 月在北平(今北京)设立联合办事处,负责接收华北各省敌伪机关的档案。1946年 4 月又在重庆设立联合办事处,负责接收国民政府党政军各机关离开重庆前准备毁弃的档案。全称"国民政府国史馆筹备委员会、中国国民党党史史料编纂委员会接收档案联合办事处"。

08.04.071　行政院档案整理处　File Sorting Office of Administrative Institute

国民政府领导和指导所属机关档案工作的机构。负责对行政院及所属各部会的文书、档案工作情况进行调查;拟具行政院及所属各部会处理档案和整理旧档的划一办法;依照所订办法处理档案或整理旧档。1935 年 3月成立,同年 6 月撤销。

08.04.072　国防部战史编纂委员会　Compilation Committee of History of Ministry of Defense

国民政府编纂战史和收藏军事档案的机构。主要任务是从国民党各军事机关、部队征集大量的作战命令、计划、方案及反映战况的战斗详报、电报、阵中日记、图表和军事会议文件等并编修国民党军的战史。1934 年秋成立,称"军事委员会委员长南昌行营剿匪战史编纂处",1935 年 2 月改组为"参谋本部战史编纂处",1939 年 1 月扩组为"军令部战史编纂委员会",1946 年 6 月改称"国防部战史编纂委员会"。

08.04.073　中国国民党中央党史史料编纂委员会　Compilation Committee of the Historical Materials of the CPC Central Party History in the Chinese Kuomintang

国民党中央保藏该党档案与史料的机构。掌理国民党党史史料的编纂及重要文献的保管。1930 年 2 月成立于南京。初设常务委员、秘书、编纂及采访,又置总务、编辑、征访三科和史料档案库、史料陈列室。1936 年 1月后,设主任委员、副主任委员、总编纂、纂修、主任秘书、秘书,以及总务、编辑、征集、档案(典藏),设计考核委员会、人事室、会计室,另在各地设史料征访办事处或通信处。1948 年底,该会携带所藏档案史料迁往台湾中部草屯荔园。1972 年改称"党史委员会"。接收和征集了大批与国民党党史有关的档案和史料。据该委员会 1982 年宣布,其收藏达45 万件以上,主要有孙中山、蒋介石的照片、手稿、墨迹、函件、演讲词、文告;国民党重要人物的著作、信札、日记;国民党在各个时期的史料和历届历次全国代表大会、中央全会、常委会及中央政治会议、"国防最高委员会"的会议原始文件等。

08.04.074　武昌文华图书馆学专科学校档案管理专科　Archive Management Department of the Boone Library School

档案教育机构。主要任务是教授学生档案经营法、档案行政、档案分类法、档案编目法、史料整理法、检字索引等课程,培养档案管理人才。原为武昌文华大学的一个系,1929 年 8月正式独立建校。1939 年秋设立一年制之档案讲习班,1940 年秋改为档案管理专科。学制初为二年,1947 年秋起改为三年。1942年春起,受国民政府教育部委托,举办了七期档案管理短期职业训练班,每期 3~4 个月,毕业学生共 210 名。1951 年,该校停办。

08.04.075　旧记整理处　History Archive of Puppet Manchuria

伪满洲国的档案馆。主要任务是收集包括内政、司法、财政、外交等 380 个机关、团体的档案文件;组成专门委员会作为整理档案的咨询机构,并参考了故宫博物院文献馆,以及日本史料编纂局、朝鲜修史局的分类方案,还有欧美国家的技术方法,制订了"旧记整理方针大纲""旧记整理内规案"等章则;进行档案编纂。1938 年 3 月成立。1938 年至 1940 年收集档案共计 248 万多件。1943 年后转入档案编纂阶段。1946 年 4 月南京国民政府接收了该处,更名为"国立沈阳图书馆筹备处档案部"。

08.04.076　崇实档案学校　Chongshi Correspondence School of Archive Management

档案教育机构。主要任务是培养档案学专业人才。1946 年 3 月由殷钟麒创办于重庆。设文书处理、档案管理两科,各设高级班、初级班,学制四个月。共招生 294 人。1948 年 12 月停办。原名"私立崇实档案函授学校",是中国第一所档案专业学校。

08.04.077　中央文库　Central Records Repository

1930 年中国共产党设立在国民党统治区的秘密档案库。集中保管 2 万余件形成于 1922 年至 1935 年的党中央所有机关的珍贵文献,较完整地反映了 1935 年以前中国共产党、中国工农红军、中华苏维埃政权的重要活动情况。文库工作先后由张唯一、陈为人、徐强、缪谷稔、陈来生等人负责管理。1949 年 5 月上海解放后,这批档案交中共中央华东局办公厅,中央文库工作遂告结束。1949 年 9 月经毛泽东、周恩来批准,原中央文库全部档案运至北京,现存中央档案馆。

08.04.078　红军战史编辑委员会　Editorial Board of the History of the Red Army

编纂中国工农红军战史的机构。1931 年 4 月成立,由叶剑英、左权、黄公略等 13 人组成,主要任务是搜集红军各种文件材料,请党政各机关的红军干部、战士总结战斗经验,还规定红军各部队把调查汇编起来的红军材料、敌军材料和各种出版物及时上交。

08.04.079　红军战史征编委员会　Collecting and Editing Committee of the History of the Red Army

编纂中国工农红军战史的机构。1937 年 5 月成立,主要任务是搜集大批材料,编辑出版《红一方面军长征记》《红军大事记》《军事文献》等。委员会成员由邓小平、陆定一、张爱萍、萧克等 11 人组成。

08.04.080　八千麻袋事件　Event of Eight Thousand Burlap Bags

清内阁大库八千麻袋档案被辗转拍卖散失的事件。清代内阁大库汇集了大量重要档案,由于管理不善,大库年久失修,库墙曾两次坍塌而致部分档案损毁。宣统元年(1909)为整修大库,大批档案移出库外待焚。时学部尚书张之洞正拟成立京师图书馆,派学部参事罗振玉去大库检取书籍,罗振玉发现这些奏准待焚的档案不少是很有价值的史料,随即请张之洞上奏罢焚,建议交由学部管理。1916 年北洋政府教育部成立历史博物馆,这批档案移至午门、端门存放。档案虽幸免于火而被保存下来,但长达数年,被废置一旁,无人问津。1921 年北洋政府教育部因经费支绌,竟将存放于端门门洞计八千麻袋档案以大洋 4 000 元卖与北京西单同懋增纸店。次年,罗振玉得知此事后,以三倍的价格从纸店购回,放在北京彰仪门货栈和天津罗家的库书楼,雇了十多人进行整理,并根据这些档案编印了《史料丛刊初编》。罗振玉将这批档案除留下一部分外,余下的以原价四倍的价格卖给了李盛铎。除留下一部分外,李盛铎又转手卖给了国民党中央研究院历史语言研究所。其间罗振玉还把留下的一部分档案卖给了日本人松崎,一部分献给了伪满洲国皇帝溥仪。

08.04.081　文书档案改革运动　Reform Movement of Administrative Documents and Archives

1933 年 6 月国民党政府开展的"行政效率运动"的重要组成部分,运动的中心内容是推行文书档案连锁法。改革由行政院召开的改革公文档案会议始。先由内政部试行,后推行到江西、广西、湖北、四川等地。为进一步推动行政效率运动发展,行政院于 1934 年 12 月正式成立行政效率研究会,下设文书档案组,聘请了若干专门委员进行公文档案改革工作的研究。该会出版的《行政效率》杂志,刊载文书档案方面的研究文章近 70 篇。

并出版了《档案专号》。1935 年 2 月,行政院成立档案整理处,对中央各部会档案工作展开了相当规模的研究,提出了改善方案,同年 6 月档案整理处因经费困难撤销,从此,运动基本结束。此次改革,对于运动所及机关,简化了办文手续,划一了档案管理办法,有利于行政效率的提高。但改革只局限于部分国家机关。

08.04.082　后湖志　Hou Hu Zhi

明代记述后湖黄册库的志书。赵惟贤、张济宽等著,共计九卷,主要记载后湖沿革、后湖形胜、民数考略、黄册数目、黄册户口、黄册事产、黄册库架、进册衙门、黄册职名、大查职名、巡湖职役、后湖界址、后湖公署以及洪武至天启间关于后湖黄册库的敕谕、事例等。外附诗文二卷。

09. 外国档案事业史

09.01　外国档案名称与种类

09.01.001　都灵纸草　Turin Papyrus

古埃及的一份纸草档案。是古埃及第 19 王朝的王室档案,记载有第 18 王朝以前埃及法老的名单及在位年月日。该纸草本有许多空白和损坏之处。因保存于意大利都灵博物馆而得名。

09.01.002　哈里斯大纸草　Great Harris Papyrus

又称"哈里斯纸草卷"。迄今发现的最长最大的古埃及纸草档案。由 79 张纸草粘接而成,长约 40 米,呈卷轴形,是古埃及法老拉美西斯四世对其父功绩的追记,记述了公元前 12 世纪埃及的社会经济关系。现存于英国伦敦不列颠博物馆,因被英国人哈里斯收购而得名。

09.01.003　莱顿纸草　Leiden Papyrus;Ipuwer

Papyrus

又称"伊浦味陈词""伊浦味箴言"。迄今发现的最古老的纸草档案。发掘于埃及孟菲斯附近的一座古墓,记载了公元前 1750 年左右埃及中王国末期的一次奴隶起义。由古埃及贵族伊浦味将目睹的起义情景写进陈词。现存于荷兰莱顿博物馆。

09.01.004　蜡板档案　waxed tablet archive

古罗马以涂蜡木板或象牙板为书写材料,用石、骨或金属尖笔刻写的档案。为防止字迹被磨损,木板四边高于中间,表面涂一层薄蜡,蜡板的一侧打有空洞,可将若干块蜡板系在一起。蜡板容易腐化和融化,主要用来书写临时性文件。

09.01.005　棕榈叶档案　palm-leaf archive

又称"贝叶档案"。书写在棕榈树叶上的档

案。在古代,印度人、缅甸人、斯里兰卡(旧名锡兰)人等将棕榈树的叶片煮沸、弄平,擦上芝麻油,用铁笔或其他金属笔在叶片上刻写文字而成。凡留下存查的叶片,都用细绳串连在一起用两片木板夹好,用布捆包起来存放。棕榈叶梵文中称为 Pattra,音译贝多罗,因而在我国又称之为"贝叶"。

09.01.006 桦树皮档案 birch bark archive
书写在白桦树皮上的档案。古代印度人、尼泊尔人把从白桦树上砍下的皮表面打结实、上油、打磨,使之成为表面光滑的薄片以供书写之用。桦树皮含有桦树油,不怕虫害。现存最早的桦树皮档案是产生于 450 年的婆罗门手稿。

09.01.007 羊皮纸档案 parchment archive
书写在羊皮纸上的档案。羊皮纸是用羊皮或犊牛皮加工而成,成卷轴形者称"羊皮纸卷"。公元前 3 世纪至公元 13 世纪在欧洲各国为主要书写材料,直至 14 世纪中国造纸技术传入后,才逐渐被纸张所取代。但仍有些国家用它书写重要法典文件,以示庄重。如美国的《独立宣言》和第一部《美国宪法》。

09.01.008 祭司档案 priest archive
古罗马贵族的宗教档案。在古代罗马,祭司是奴隶主中的一个特殊阶层,专职掌管宗教仪式,还往往担任民政职务,垄断科学文化知识。在执行宗教、社会和若干国家职能中,自然形成和积累了大量档案,如历法、公务人员更换统计表、各种记录等,为后代历史研究提供了资料。

09.01.009 死者书 the book of the dead
又称"亡人书""亡人经"。俗称"死人簿""死人书"。古埃及人在死者墓室或棺内放置的写满符咒的符箓。大多是表述死者生前之善行及亡魂之愿望。古王国时期被称为"金字塔经文";中王国时期被称为"棺材经文";帝国时期被称为"死者书"。

09.01.010 预言书 Sibylline Books
又称"秘密书"。古代希腊、罗马贵族的宗教档案。古希腊阿波罗神庙的祭司通过预言者传达神的意志,并把写在纸草卷上的预言记录同各种珍宝一起保存在神庙的档案库里。约在公元前 6 世纪以前,从希腊殖民地库美(意大利南部那不勒斯附近)传入罗马,成为古罗马最早的档案。收藏在卡比托里亚山上的朱庇特神庙金库里,由专职的祭司管理。在罗马帝国开始崩溃时,被罗马统帅奥齐利洪下令焚毁。

09.01.011 誊录簿 transcribed book
又称"登记簿"。古代一种文书处理形式。用誊写或摘要方式登记文件或账目的簿册。起源于罗马共和国末期,元老院凡通过的法律和决议,必须誊写在誊录簿上才能生效。到中世纪,成为文书处理中最流行的形式,由此发展为各种式样的誊录簿,如誊录法令、命令、会议记录等文件。不仅为查询提供方便,而且有利于文件的安全保管。

09.01.012 契据登记簿 register of deeds
又称"契据集"。欧洲国家的一种档案。用于登录属于个人、家庭或机构的证书、契约、特许状和其他重要文件。通常为卷、册形式。

09.01.013 特许状 letters patent
又称"特许证""许可证""特权证书""执照"。欧洲国家使用的一种正式的公开证书,盖有印章。文件中详细说明收文者享有的权益。

09.01.014 骑缝证书 indenture
又称"双联合同"。欧洲国家使用的一种正式签字的文件。是双方或几方间具有法律约束力的协议,有两份或多份正本或副本。每份文件的边缘上有用于验证的锯齿状缺口、压痕或其他标记。今此类文件边缘不一定有齿状缺口等标记,但仍沿用旧名。

09.01.015 末日审判书 Domesday Book

又称"末日裁判书""最终税册""定罪日簿册"。英国一种古代档案。是英王威廉(征服者)于1086年下令对被他征服的英格兰进行土地普查时编制的清册。调查时因该清册将一部分自由民降为农奴,居民受到威逼,感到惊恐,认为该清册犹如教会所描写的上帝对死者的"最后的审判",故称其为"末日审判书"。清册分为大书、小书两部,以拉丁文用鹅毛笔写在羊皮纸上,共1605页,约200万字,记载了100座城镇、1.3万多个村庄、27万多人的名字和财产、107种职业以及不同的等级和种族,是英国中世纪社会的生动记录。该清册现存于英国国家档案馆。

09.01.016　中世纪文件　chrysographer

欧洲封建时代(一般指5世纪到17世纪)产生的文件。中世纪文件与近现代文件相比有古老性、特殊载体(如羊皮纸等)、特殊成分(宗教文件、特许状等)等特性。意大利、法国、英国等欧洲国家的档案馆中都有大量收藏。

09.01.017　泥印　clay seal

古代两河流域一些国家和埃及、赫梯等国使用的黏土制作的印章。如用火烘干,则成陶印。

09.01.018　十二铜表法　Law of the Twelve Tables

古罗马最早制定的成文法典,公元前451——前450年由罗马共和国颁行。涵盖奴隶制、家长权和土地占有等内容,并就债务、家庭、继承、刑法及诉讼程序等方面做出详细规定。旨在将最重要的习惯法规定成条文形式,总结固有的习惯法,是罗马最早的法典和罗马法系的开端,也是欧洲国家法学的重要渊源。

09.01.019　泥板档案　clay tablet archive

刻写在泥板上的档案。使用时间延续约3000年,使用范围从两河流域扩展到非洲的埃及、欧洲的希腊等广大地区。

09.01.020　纸草档案　papyrus archive

以纸草为制作材料的档案。由于具有轻便、易于书写等优点,纸草逐渐成为各国广泛使用的档案书写材料,使用时间从奴隶社会一直延续到封建社会,约4000年,使用范围从最初的埃及扩展到两河流域、希腊和罗马等地。

09.01.021　符木　tallies

英国中世纪的一种文件形式。类似于我国古代兵符,但内容为经济合同和协议。制作方法是,先在一块木头的中间刻上必要的数字,然后把木头劈成两半,分别书写合同的内容和双方当事人的姓名。双方各执一半。由于有刻痕,可以在兑合时加以验证,任何一方均无法伪造。英国在中世纪时,曾大量使用,但留存至今的仅数百份。

09.02　外国档案机构

09.02.001　法老档案库　Archives of Pharaoh

古代埃及的档案收藏机构之一。主要收藏国家最重要的政治和经济档案,以及与其他国家的外交函件和来往文书。其中包含他国国王致法老的信件正本及其他重要文件,还有法老的起居注。

09.02.002　宰相档案库　Archives of Prime Minister

古代埃及的档案收藏机构之一。宰相是仅次于法老的最高行政长官,是国家档案的总保管人。宰相档案库主要收藏国家行政管理方面的档案。其中,法典是宰相档案库中最重要的收藏品。此外,馆藏还包括土地登记簿、土地赏赐记录、收支账簿、地方长官的报告、纳税人名册、遗嘱副本、居民申请书和申诉书等。

09.02.003　神庙档案库 archives of temple
古代埃及与古代两河流域的档案收藏机构之一,是奴隶社会最古老的一类档案库。神庙原是一种宗教祭祀机构,由祭司掌管,在奴隶制国家的政治和经济生活中占有很重要的地位,往往也成为公务文件的保存场所。神庙档案库一般收藏神庙拥有土地的契据、神庙财产记录和祭祀活动记录等。

09.02.004　王宫档案库 archives of palace
古代两河流域和古希腊的档案收藏机构之一。公元前24世纪阿卡德王国称霸时期,出现了设在国王宫殿里的王宫档案库。如埃勃拉王宫档案库即由阿卡德王国附属的埃勃拉王国建立,内容包括行政管理文件、法律文件、财务文件和外交文件等。到公元前19世纪古巴比伦统治时期,王宫档案库的规模得到进一步发展。

09.02.005　城邦档案库 archives of polis
古希腊最重要的一种档案收藏机构,类似于古埃及和两河流域的神庙档案库。出于较为深厚的诸神崇拜传统,古希腊广泛建立了神庙这种宗教祭祀场所。各城邦不仅将神庙作为祭祀活动场所,也将其视为政治活动中心,把国家重要的法规文件刻在神庙的墙壁或台座上加以公布,城邦档案库就设在神庙里。

09.02.006　私人档案库 private archives
古代两河流域的档案收藏机构。随着经济的发展和商业活动的增多,两河流域开始出现一种以保存商业活动记录为主的私人档案库。到亚述王国和新巴比伦王国(公元前7世纪)时期,私人档案库发展到了一定规模。

09.02.007　预言书档案库 Archives of Prophecy
古罗马的档案收藏机构之一。预言书原本是古希腊人崇拜阿波罗神的产物,公元前6世纪末预言书传入古罗马,受到了罗马贵族的重视。他们把卡比托里亚山上的朱庇特神庙作为预言书的存放地,只有在发生战争或灾害等特殊情况时才允许查看预言书。预言书档案库与神庙的金库设在一起,由专门的祭司部掌管。

09.02.008　平民档案库 Archives of Civilian
古罗马的档案收藏机构之一。主要用来保存平民在各种活动中形成的各种记录。平民是与贵族对立的居民阶层,原是被罗马征服的部落居民。尽管他们保持了一定的人格自由,但没有参与国家政治生活的权利,无法担任国家公职,且由于被剥夺了与贵族在同一神庙里拜神的权利,他们只好建立自己的组织和神庙,如采累拉神庙。平民档案库就设在采累拉神庙中。

09.02.009　贵族档案库 Archives of Nobility
古罗马的档案收藏机构之一。古罗马的贵族分为僧侣贵族和世俗贵族,他们分别设立自己的档案收藏机构。僧侣贵族档案库包括最高祭司团档案库和军事外交祭司团档案库等。最高祭司团档案库是最重要的一个,一般设在祭司长的宅第里。军事外交祭司团档案库设在卡比托里亚山上的维斯塔神庙里,主要保存军事外交条约。世俗贵族档案库主要包括国库档案库和监察官档案库。国库档案库主要收藏最高行政机构元老院的活动记录以及国家钱币、军旗等珍宝,监察官档案库主要收藏监察官负责的每五年一次的都市调查活动中形成的各种记录。

09.02.010　皇帝档案库 Archives of Emperor
古罗马的档案收藏机构之一。恺撒执政时期设立,用来保存皇帝一切活动中形成的档案。4世纪皇帝档案库搬迁到拜占庭,馆藏档案分为皇帝诏令、奏章、来往文书和内务文件四大类,分别设置同名的四个部门加以保管。各部均设有负责人和工作人员。皇帝档案库是奴隶社会时期规模最大、内部机构最健全的档案收藏机构,代表了奴隶制时期档案馆库发展的最高水平。

09.02.011 庄园档案馆 manorial archives

伴随着土地分封制和等级制度的实施而出现的档案管理机构。保管各庄园主在自己的领地上行使行政、司法、军队甚至外交活动特权过程中形成的档案文件。庄园档案馆是庄园主私有财产的一部分,具有继承性,它会随着庄园的消亡而消亡,而档案文件将被新庄园主接管。

09.02.012 教会档案馆 religious archives

伴随着基督教会组织体系的建立而产生的档案管理机构。教会档案馆起源于4世纪中叶,负责保存教皇的命令、信件和账目,以及与教皇特权和恩赐有关的文件,从13世纪起其发展成为一种馆藏国际化的档案管理机构。

09.02.013 城市档案馆 city archives; municipal archives

伴随自治城市(如意大利威尼斯)的出现而产生的一种档案管理机构。主要保管国王发给城市的特许状、行政文件、法规条例、诉讼文件、外交文件以及地契、税册、账目等。

09.02.014 国王档案馆 crown archives

国王档案馆是王权加强和巩固的产物。最具代表性的是英国藏卷馆和法国宪典宝库。英国藏卷馆于1377年设立,负责保存国王和国家机关的现行文件。法国宪典宝库于13世纪50年代建立,保存法国王室12世纪以来的内政与外交文件,是封建社会欧洲规模最大、馆藏最珍贵的国王档案馆之一。

09.02.015 王国档案图书馆 library and archives of kingdom

在奴隶社会较早出现的档案管理机构。主要以收藏和保管档案为职责,未能像今天这样面向社会公众开放,因此算不上真正意义上的档案馆,只能说是档案库。

09.02.016 英国藏卷馆 Roll House

又称"文卷堂"。英国古代中央档案库之一,1377年建立。馆址在伦敦法院街。藏卷馆由管卷大臣领导,收藏国王办公厅、议会和法院等尚未送往伦敦塔的档案。馆藏国王办公厅登记簿均为羊皮纸卷,极富特色。1838年正式改建为国家档案馆,即后来的英国公共档案馆。藏卷馆保管国王和国家机关的现行文件,确保了档案的安全,体现了封建时期英国档案集中管理的趋势。

09.02.017 法国宪典宝库 Charters Treasury

中世纪时期法国皇家档案库。中世纪欧洲最大和最珍贵的档案馆之一。主要保存国王及其办事机构的档案、12—14世纪王室的政治性文件,包括12世纪咨议院的文件,13世纪国王法院的文件,以及法王与外国君主及藩臣、官吏之间关系的文件,国王发出的公文的抄本,国王收到的报告、信件、申请书和调查报告等正本,王室事务档案以及封建领地档案等。

09.02.018 普鲁士机密国家档案馆 Prussian Privy State Archives

普鲁士文化遗产基金会所属的国家级档案管理机构。建于1604年,因属国家机密办公厅,故于1803年定名为机密国家档案馆。后与机密内阁档案馆合并,成为保管普鲁士最高权力机关文件的中央档案馆。1963年,机密国家档案馆被并入普鲁士文化遗产基金会。

09.02.019 梵蒂冈秘密档案馆 Vatican Secret Archives

世界上主要的宗教档案馆之一,主要收藏欧洲罗马教皇及天主教的各种档案,是欧洲教会中收藏档案最丰富、最古老的档案馆。

09.03　外国档案法规制度

09.03.001　用印制度　seal regulation
埃勃拉和亚述王国的档案管理形成了用印制度。古代两河流域苏美尔统治时期,埃勃拉王国王宫档案库中负责专门保管档案的司书在每块泥板档案上打上环形印记,表明埃勃拉王国的档案管理已有一定章法可循。亚述王国的亚述巴尼拔档案图书馆馆藏的每一块泥板上都刻有经办司书的名字,还加盖了"宇宙之王、亚述之王亚述巴尼拔之宫"的印记。

09.03.002　信封泥板　clay tablet confidential regulation
古巴比伦王国形成的泥板保密制度。巴比伦书吏在把文件内容刻在泥板上后,要在泥板表面撒上一层黏土作为"信封",接收人将黏土剥去才可阅读内容。"信封泥板"起到了保护重要文件的作用,它可以有效地防止泥板的意外损坏,还可以防止伪造和篡改。

09.03.003　巴比伦副本制度　duplicate regulation in Babylon
古巴比伦王国的档案管理开始形成副本制度。《汉谟拉比法典》的原件是刻在石柱上的,出土时部分内容已被磨损。后来在尼尼微档案图书馆的遗址中发掘出了该法典的泥板副本,才使法典的全文流传后世。这一发现证明了古巴比伦王国副本制度的存在。

09.03.004　英国公共档案法　Public Records Act
又称"公共文件法"。英国的档案基本法。1838 年 8 月 14 日由议会通过,1958 年经修订重新颁布,称为《1958 年公共档案法》,1967 年再次修订。

09.03.005　稽月七日档案法令　Loi sur les archives de 7 messidor
法国大革命时期国民公会于 1794 年 6 月 25 日颁布的一部基本档案法,因颁布日期是法兰西共和历二年稽月七日而得名。《稽月七日档案法令》因公开宣布档案的"开放原则",使档案馆的性质发生了历史性的根本变化,因而成为近代资产阶级档案立法的范例。

09.03.006　列宁档案法令　Lenin's Archival Decree
十月革命初期俄罗斯苏维埃联邦社会主义共和国档案基本法。专指 1918 年 6 月 1 日颁布的由俄罗斯苏维埃联邦社会主义共和国人民委员会主席列宁签署的《关于改革与集中统一管理档案工作的法令》,是世界上第一部社会主义性质的档案大法。

09.04　国际档案组织与活动

09.04.001　国际档案理事会　International Council on Archives；ICA
具有广泛代表性的、中立的、非政府间的国际档案专业组织,旨在通过国际合作促进档案文件的有效管理和世界档案遗产的保护和利用。成立于 1948 年 6 月 9 日,总部设在巴黎。理事会设置了领导机构、地区分会和专业处等,为各国档案同行交流经验、研讨共同关心的问题创造了有利条件,有力促进了档案学和档案工作的深化和发展。

09.04.002　国际档案理事会年会　Annual Conference of ICA
2012 年在澳大利亚布里斯班召开的国际档案理事会全会上通过的新章程规定:国际档案理事会决定取消国际档案圆桌会议,改为召开国际档案理事会年会,在不召开国际档案大会的年份,每年举办一次年会,面向所有档案同行,旨在加强国际档案理事会会员之间的交流与沟通。年会由三个核心要素构成:管理会议、专业议程会、国家档案馆馆长论坛。

09.04.003 国际档案圆桌会议 International Archives Round Table Conference
各国最高档案机构领导人定期会晤的非政府间国际档案组织,1964年并入国际档案理事会作为附属机构,宗旨是探讨国际上共同关心的档案学发展问题。

09.04.004 国际档案理事会东亚地区分会 East Asian Regional Branch of the International Council on Archives; EASTICA
国际档案理事会的第10个地区分会。1993年7月在北京正式成立,其会员有:中国、日本、韩国、朝鲜、蒙古国等国。EASTICA是为了实现国际档案理事会的总体目标而设立的,旨在建立、保持并加强本地区档案工作者之间以及相关机构和组织之间的联系;采取一切措施保护和保管好本地区的档案遗产,鼓励开放、利用本地区档案,促进、组织并协调本地区档案领域的活动等。它与国际档案理事会是紧密合作的关系,且在本地区代表国际档案理事会。

09.04.005 国际档案大会 ICA Congress
国际档案理事会组织召开的世界性档案专业会议,是国际档案理事会各项活动中规模最大、带有标志性的集学术研究、业务交流和会务决策于一体的综合性会议。

09.04.006 文件与档案管理项目 Records and Archives Management Program; RAMP
是规模和影响较大的档案项目之一,由联合国教科文组织与国际档案理事会共同主持开展,始于1979年。国际档案理事会组织各国专家、学者对档案与文件的管理状况进行调查研究,用以介绍各国的实际情况和发展经验,比较各自的特点和优劣。RAMP的项目由五个主题组成:档案政策和发展规划;方法、术语和标准的推广;档案系统基础结构的建设;特殊种类档案管理系统的开发;档案专业培训与教育。

09.04.007 世界记忆工程 Memory of the World
1992年由联合国教科文组织与国际档案理事会联合发起的项目,是一项世界性文献保护工程。世界记忆工程建立了三级管理结构:国际咨询委员会,世界记忆工程地区委员会以及国家委员会和秘书处。"世界的记忆"项目的重要成果是《世界记忆遗产名录》。

09.04.008 蓝盾计划 Blue Shield Program
国际档案理事会参与的一项国际活动,总体目标是在发生武装冲突或自然灾害的情况下采取措施,保护文化遗产,并协调相关国际事务。蓝盾计划涉及一系列与文化遗产有关的组织,包括国际博物馆理事会、国际古迹遗址理事会、国际图书馆协会联合会和国际档案理事会等。国际档案理事会呼吁保护和尊重文化遗产,增强面对灾难的反应能力,加强抗险准备和管理,在紧急情况下与博物馆、图书和历史部门的人员加强协作。

09.04.009 气候史档案调查项目 Archival Survey for Climate History; ARCH-ISS
世界气象组织、联合国教科文组织水文科学处与国际档案理事会于1988年联合制定的项目。ARCHISS的目的是传播从档案资源获取的世界气候史知识,如记载异常天气变化或收成欠佳等的史料,为气候的长期研究提供参考。这是档案学家、历史学家、水文学家和气象学家的第一次共同协作。

09.04.010 档案与信息立法数据库 Database on Archival and Information Legislation
依托互联网的数据库,收入所有欧洲国家及欧洲委员会的档案与信息法规。该项目由国际档案理事会欧洲地区分会主持开展。数据库包含基本的地理政治信息(即各国人口、语言、政府机构设置等），各国档案系统的概要说明、官方语言的法律文本以及参考书目。

09.04.011　国际档案日　International Archive Day

一种国际性档案宣传活动形式。国际档案理事会将每年的 6 月 9 日定为"国际档案日"。2013 年，中华人民共和国国家档案局决定参与该活动。国际档案日提供了一个宣传档案和档案工作、展示档案部门和档案专业形象、开展档案界与社会互动的良好契机。

09.04.012　档案共同宣言　Universal Declaration on Archive

又称"世界档案宣言"。国际档案理事会主张并倡导的档案工作准则。该宣言于 2011 年 11 月 10 日由教科文组织大会第三十六届会议采纳通过，现已被国际档案理事会批准为宣传战略的主要支柱，在向公众普及档案馆价值方面发挥重要作用

09.04.013　存取记忆　Access to Memory；A to M

一个基于 Web 的开源应用程序，在国际档案理事会通用档案著录标准之上建立的，在多语言、多存储库环境中进行档案著录的软件。

09.04.014　国际文件管理者和指导者协会　Association of Records Manager and Administrator；ARMA International

一个以信息为战略资产的非营利性的国际专业协会，成立于 1955 年。

英汉索引

A

abridgement　正文删节　04.03.076

absorptivity of paper　吸收性　05.01.027

academic use　学术利用　03.05.003

accelerated aging　加速老化　05.02.019

access control　访问控制　06.02.023

Access to Memory　存取记忆　09.04.013

accordion mounting　经折装　05.03.028

accounting archives　会计档案　01.02.027

acetate film　三醋酸纤维素酯片基，*三醋酸片基，*醋酸纤维素片基　05.04.040

acid free paper　无酸纸　05.01.042

acid harmful gas　酸性有害气体　05.02.009

administration of archival repository　档案库房管理　03.03.024

administrative/biographical history　组织机构沿革/人物生平项　03.04.008

administrative history　组织沿革　03.05.016

administrative history of fonds and its originating agency　立档单位与全宗历史考证　03.01.041

administrators determinism　行政官员决定论　03.02.006

advanced rhetoric　积极修辞　02.04.036

affiliated album　别辑，*附辑　08.02.023

agencies and its receiving agency classification　类户分类法，*职掌分类法　08.02.036

agency for carbon copy　抄送机关　02.04.028

agency for CC　抄送机关　02.04.028

aggregation　聚合　06.01.010

ai qi wen　哀启文，*哀启　07.01.232

airproof enclosure　密封式装具　05.04.049

airtight enclosure　密闭式装具　05.04.048

airtight fittings　密闭式装具　05.04.048

alternative composition of official records　公文的备选组成　02.04.007

analects　选集　04.03.019

analyze and comment　议论　02.04.033

an cha　案查　07.02.032

ancient map archives　舆图档案　01.02.013

an ju　案据　07.02.039

annal　年鉴　04.02.015

annal of scientific and technological activities　科技活动年鉴　04.02.025

annex of official records　附件　02.04.022

annotated text　评注本　04.03.035

annotation　附注　02.04.026，注释　04.03.108

announcement to the public　公告　02.01.062

Annual Conference of ICA　国际档案理事会年会　09.04.002

annulment of records　废止文件　02.01.016

an zhao　案照　07.02.038

appellation phrase　称谓用语　02.04.045

appendix　附录　04.03.122

appraisal of archival values　档案价值鉴定　03.02.002

approval to handling suggestion　批办　02.03.042

ARCHISS　气候史档案调查项目　09.04.009

archival accession　档案接收　03.01.003

archival acquisition　档案征集　03.01.004

archival affairs office　档案事务所　01.04.024

archival appraisal　档案鉴定　03.02.001

archival appraisal committee　档案鉴定委员会　03.02.017

archival appraisal group　鉴定小组　03.02.018

archival appraisal rule　档案鉴定制度　03.02.004

archival arrangement　档案整理　03.01.008

archival arrangement and description　档案整理编目　03.01.012

archival arrangement scheme　档案整理工作方案　03.01.062

archival assets　档案资产　01.02.005

archival authentication　档案证明　03.05.008

archival box　档案盒　03.03.033

archival boxes　档案箱　03.03.010

archival brick　档案砖　05.03.016

archival case　档案箱　03.03.010

archival catalogue 档案分类目录 03.04.055

archival classification 档案分类 03.01.009

archival classification by the analysis on terms and principles 档案分面分类法 03.04.038

archival classification number 档案分类号 03.01.061

archival code 档号 03.01.063

archival collection 档案汇集 03.01.033，档案收集 03.01.001

archival container 档案装具 05.02.018

archival continuing education 档案继续教育 01.05.023

archival data 档案数据 06.01.007

archival deposit 档案寄存 03.01.005

archival deposit center 档案寄存中心 01.04.023

archival description 档案著录 03.04.001

archival digest 档案文摘 04.02.009

archival disc 档案级光盘 06.02.030

archival documentation 档案文献 04.01.006

archival documentation publications 档案文献出版物 04.03.011

archival donation 档案捐赠 03.01.006

archival duplication 档案复制 05.04.001

archival editing and publication 档案编研 03.05.013

archival editing and studying 档案编研 03.05.013

archival education 档案教育 01.05.004

archival enterprise 档案事业 01.04.001

archival enterprise management 档案事业管理 01.04.002

archival enterprise management system 档案事业管理体制 01.04.003

archival examining and checking system of Yuan Dynasty 图书排架检校 08.02.008

archival finding aids 档案检索工具 03.04.050

archival folder 档案袋 03.03.032

archival guide 档案馆指南 03.04.053

archival higher professional education 档案高等专业教育 01.05.021

archival history 档案保管沿革项 03.04.009

archival holdings 档案馆藏 03.01.007

archival indexing 档案标引 03.04.026

archival information 档案信息 01.02.004

archival information resource sharing service platform 档案信息资源共享服务平台 06.01.046

archival institution 档案机构 01.04.008

archival intermediary agent 档案中介机构 01.04.022

archival international cooperation and communication work 档案国际合作与交流工作 01.05.007

archival keywords 档案关键词 03.04.043

archival management method of numbering 不分类管理法 08.02.037

Archival Manuals 档案手册 08.02.031

archival materials 档案制成材料 05.01.003

archival medium 档案载体 05.01.005

archival network 档案馆网 01.04.007

archival pest 档案害虫 05.02.011

archival preservation 档案保管 03.03.006

archival professional education 档案专业教育 01.05.020

archival professional ethics 档案职业道德 01.05.019

archival propaganda work 档案宣传工作，*档案宣传 01.05.006

archival publications 档案出版物 04.03.010

archival reference materials 档案参考资料 03.05.014

archival registration 档案登记 03.03.002

archival repository 档案库房 05.02.001

Archival Repository of National History Academy 国史馆大库 08.04.063

archival retrieval 档案检索 03.04.049

archival retrieval language 档案检索语言 03.04.034

archival science 档案学 01.01.001

archival scientific and technological research work 档案科学技术研究工作，*档案科研 01.05.005

archival secondary professional education 档案中等专业教育 01.05.022

archival staff 掌卷员 08.03.050

archival statistics 档案统计 03.03.001

archival subject analytic 档案主题分析 03.04.045

Archival Survey for Climate History 气候史档案调查项目 09.04.009

archival thematic words 档案主题词，*档案叙词 03.04.042

archival theme catalogue 档案主题目录 03.04.056

archival thesaurus 档案主题词法 03.04.044

archival transfer 档案移交 03.01.002

archival unit as an organic whole 档案有机体 03.01.020

archival value 档案价值 01.03.001

archival verification 档案证明 03.05.008

archival war reserve case 战备箱 03.03.011

archival work 档案工作 01.05.001

archive destruction 档案销毁 03.02.023

archive destruction catalogue 档案销毁目录 03.02.026

archive destruction list　档案销毁清册　03.02.025

archive destruction rules　档案销毁制度　03.02.024

archived records　归档文件　02.05.001

archived records arrangement on item level　文件级整理　02.05.020

Archive Management Department of the Boone Library School　武昌文华图书馆学专科学校档案管理专科　08.04.074

Archive of the Palace Museum　故宫博物院文献馆　08.04.069

archive pests fumigant　档案害虫熏蒸剂　05.02.012

archive reading room　档案阅览室　03.05.006

archives　档案　01.02.001，档案馆　01.04.011

archives administration　档案行政　01.05.003，档案行政管理机构　01.04.009，档案局　01.04.010

archives aging　档案老化　05.01.029

archives authority　档案行政管理机构　01.04.009

archives barcode　档案条形码　03.01.067

archives building　档案馆建筑　03.03.009

archives bureau　档案局　01.04.010

archives conservation technology　档案保护技术　05.01.002

archives contamination　档案污染　05.01.031

archives decimal numbering method　档案十进编号法　03.01.068

archives digitization　档案数字化　01.05.011

archives directory　档案馆名录　03.04.054

archives display　档案展览　03.05.007

archives division　档房　08.04.048

archives downgrade　档案降密　03.05.012

archives group　档案组合　03.01.035

archives index　档案索引　03.04.057

archives informatization　档案信息化　01.05.010

Archives Law of the People's Republic of China　中华人民共和国档案法　01.04.004

archives management　档案管理　01.05.002

archives microfilming　档案缩微化　01.05.009

archives mildewing　档案霉变　05.01.030

archives of Alechuka Deputy General's Yamen　阿勒楚喀副都统衙门档案　08.01.055

Archives of Civilian　平民档案库　09.02.008

archives of daily operation in administrative business　文书档案　01.02.024

archives of dismissing institution　撤销机关档案　01.02.030

Archives of Emperor　皇帝档案库　09.02.010

archives of famous persons　名人档案　01.02.032

archives of Hetuli　和图利档，＊杂项档　08.01.051

archives of Hunchun Deputy General's Yamen　珲春协领衙门档案，＊珲春副都统衙门档案　08.01.054

archives of Ming and Qing Dynasties　明清档案　01.02.038

archives of Ningguta Deputy General's Yamen　宁古塔副都统衙门档案　08.01.053

Archives of Nobility　贵族档案库　09.02.009

archives of old regimes　旧政权档案　01.02.037

archives of palace　王宫档案库　09.02.004

Archives of Pharaoh　法老档案库　09.02.001

archives of polis　城邦档案库　09.02.005

Archives of Prime Minister　宰相档案库　09.02.002

Archives of Prophecy　预言书档案库　09.02.007

archives of Shifengbao　石峰堡档　08.01.049

archives of specialized activity　专门档案　01.02.026

archives of specialized field　专业档案馆　01.04.014

archives of temple　神庙档案库　09.02.003

archives of the Forbidden Palace　大内档案　08.01.031

archives of the leaders　干部档案　01.02.029

archives of the People's Republic of China　中华人民共和国档案　01.02.035

archives of the Republican period　民国档案　01.02.039

archives on bones or tortoise shells　甲骨档案　01.02.009

archives on bronze objects　金文档案　01.02.010

archives on stones　石刻档案　01.02.011

archives reference service　档案咨询服务　03.05.009

archives room　档案室　01.04.026

archives search　档案检索　03.04.049

archives security　档案安全　03.03.007

archives security classification　档案密级　03.05.010

archives shelf　档案架　03.03.013

archives thematic database　档案专题数据库　04.03.013

archives website　档案网站　01.05.017

archiving format　存档格式　06.02.027

archiving records　文件归档　02.05.002

archiving requirements　归档要求　02.05.005

archiving scope　归档范围　02.05.003

archivist　档案工作者　01.05.027

ARMA International　国际文件管理者和指导者协会　09.04.014

arrangement by monolayer category set by one kind of classification feature　单层分类编排　04.03.098

arrangement by multiple categories set by two or more kinds of classification features 多层分类编排 04.03.099

arrangement of archived records 归档文件整理 02.05.006

arrangement of file 案卷级整理 02.05.013

arranging in order 排比 08.02.019

associate title and text description 副题名及说明题名文字项 03.04.006

Association of Records Manager and Administrator 国际文件管理者和指导者协会 09.04.014

atlas 图集 04.02.023

A to M 存取记忆 09.04.013

audio archives 录音档案 01.02.018

audio records 音频文件 06.01.028

audio-visual archives 音像档案，＊声像档案 01.02.015

audit trail 审计跟踪 06.03.026

authenticity 真实性 06.01.019

author 责任者项 03.04.007

authorization 权限 06.02.017

automatic computer word extraction 计算机自动抽词 06.04.004

automatization of archives management 档案管理自动化 06.04.001

B

backup 备份 06.02.014

Ba county archives 巴县档案 08.01.056

bai ji 白籍 07.01.211

bang shi 榜示 07.01.191

bang zi 榜子，＊录子 07.01.068

ban tu 版图 07.01.018

ban xi 板檄 07.01.087

bao gao shu 报告书 07.01.180

barrier date 禁毁日期，＊禁毁年限 03.02.014

base map cabinet 底图柜 03.03.028

base map flatways 底图平放法 03.03.029

base map rolling up 底图卷放法 03.03.030

basic composition of official records 公文的基本组成 02.04.006

basic figure collection 基础数字汇集 03.05.017

basic principles of archival work 档案工作基本原则 01.05.012

basic principles of records management 文件工作基本原则 02.02.012

basic rhetoric 消极修辞 02.04.035

beadle of regular script 楷书吏，＊楷书手 08.03.021

bei dang fang 北档房 08.04.050

bei zhuan ji 碑传集 04.04.022

bian chi 编敕 04.04.009

biao 表 07.01.061

biao zhu 标朱，＊朱标 07.03.019

bibliography and introduction and comment on archival materials 书目题解，＊书目提要 04.03.124

bi ci 比次 04.04.004

bi hui 避讳 07.03.001

bi ju 笔据，＊字据 07.01.229

binding 装订 05.03.019

binding of archived records 归档文件装订 02.05.021

bing 禀，＊禀帖 07.01.100

bing cheng 禀称 07.02.051

bing piao 兵票，＊兵部火票 07.01.148

biographical chronicle 年谱，＊人物传记年表 04.02.016

birch bark archive 桦树皮档案 09.01.006

bi tie shi 笔帖式 08.03.038

black and white film 黑白胶片 05.04.036

Blue Shield Program 蓝盾计划 09.04.008

Boolean retrieval 布尔检索 06.03.020

born-digital records 原生性电子文件 06.01.003

boxing of archived records 归档文件装盒 02.05.026

brief introduction on conference 会议简介 04.02.018

brief introduction on historical event 历史事件简介 04.02.019

brief introduction to science and technology archives 科技档案简介 04.02.027

bu ce 簿册 07.01.200

bu gao 布告 07.01.098

bu ling 部令 07.01.155

bureau of transmission 通政使司，＊通政司 08.04.026

bursting strength of paper 纸张耐破度 05.01.019

business archives 业务档案 01.02.006，企业档案馆 01.04.018

business supervision relationship 业务指导关系

02. 02. 015

business system 业务系统 06. 02. 002

butterfly mounting 蝴蝶装，＊蝶装 05. 03. 027

C

cabinet 内阁 08. 04. 022

cabinet file 档案柜 03. 03. 012

calendar 日历 04. 04. 015

calendering 砑光 05. 03. 018

cao ma 草麻 07. 03. 008

cao mang chen 草莽臣 07. 02. 007

capture 捕获 06. 03. 007

card of archival fonds 全宗卡片 03. 03. 004

card of selecting archival materials 选材卡 04. 03. 052

carved or drawn marks 刻画符号 08. 01. 003

carved symbols 刻契 08. 01. 002

catalog of archived records 归档文件编目 02. 05. 025

catalog of files 案卷目录 02. 05. 019

catalogue of disclosed archives 开放档案目录 04. 02. 010

categorical classification of archives 纲目分类法 08. 02. 035

category retrieval 分类检索 06. 03. 023

CD archives 唱片档案 01. 02. 019

ce ling 策令 07. 01. 161

centralized custody model 集中式保管模式 06. 03. 001

Central Records Repository 中央文库 08. 04. 077

ce shu 册书，＊册文 07. 01. 031，策书 07. 01. 030

cha 查 07. 02. 031

cha de 查得 07. 02. 043

chain administrative method of documents and archives 文书档案连锁法 08. 02. 033

chang bian 长编 04. 04. 002

characteristics of medium 载体形态项 03. 04. 018

character recognition 文字辨识 04. 03. 075

Charters Treasury 法国宪典宝库 09. 02. 017

cheng 呈 07. 01. 104

cheng cheng 呈称 07. 02. 049

cheng fa si 承发司 08. 04. 020

cheng shu cong shi xia dang yong zhe 承书从事下当用者 07. 02. 018

cheng xiang fu 丞相府 08. 04. 006

cheng zhuang 呈状 07. 01. 103

chi 饬 07. 01. 166

chi bang 敕榜 07. 01. 046

chi cha 饬查 07. 02. 037

chi die 敕牒 07. 01. 039

chief counselor's office 丞相府 08. 04. 006

chi ming 敕命 07. 01. 044

chip microfilm 片式缩微品 05. 04. 006

chi shu 敕书，＊全权证书 07. 01. 043

chi yu 敕谕 07. 01. 050

chi zhi 敕旨 07. 01. 037

Chongshi Correspondence School of Archive Management 崇实档案学校 08. 04. 076

chronicle of events 大事记 03. 05. 015

chronological style books 编年体档册，＊官文书汇报 04. 04. 019

chrysographer 中世纪文件 09. 01. 016

chuan 传 07. 01. 132

chu fen ling 处分令 07. 01. 159

ci 刺 07. 01. 117

circular 通告 02. 01. 063

citing phrase 引叙用语 02. 04. 046

city archives 城市档案馆 09. 02. 013

classification by author 作者分类法 03. 01. 049

classification by correspondent 通信者分类法 03. 01. 050

classification by creating time 时间分类法 03. 01. 077

classification by function 职能分类法 03. 01. 052

classification by geography 地理分类法 03. 01. 054

classification by institution 组织机构分类法 03. 01. 048

classification by institution and year 组织机构-年度分类法 03. 01. 058

classification by material object 实物分类法 03. 01. 053

classification by medium 载体分类法 03. 01. 055

classification by period 时期分类法 03. 01. 047

classification by process 工序分类法 03. 01. 078

classification by region 地域分类法 03. 01. 075

classification by specialty 专业分类法 03. 01. 074

classification by subject 课题分类法 03. 01. 076

classification by the characteristics of a project 工程项目分类法 03. 01. 071

classification by the content and theme of archives 专题分类法 03. 01. 073

classification by theme 问题分类法 03.01.051

classification by theme and year 问题-年度分类法 03.01.060

classification by the type of a product or an equipment 型号分类法 03.01.072

classification by year 年度分类法 03.01.046

classification by year and institution 年度-组织机构分类法 03.01.057

classification by year and theme 年度-问题分类法 03.01.059

classification indexing 档案分类标引 03.04.029

classification methods for archived records 归档文件分类方法 02.05.008

classification methods for archives 档案分类方法 03.01.043

classification of archival entity 档案实体分类 03.01.011

classification of archival information 档案信息分类 03.01.010

classification of archived records 归档文件分类 02.05.022

classification retrieval language 档案分类检索语言 03.04.037

classification scheme 分类方案 03.01.045

classification scheme of archived records 归卷类目 02.05.009

classification standard for archives 档案分类标准 03.01.044

classification using over two standards 联合分类法 03.01.056

classified arrangement without formal class heading 暗类编排 04.03.100

classified records 密件 02.01.032

classified shelving 分类排架法 03.03.026

class-weighted retrieval 加权检索 06.03.022

clay seal 泥印 09.01.017

clay tablet archive 泥板档案 09.01.019

clay tablet confidential regulation 信封泥板 09.03.002

closed format 封闭格式 06.02.029

coir scrub brush 排刷 05.03.012

collated and punctuated text 校点本 04.03.034

collation and punctuation 点校加工 04.03.080

collation method according to context 本校法 04.03.084

collation method according to existing knowledge 理校法 04.03.086

collation method of using other materials 他校法 04.03.085

collation methods of using different editions 对校法 04.03.083

collation of archival documentation 档案文献校勘 04.03.081

Collecting and Editing Committee of the History of the Red Army 红军战史征编委员会 08.04.079

collection fonds 汇集全宗 03.01.034

collection of one writer's works 别集 04.03.017

collection of statistical data 统计数字汇集, ＊统计数字汇编, ＊基础数字汇编, ＊基本情况统计 04.02.021

collection of two writers' works 合集 04.03.016

colour sensitivity 感色性, ＊光谱感光度, ＊分光感度 05.04.016

combined records 组合文件 06.01.013

comment and note on historic figures 人物评述注释 04.03.111

commented text 综论本 04.03.036

commercial records center 商业性文件中心 01.04.021

common types of records 通用文种 02.01.046

communication system for the delivery of confidential records 机要交通 02.03.026

communique 公报 02.01.064

compact shelf 密集架 03.03.014

comparative studies of archival science 比较档案学 01.01.013

comparison 对比 02.04.042

compatibility 兼容性 06.02.024

compendia of records 文件汇编 04.02.006

compendium 汇编 04.03.022

compendium of archival documentations 档案文献汇编 04.02.003

compendium of current records 现行文件汇编 04.02.004

compendium of issued records 发文汇集 04.02.007

compendium of policies and decrees 政策法令汇编 04.02.005

compendium of private records 书札集, ＊书信集 04.04.021

compendium of science and technology archives 科技档案汇编 04.02.026

Compilation Committee of History of Ministry of Defense 国防部战史编纂委员会 08.04.072

Compilation Committee of the Historical Materials of the CPC

D

＊铁券，＊铁契　07.01.034

Danxin archives　淡新档案，＊台湾文书　08.01.057

dao　到　07.02.073

dao bi li　刀笔吏　08.03.016

Database on Archival and Information Legislation　档案与信息立法数据库　09.04.010

database records　数据库文件　06.01.024

date　日期项　03.04.017

date of issuing records　成文日期　02.04.024

da zong tong ling　大总统令　07.01.153

deacidification　档案纸张脱酸　05.03.002

decimal classification of archives　档案十进分类法　08.02.034

decision　决定　02.01.053

declassification of archives　档案解密　03.05.011

degradation of cellulose　纤维素降解　05.01.011

degree of polymerization　聚合度，＊平均聚合度　05.01.006

delivering records　文件传递　02.03.023

deng ke lu　登科录，＊殿试录　07.01.219

deng qing　等情　07.02.063

deng yin　等因　07.02.062

deng yu　等语　07.02.064

description　说明　02.04.032

description format　著录格式　03.04.021

description identifier　著录标识符号　03.04.020

description of annex　附件说明　02.04.023

description of file level　案卷级条目著录格式　03.04.023

description of item level　文件级条目著录格式　03.04.022

descriptors　叙词　03.04.041

destruction　销毁　06.03.025

detailed levels of description　著录详简级次　03.04.025

dew point temperature　露点温度　05.02.003

dian　典　07.01.006

dian bao　电报　07.01.175

dian ji　典籍　08.03.036，电寄，＊电旨　07.01.055

dian ji dang　电寄档　08.01.041

dian ji ting　典籍厅　08.04.038

dian kou　点扣　07.03.026

dian li　典吏　08.03.041

dian shi　典史　08.03.027

dian shu　典书　08.03.020

dian yue　佃约，＊佃契，＊租约，＊租契，＊租帖

07.01.224

diazo film　重氮胶片　05.04.009

die　牒　07.01.118

die shang　牒上　07.01.120

die suo　牒索　08.02.005

digest of science and technology archives　科技档案文摘　04.02.024

digest of statutes　会典　04.04.017

digital archival resource　档案数字资源　06.01.006

digital archives　数字档案馆　06.01.043

digital archiving of digital records　单套制，＊单套归档　06.03.004

digital preservation　数字保存　06.01.045

digital record-making and recordkeeping system　单轨制　06.03.006

digital records　数字文件　06.01.002

digital watermark　数字水印　06.02.013

di jiao　递角　07.03.011

direct-appraisal　直接鉴定法　03.02.019

directly related archival category　直接档案类别　04.03.043

directly related archival fonds　直接档案全宗　04.03.042

director of Jiageku　主管架阁库　08.03.022

disaster tolerance　容灾　06.02.015

disclosure of archives　档案开放　01.05.016

discussion and negotiation phrase　商洽用语　02.04.048

dispersed archives　散失档案，＊离散档案　01.02.040

displaced archives　散失档案，＊离散档案　01.02.040

disposition of official records　办毕公文处置　02.03.002

distributed custody model　分布式保管模式　06.03.002

distribution of received records　收文分送　02.03.040

documentation　文献　04.01.001

documentation strategy　文献战略　03.02.012

documents of diplomatic affairs between Qing government and Russia government　俄罗斯档　08.01.050

document type definition　文档类型定义　06.02.008

Domesday Book　末日审判书，＊末日裁判书，＊最终税册，＊定罪日簿册　09.01.015

dong guan　东观　08.04.010

double shelving　双行排架法　03.03.019

double values of records　文件双重价值论　03.02.008

draft of records　草稿　02.01.068

draft review　核稿　02.03.005

dry mounting　干托　05.03.008

DTD 文档类型定义 06.02.008

dual appraisal 双重鉴定 06.03.013

dual-filing system 双套制，*双套归档 06.03.003

du cui suo 督催所 08.04.056

du die 度牒 07.01.140

dummy card 代卷卡 03.03.021

Dunhuang Grottoes 敦煌藏经洞，*敦煌石室
08.04.011

duplicated records 副本 02.01.074

duplicate regulation in Babylon 巴比伦副本制度
09.03.003

duration of fire resistance 耐火极限 05.02.015

duration of records effectiveness 文件效用时间范围
02.01.008

du shi 都事 08.03.028

du shi ting 都事厅 08.04.058

E

early archives in Manchu script 满文老档 08.01.028

East Asian Regional Branch of the International Council on
Archives 国际档案理事会东亚地区分会 09.04.004

EASTICA 国际档案理事会东亚地区分会 09.04.004

editing mark 档案文献加工符号 04.03.092

edition examine and correct 版本考订 04.03.061

editor's note 按语，*编者按 04.03.106

Editorial Board of the History of the Red Army 红军战史编
辑委员会 08.04.078

electronic administration documents 电子公文 06.01.009

electronic archives 电子档案 01.02.023

electronic document 电子文档 06.01.005

electronic evidence 电子证据 06.01.014

electronic records 电子文件 06.01.001

electronic records management 电子文件管理 06.01.040

electronic records management system 电子文件管理体系
06.01.041，电子文件管理系统 06.02.003

electronic signature 电子签名 06.02.012

elements of description 著录项目 03.04.002

E-mail 电子邮件 06.01.031

emulation 仿真 06.02.006

encapsulation 封装 06.02.010

encryption 加密 06.02.018

ending phrase 结尾用语 02.04.054

endnote 页末注 04.03.115

endorsement 核签 02.03.010

enterprise archives 企业档案馆 01.04.018

entry 条目 03.04.024

ERMS 电子文件管理系统 06.02.003

essential documents and regulations 会要 04.04.018

essentials requirements for official records execution effective-
ness 公文执行效用生成实质要件 02.01.013

event annotation 一般史事注释 04.03.109

Event of Eight Thousand Burlap Bags 八千麻袋事件
08.04.080

evidential value 凭证价值，*证据价值 01.03.006

examining and correcting archives creator 作者考订
04.03.060

examining and correcting font and style of calligraphy 字体
考订 04.03.067

examining and correcting genre 文体考订 04.03.069

examining and correcting handwriting 笔迹考订
04.03.066

examining and correcting historical event 纪事考订
04.03.062

examining and correcting medium 载体考订 04.03.065

examining and correcting seal 印章考订 04.03.064

examining and correcting taboo 避讳考订 04.03.063

examining and correcting word 词语考订 04.03.068

excerpt 摘录 04.03.032

expectation and inquiry phrase 期请用语 02.04.049

exposure time 曝光时间 05.04.035

external examination and correction 外部考订，*外形鉴
别，*外部批判 04.03.057

external incoming records registration 外收文登记
02.03.032

F

forms of publication 出版形式 04.03.014

four collation methods 校法四例，＊校勘四法 04.03.082

fu 符 07.01.014，府 08.04.002，付，＊移付，＊传付 07.01.125

Fu Ben Ku 副本库 08.04.062

fu ben zhi du 副本制度，＊别本 07.03.044

fu bie 傅别，＊债券 07.01.012

fu cha 伏查 07.02.034

functional appraisal theory 职能鉴定论 03.02.007

fundamental historical topics 基本史料题目 04.03.004

fu xiang 副详 07.01.111

G

gan gao 敢告 07.02.009

gan gao zhi 敢告之 07.02.010

gan gao zhu 敢告主 07.02.017

gan gao zu ren 敢告卒人 07.02.011

gang ling 纲领 07.01.174

gan jie 甘结 07.01.142

gan yan zhi 敢言之 07.02.008

gao 告 07.02.013，诰 07.01.003

gao chi fang 诰敕房 08.04.024

gao ling 告令 07.01.163

gao ming 诰命 07.01.042

gao shen 告身 07.01.091

gao shi 告示 07.01.090

gao shu 告书，＊文告 07.01.195

gas adjustment insecticidal method 气调杀虫 05.02.013

ge 格 04.04.007

ge chao 阁抄 07.03.025

genealogical archives 谱牒档案 01.02.031

general use 普遍利用 03.05.005

generation 代 05.04.022

genre of archival documentation 档案文献体裁 04.02.001

genre of official records 公文文体 02.04.004

golden box and stone room 石室金匮，＊金匮石室 08.02.001

gong bu 公布 07.01.151

gong han 公函 07.01.160

grand council 军机处 08.04.036

grand councilor assistants 军机章京 08.03.037

graphic records 图形文件 06.01.025

Great Harris Papyrus 哈里斯大纸草，＊哈里斯纸草卷 09.01.002

guan 关 07.01.116

guan fu wang lai wen shu 官府往来文书 07.01.083

guang gao 广告 07.01.190

guan qi 官契，＊红契，＊赤契，＊印契 07.01.134

guan shu 关书，＊关约，＊关聘，＊关帖 07.01.228

gu die 故牒 07.01.121

gui cheng 规程 07.01.170

guidance and supervision records 领导指导性文件 02.01.027

guide to archival fonds 全宗指南 03.04.051

guide to archives 档案馆指南 03.04.053

guide to archives room 档案室介绍 04.02.011

gui han tou shu 匦函投书 07.03.012

gui ze 规则 07.01.172

Gu Jin Tong Ji Ku 古今通集库 08.04.033

guo suo 过所 07.01.133

guo zhu 过朱 07.03.024

H

han 函 07.01.129

Han ben fang 汉本房 08.04.040

Han dang fang 汉档房 08.04.054

handling suggestion for incoming records 拟办 02.03.041

handmade paper 手工纸 05.01.035

Han Dynasty wooden slips from Dunhuang 敦煌汉简 08.01.014

Han Dynasty written slips from Dunhuang 敦煌汉简 08.01.014

Hanlin academy 翰林院 08.04.060

han lin dai zhao 翰林待诏 08.03.017

han lin yuan 翰林院 08.04.060

Han piao qian chu 汉票签处 08.04.043

hard copy 硬拷贝 05.04.033

headend control　前端控制　06.01.038

head of official records　公文版头　02.04.011

he hui　合挥，＊龙凤合挥，＊龙凤批　07.01.149

hei tu dang　黑图档　08.01.034

he tong　合同，＊合议，＊合墨　07.01.231

he xi　合檄　07.01.086

he xing huan xun　合行唤讯　07.02.079

he zhe　贺折　07.01.074

he zhuang　劾状　07.01.204

hierarchy of issuing records　分层签发　02.03.012

historical archives　历史档案　01.02.008

historical effectiveness of records　文件历史效用　02.01.011

historical relation　历史联系　03.01.013

historical value　历史价值　01.03.009

History Archive of Puppet Manchuria　旧记整理处　08.04.075

history archives of revolution　革命历史档案　01.02.036

history of archival science　档案学史　01.01.003

history of Chinese archival enterprise　中国档案事业史　01.01.004

history of foreign archival enterprise　外国档案事业史　01.01.005

hong bai bing　红白禀　07.01.101

hong ben chu　红本处，＊收本房，＊收发红本处　08.04.045

hong ming pian　红名篇　08.01.042

honorary phrase　谦敬用语　02.04.053

Houhu Huang Ce Ku　后湖黄册库　08.04.031

Hou Hu Zhi　后湖志　08.04.082

Houma allied oath　侯马盟书　08.01.009

huang ce　黄册，＊赋役黄册，＊户口黄册，＊民黄册，＊粮户册　08.01.025

huang dang fang　黄档房　08.04.052

huang ji　黄籍　07.01.210

Huang Shi Cheng　皇史宬　08.04.032

hua xing　画行　07.03.020

Hubei Revolutionary Records Museum　湖北革命实录馆　08.04.068

hu fu　虎符　07.01.015

hui dian　会典　04.04.017

hui yao　会要　04.04.018

hui yi lu　会议录　07.01.183

huo pai　火牌　07.01.146

huo piao　火票　07.01.147

hu zhao　护照　07.01.138

hydrocellulose　水解纤维素　05.01.010

hydrolysis of cellulose　纤维素水解　05.01.009

I

ICA　国际档案理事会　09.04.001

ICA Congress　国际档案大会　09.04.005

identification of fonds　区分全宗　03.01.042

identifier of issuing agency　发文机关标志　02.04.015

identity recognition　身份识别　06.02.016

illuminance　照度　05.02.008

illustration　图例　04.03.105

image area　影像区　05.04.032

image records　图像文件，＊数字图像文件　06.01.026

imperial diary　起居注　08.01.021

important album　要辑，＊副辑　08.02.021

important notification　通报　02.01.056

incoming records　收文　02.01.044

indenture　骑缝证书，＊双联合同　09.01.014

independent topic　非系列题目　04.03.007

index　索引　04.03.126

indexing rule　标引规则　03.04.033

indirectly related archival category　间接档案类别　04.03.045

indirectly related archival fonds　间接档案全宗　04.03.044

ink diffusing　字迹扩散　05.01.040

ink fading　字迹褪色　05.01.041

ink permanence　字迹耐久性　05.01.038

ink spreading　字迹洇化　05.01.039

integrated management　集成管理　06.01.039

integrated management of archives, books and information　档案、图书、情报管理一体化　01.05.008

integrated management of records and archives　文件档案一体化管理，＊文档一体化　01.01.017

integration-all　全录　04.03.030

integration-chapter　节录　04.03.031

integration of classification indexing and subject indexing　分类主题一体化标引　03.04.028

integrity 完整性 06.01.020

intermediate film 中间片 05.04.020

internal examination and correction 内部考订，＊内部鉴别，＊内部批判 04.03.058

internal incoming records registration 内收文登记 02.03.034

internal records 内部文件 02.01.036

International Archive Day 国际档案日 09.04.011

International Archives Round Table Conference 国际档案圆桌会议 09.04.003

International Council on Archives 国际档案理事会 09.04.001

interoperability 互操作性 06.02.025

introduction and comment on archival materials 题解，＊解题，＊题注 04.03.114

introduction to archives 档案馆介绍 04.02.012

introductory phrase 领叙词语 02.04.044

Ipuwer Papyrus 莱顿纸草，＊伊浦味陈词，＊伊浦味箴言 09.01.003

issued records 发文 02.01.043

issue number of records 发文字号 02.04.016

issuer of records 签发人 02.04.017

issuing agency and issuing date 印发机关和印发日期 02.04.029

issuing records 签发 02.03.007

issuing records after reviewing 先核后签 02.03.013

issuing records by designated authority 正签 02.03.008

issuing records on behalf of others according to authorization 代签 02.03.009

item number 件号 02.05.027

J

ji 记 07.01.084

jia dan bing 夹单禀，＊夹单密禀 07.01.102

jia ge 架阁 08.03.024

jia ge ku 架阁库 08.04.017

jia ge ku guan gou 架阁库管勾，＊管勾架阁库 08.03.023

Jiageku of the Prefecture of Taiping 太平府架阁库 08.04.034

jia ku 甲库 08.04.013

jia ku ling shi 甲库令史 08.03.018

jian 笺 07.01.063

jian chu 拣除 08.02.003

Jiangxi Bu Zheng Shi Si Huang Ce Ku 江西布政使司黄册库 08.04.035

jian han 笺函，＊便函 07.01.189

jian jian 检简 08.02.006

jian jiao 检校 08.03.035

jian mian 见面 07.03.036

jian yi shu 建议书 07.01.179

jian zhao 监照 07.01.139

jiao 教 07.01.088

jiao fa 交发 07.03.038

jiao pian 交片 07.01.128

jiao bu dang 剿捕档 08.01.044

jiao zhe 交折 07.03.040

jiao zhi 教旨 07.01.041

jia pian 夹片，＊附片 07.01.079

ji bu 计簿，＊上计簿，＊计籍，＊计书 07.01.212

ji cha fang 稽察房 08.04.044

ji di pu 急递铺 08.04.021

jie 节 07.01.016

jie bao chu 捷报处 08.04.057

jie die 戒牒，＊护戒牒 07.01.141

jie kou 接扣 07.03.027

jie lve 节略 07.01.113

jie shu 戒书，＊戒敕 07.01.032

jie tie 揭帖 07.01.130

jie zhe 接折 07.03.035

ji hua shu 计划书 07.01.186

jin bang 金榜，＊黄榜，＊皇榜 07.01.056

jing li 经历 08.03.033

jing shi wen bian 经世文编 04.04.023

jin hua ban xing 进画颁行 07.03.009

jin lan pu 金兰谱，＊金兰簿，＊金兰契，＊金兰帖 07.01.230

Jin Yao Men Wen Shu Ku 金耀门文书库 08.04.019

jin zi pai ji jiao di 金字牌急脚递 07.03.015

jin zou yuan 进奏院 08.04.012

ji xin dang 寄信档 08.01.040

ji xin yu zhi 寄信谕旨，＊廷寄，＊密寄，＊字寄，＊寄信上谕 07.01.053

ji zhang 计账 07.01.214

Joint Archive Acquisition Office 接收档案联合办事处，
　＊国民政府国史馆筹备委员会、中国国民党党史史料
　编纂委员会接收档案联合办事处　08.04.070
jointly issued records 联合行文　02.02.023
ju 据　07.02.055
juan cha 卷查　07.02.033

ju ci 据此　07.02.072
jun ji chu 军机处　08.04.036
jun ji zhang jing 军机章京　08.03.037
jun tang 军塘　08.04.059
Juyan wooden slips created in the Han Dynasty 居延汉简
　08.01.015

K

kai mian 开面　07.03.041
kai shu li 楷书吏，＊楷书手　08.03.021
kan de 看得　07.02.042
kan he 勘合，＊勘契，＊半印勘合　07.01.145
kan yu 看语　07.03.034
ke 课　07.01.207

ke chao 科抄　07.03.032
ke ye 可也　07.02.068
kindred fonds 家族全宗　03.01.031
knots 结绳　08.01.001
kong mu 孔目　08.03.032
kou tou si zui 叩头死罪　07.02.003

L

lan tai 兰台　08.04.009
lan tai ling shi 兰台令史　08.03.012
latent image 潜影　05.04.030
Law of the Twelve Tables 十二铜表法　09.01.018
layered shelf 积层架　03.03.015
leaf casting 纸浆修补　05.03.020
legal author 法定作者　02.01.004
Leiden Papyrus 莱顿纸草，＊伊浦味陈词，＊伊浦味箴
　言　09.01.003
Lenin's Archival Decree 列宁档案法令　09.03.006
letters patent 特许状，＊特许证，＊许可证，＊特权证
　书，＊执照　09.01.013
library and archives of kingdom 王国档案图书馆
　09.02.015
lifecycle management 全程管理　06.01.037
life cycle of electronic records 电子文件生命周期
　06.01.036
life cycle of records 文件生命周期理论　01.01.015
light-sensitive medium records 感光介质文件　02.01.024
li he cheng qing 理合呈请　07.02.080
ling 令　07.01.020
ling shi 令史　08.03.011
Lingshi documents created in the Song Dynasty 灵石宋代
　文书　08.01.023
liquid-phase deacidification 液相去酸法　05.03.003

list in a file 卷内文件目录　02.05.016
liu ke 六科　08.04.028
liu shui zhang 流水账，＊流水，＊日流，＊流水簿
　07.01.226
liu zhong 留中　07.03.007
Liye Qin slips 里耶秦简　08.01.013
li you shu 理由书　07.01.182
location management 档案库位管理　03.03.023
logical archiving 逻辑归档　06.03.012
logical file 逻辑案卷，＊虚拟案卷，＊电子案卷
　06.03.017
logical filing 逻辑归档　06.03.012
Loi sur les archives de 7 messidor 稽月七日档案法令
　09.03.005
Lop Nur documents created in Wei and Jin Dynasties 罗布
　泊魏晋文书　08.01.019
lu 录　07.01.206
lu bu 露布，＊露板，＊露版　07.01.067
lu fu zou zhe 录副奏折，＊录副　07.01.076
luminous flux 光通量　05.02.007
lun shi chi shu 论事敕书　07.01.038
lun yin dang 纶音档　08.01.039
lu shi 录事　08.03.048
lv 律　04.04.006
lv li 履历　07.01.208

M

machine-made paper 机制纸 05.01.036

machine-readable archives 机读档案 01.02.022

machine-readable catalogue of archives 档案机读目录 06.04.003

machine readable records 机读文件 06.04.002

macro-appraisal strategy 宏观鉴定战略 03.02.013

macro-appraisal theory 宏观鉴定论 03.02.010

magnetic medium records 磁介质文件 02.01.025

main body 正文 04.03.101

main body of official records 公文主体 02.04.018

main sending agency 主送机关 02.04.020

make a draft 拟稿 02.03.004

making archives public 档案公布 01.05.018

management system of archival work 档案工作管理体制 01.05.013

Man ben fang 满本房，*满本堂，*满洲堂 08.04.039

Manchu documents office 满本房，*满本堂，*满洲堂 08.04.039

Manchu script in wooden tablets 满文木牌 08.01.029

Man dang fang 满档房 08.04.053

manorial archives 庄园档案馆 09.02.011

Man piao qian chu 满票签处 08.04.042

manuscripts collection 手稿汇集 03.01.039

master 母片 05.04.050

materials for writing official records 公文材料 02.04.003

measures 办法 02.01.051

media 载体，*介质，*存储介质 06.02.001

meeting minutes 纪要 02.01.059

mei si 昧死 07.02.001

Memory of the World 世界记忆工程 09.04.007

meng 蒙 07.02.052

meng ci 蒙此 07.02.069

meng fu 盟府 08.04.003

Meng Gu fang 蒙古房 08.04.041

meng pi 蒙批 07.02.057

meng shu 盟书，*载书 07.01.017

metadata 元数据 06.01.032

metadata element 元数据元素 06.01.033

metadata schema 元数据方案 06.02.009

metaphor 比喻 02.04.038

method of drafting one title for one archival compendium 一文一题标题法 04.03.095

method of drafting title for a group of archival materials with common elements 多文组合标题法 04.03.096

methods of dealing with comments 批语去留 04.03.077

methods of dealing with format 格式存改 04.03.078

methods of dealing with marks 标记处理 04.03.079

methods of records management standardization 文件标准化的形式 02.02.028

methods of selecting archival materials 选材方法 04.03.051

metonymy 借代 02.04.039

mi ben 密本 07.01.080

micro-climate control 微环境控制 05.02.020

microfilm 缩微胶片 05.04.004

microfilm archives 缩微档案 01.02.021

microfilm recorder 缩微摄影机 05.04.007

microform 缩微品 05.04.003

micrographics 缩微摄影技术 05.04.002

microimage 缩微影像 05.04.031

microphotography 缩微摄影技术 05.04.002

migration 迁移 06.02.007

ming 命，*册命，*册（策），*简书，*命书 07.01.002

ming fa yu zhi 明发谕旨，*明发，*内阁明发，*明发上谕 07.01.054

ming ji 名籍 07.01.209

min qi 民契，*白契 07.01.223

miscellanea 杂辑 08.02.022

missed words 夺文 04.03.088

mixed archival documentation 混合性档案文献 04.02.028

mo 谟 07.01.007

mo juan 墨卷 07.01.217

monograph series 丛书 04.03.020

morning affairs archives 早事档 08.01.047

mounting 修裱 05.03.006

mou shou 某手 07.02.012

Mulan archives 木兰档 08.01.048

mu liao 幕僚，*幕友，*幕宾，*幕客 08.03.044

municipal archives 城市档案馆 09.02.013

mu pi 沐批 07.02.058

must-read for unpacking 开箱必读 08.02.040

N

name annotation 人名注释 04.03.110

name catalogue 名录 04.02.013

name index 档案人名索引 03.04.058

Nanbu county archives 南部档案，＊清代四川南部县衙门档案 08.01.058

nan dang fang 南档房 08.04.049

narration 叙述 02.04.031

national archival fonds 国家档案全宗 01.02.034

national strategy for electronic records management 电子文件管理国家战略 06.01.042

natural language indexing 自由标引 03.04.030

nature of archival documentation compilation 档案文献编纂工作性质 04.01.009

negative film 负片 05.04.023

negotiation records 商洽性文件 02.01.029

nei ge 内阁 08.04.022

network of archives 档案馆网 01.04.007

N generation microfilm 第 N 代缩微品 05.04.034

ni he jiu xing 拟合就行 07.02.078

no category of management method 不分类管理法 08.02.037

noncrystalline area 非结晶区，＊无定形区 05.01.008

noncrystalline region 非结晶区，＊无定形区 05.01.008

non-fundamental historical topics 非基本史料题目 04.03.005

non-series of topics 非系列题目 04.03.007

non-silver film archive 非银盐胶片档案 05.04.038

non-subordinate relationship 不相属关系 02.02.017

normative nature of records management 文件工作的规范性 02.02.005

normative records 规范性文件 02.01.026

note 附注项 03.04.019

note for carbon copy and print 公文版记 02.04.027

note for CC and print 公文版记 02.04.027

note for reference 备考 04.03.107

notes after a paragraph 段落注 04.03.120

notes at the end of the edited archival documentation 书后注 04.03.121

notes between two lines of text 夹注，＊文内注，＊随文注 04.03.119

notes located at the end of an article 篇后注，＊文后注，＊文末注 04.03.118

notes located in the left of a page 边注 04.03.117

notes on the compendium 编辑说明，＊编者的话，＊编辑例言，＊出版说明，＊凡例 04.03.104

notice 通知 02.01.055

numbering of archived records 归档文件编号 02.05.024

numbering using the number from one to eight 八分法 03.01.070

number of copies of official records 公文份号 02.04.012

number of records by archives 馆编件号 02.05.029

number of records by records creation agency 室编件号 02.05.028

O

OA 办公自动化 02.02.010

object of simplification of records management 文件简化的对象 02.02.030

office automation 办公自动化 02.02.010

official album 正辑 08.02.020

official letter 函 02.01.065

official post annotation 职官注释 04.03.113

official records 公务文件，＊公文 02.01.002

official records writing 公文写作 02.04.001

official reply 批复 02.01.054

official seal 公章 02.04.025

off-line archiving 离线归档 06.03.010

off-line filing 离线归档 06.03.010

old age is to be respected 年龄鉴定论 03.02.005

one-topic text 专论本 04.03.037

on-line archiving 在线归档 06.03.009

on-line filing 在线归档 06.03.009

online retrieval 联机检索 06.03.019

open enclosure 开放式装具 05.04.047

open fittings 开放式装具 05.04.047

open format 开放格式 06.02.028

operating mechanism of records quality management system 文件质量管理体系运行的机制 02.02.036

opinions 意见 02.01.066

optical density　光学密度　05.04.011

optimization of records management procedures　文件工作
　程序优化　02.02.011

oracle bones archives of Yin Dynasty ruins　殷墟甲骨档案
　08.01.006

oral history　口述历史　01.02.041

order　命令　02.01.052

ordering of archived records　归档文件排列　02.05.023

Orders for Curation of Aged Archives for Every Province,
　City and County　各省市县旧档应予保存令
　08.02.025

ordinary mail　普通邮寄　02.03.024

organization of records management　文件工作的组织形式
　02.02.025

original documentation　原始记录　01.02.002

original records　正本　02.01.070

original value　原始价值　01.03.003

outline for compilation　编纂大纲，＊选材大纲
　04.03.040

overhead shelf　通天架　03.03.016

overused indexing　过度标引　03.04.032

oxidation harmful gas　氧化性有害气体　05.02.010

oxidization of cellulose　纤维素氧化　05.01.012

oxidized cellulose　氧化纤维素　05.01.014

P

page to page proofreading　对校法　02.03.017

pai　牌　07.01.092

pai dan　排单　07.03.042

pai kai　牌开　07.02.048

pai shi　牌示　07.01.192

palm-leaf archive　棕榈叶档案，＊贝叶档案　09.01.005

pan ri　判日　07.03.021

paper acidification　纸张酸化　05.01.028

paper archives　纸质档案　01.02.014

paper conglutination　纸张粘连　05.01.033

paper density　纸张紧度　05.01.021

paper durability　纸张耐久性　05.01.004

paper-electronic double archiving system　双套制，＊双套
　归档　06.03.003

paper-electronic double record keeping system　双轨制
　06.03.005

paper records　纸质文件　02.01.023

paper rotten　纸张糟朽　05.01.034

paper thickness　纸张厚度　05.01.020

paper wall　纸墙　05.03.011

paper weight　纸张定量　05.01.015

paper whiteness　纸张白度　05.01.024

papyrus archive　纸草档案　09.01.020

parallelism　排比　02.04.040

parallel relationship　平行关系　02.02.016

parallel title　并列题名项　03.04.005

parchment archive　羊皮纸档案　09.01.007

periodicals of archival documentation　档案文献刊物
　04.03.012

permanent paper for archives　档案用耐久纸张
　05.01.037

personal delivery　专人送达　02.03.028

personnel archives　人事档案　01.02.028

personnel scope of records effectiveness　文件效用人员范
　围　02.01.010

photocopy　影印本　04.03.039

photooxidation of cellulose　纤维素光氧化　05.01.013

photosensitive layer　感光层　05.04.039

pH value of paper　纸张酸碱度　05.01.026

physical archives　实体档案　01.02.003

physical archiving　物理归档　06.03.011

physical file　物理案卷　06.03.016

physical filing　物理归档　06.03.011

pi　批　07.01.152

piao　票　07.01.093

piao ni　票拟，＊拟票，＊票旨，＊条旨　07.03.030

pi ben chu　批本处，＊红本房　08.04.046

picture archives　照片档案　01.02.016

pi da　批答　07.01.035

pi hong　批红　07.03.031

pi ling　批令　07.01.164

ping die　平牒　07.01.119

ping feng dang　屏风档　08.01.033

ping shi　评事　08.03.029

place name annotation　地名注释　04.03.112

place name index　档案地名索引　03.04.059

polarity　极性　05.04.026

political nature of records management　文件工作的政治性

02. 02. 002

polyester film base　聚酯片基　05. 04. 041

positive film　正片　05. 04. 025

positive image　正像　05. 04. 024

postal system for the delivery of confidential records　机要通
信　02. 03. 025

post-coordination retrieval language　后组式检索语言
03. 04. 036

practical use　实际利用　03. 05. 004

pre-coordination retrieval language　先组式检索语言
03. 04. 035

preface　序言，＊序，＊叙，＊前言，＊前记，＊引言，
＊绪言，＊弁言　04. 03. 103

preliminary review of incoming records　收文初审
02. 03. 035

preservation and conservation of archives　档案保护
05. 01. 001

preserving metadata　保存元数据，＊长期保存元数据
06. 01. 035

preventive conservation　预防性保护　05. 03. 014

priest archive　祭司档案　09. 01. 008

primary archival documentation　一次档案文献
04. 02. 002

primary scheme of archival classification　档案分类主表
03. 04. 039

primary value　第一价值　01. 03. 002

principle of annotation　标注原则　04. 03. 073

principle of centralized control of archives　档案集中统一
管理原则　01. 04. 005

principle of discreetly changing　慎改原则　04. 03. 072

principle of fonds　全宗原则　03. 01. 027

principle of free provenance　自由来源原则　03. 01. 023

principle of keeping the scientific and technical records crea-
ted in one technical and production activity intact　科技
文件成套性　03. 01. 091

principle of pertinence　事由原则　03. 01. 018

principle of provenance　来源原则　03. 01. 022

principle of public access to archives　档案开放原则，＊档
案公开原则　03. 05. 002

principle of respect des fonds　尊重全宗原则　03. 01. 019

principle of respecting original archives　求实原则
04. 03. 071

principles for compiling archival documentation　档案文献
编纂工作原则　04. 01. 008

principles for selecting archival materials　选材原则
04. 03. 050

principles of archived records arrangement　归档文件整理
原则　02. 05. 007

private archives　私人档案　01. 02. 007，私人档案库
09. 02. 006

private key　私钥　06. 02. 021

private records　私人文件，＊私文　02. 01. 003

processing archival documentations　档案文献加工，＊编
辑加工　04. 03. 070

processing of incoming records　收文处理　02. 03. 030

processing of issued records　发文处理　02. 03. 003

processing phrase　经办用语　02. 04. 047

profile　人物简介　04. 02. 017

programming records　程序文件　06. 01. 029

progressive　层递　02. 04. 041

proofreading by reading aloud　读校法　02. 03. 019

proofreading method　校对　02. 03. 016

proposal　议案　02. 01. 058

provenance relation　来源联系　03. 01. 014

provision　规定　02. 01. 050

provisional records　暂行本　02. 01. 072

Provisional Regulations for Curation of Archives in Every
Agency　各机关保存档案暂行办法　08. 02. 028

Prussian Privy State Archives　普鲁士机密国家档案馆
09. 02. 018

public access to archives　档案开放　01. 05. 016

public archives　公共档案　01. 02. 033，公共档案馆
01. 04. 012

publication of archives　档案公布　01. 05. 018

public institution archives　事业单位档案馆　01. 04. 019

public key　公钥　06. 02. 022

publicly available records　公布性文件　02. 01. 038

Public Records Act　英国公共档案法，＊公共文件法
09. 03. 004

pu die　谱牒，＊家谱，＊族谱，＊宗谱　07. 01. 221

Q

qi 启 07.01.062

qian 签 07.01.115

qian cheng 签呈 07.01.105

qian piao 佥票，*佥业票，*佥业归户票，*分亩归户票，*分税归户票 07.01.135

qie 窃 07.02.025

qie wei 窃惟，*窃维 07.02.026

qie zhao 窃照 07.02.027

qin ci 钦此 07.02.067

qing 情 07.02.040

qing an zhe 请安折，*安折 07.01.075

qing ce 青册 08.01.026

qing dang fang of Ministry of Rites 礼部清档房 08.04.051

Qingdangfang of the Ministry of Foreign Affairs in Qing Dynasty 总理衙门清档房 08.04.065

qing jian 清检 08.02.009

qing yuan shu 请愿书 07.01.181

Qinyang allied oath 沁阳载书 08.01.010

qi shou 稽首 07.02.002

quan 券，*券书 07.01.009

quote 引用 02.04.037

R

RAMP 文件与档案管理项目 09.04.006

readability 可读性 06.01.021

reader 阅读器 05.04.027

realistic value 现实价值 01.03.008

real-time monitoring 实时监控 05.02.022

receiving and lending archives 出纳 08.02.018

record group 文件组合 03.01.036

recordkeeping metadata 文件管理元数据 06.01.034

record of political affairs 时政记 08.01.022

records 文件 02.01.001

Records and Archives Management Program 文件与档案管理项目 09.04.006

records annotation 注办 02.03.044

records center 文件中心 01.04.020

records checking and return 文件清退 02.05.010

records circulation within an organization 组织传阅 02.03.045

records continuum theory 文件连续体理论 01.01.016

records copy for archiving 存本 02.01.075

records delivery flows within a system 行文方向 02.02.018

records destruction 文件销毁 02.05.011

records disposition 文件处置 03.02.003

Records Disposition Regulations 文件处置办法 08.02.038

records effectiveness 文件效用 02.01.006

record series 文件系列 03.01.038

records exchange 文件交换 02.03.027

records execution effectiveness 文件执行效用 02.01.007

records extraction 文件文摘 02.03.037

records extraction and processing 文件摘编加工 02.03.036

records function 文件功能 02.01.017

records implementation supervision 查办 02.03.047

records in different languages 不同文字文稿文本 02.01.076

records life cycle 文件生命周期理论 01.01.015

records limited to domestic access 限国内公开文件 02.01.037

records management 文件工作 02.02.001

records management metadata 文件管理元数据 06.01.034

records management procedures 文件工作程序 02.02.009

records management standardization 文件标准化 02.02.027

records management standards 文件工作标准 02.02.008

records management unit 文件工作机构 02.02.026

records office 档案室 01.04.026

records open to access 公开性文件 02.01.039

records overview 文件综述 02.03.039

records processing procedures 公文处理程序 02.03.001

records processing reminders 催办 02.03.046

records quality 文件质量 02.02.033

records quality characteristics 文件质量特性 02.02.034

records quality management system 文件质量管理体系 02.02.035

records quantity control 文件数量控制 02.02.031

records retention period 档案保管期限 03.02.015

records retention schedule 档案保管期限表 03.02.016

records submitted to higher authority 上行文 02.02.019

records summary 文件提要 02.03.038

records to parallel or non-subordinate 平行文 02.02.021

records to subordinate 下行文 02.02.020

records type 文种 02.01.045

records undertaking 承办 02.03.043

records unsealing 启封 02.03.033

rediscovery of provenance 新来源观 03.01.024

reduction ratio 缩小比率，＊缩率 05.04.017

reel microfilm 卷式缩微品 05.04.005

reference 参考书目 04.03.125

reference appendix 卷内备考表 02.05.017

reference of science and technology archives 科技档案参考资料 04.02.022

reference value 参考价值 01.03.007

Reform Movement of Administrative Documents and Archives 文书档案改革运动 08.04.081

refreshment 更新 06.02.004

register 登记 06.03.008

register of deeds 契据登记簿，＊契据集 09.01.012

registry principle 登记室原则 03.01.021

regular processing records 平件 02.01.042

regulation collection 条法事类 04.04.010

regulations 条例 02.01.049

Regulations of Accepting the Inactive Archive from Central Military Institutions of the Ministry of Defense 国防部接收中央各军事机关过时档案办法 08.02.029

regulations of archival coping 清档制度 08.02.011

regulations of archival re-coping 修档制度 08.02.012

reinforcement 纸张加固 05.03.021

reinforcing by silk 丝网加固法 05.03.004

relationship between issuing agency and receiving agency 行文关系 02.02.013

relationship of administrative subordination 隶属关系 02.02.014

relative humidity controlling 相对湿度控制 05.02.004

releasing records 文件公布 02.03.048

religious archives 教会档案馆 09.02.012

removed archives 散失档案，＊离散档案 01.02.040

ren ming zhuang 任命状，＊委任状 07.01.097

repairing 修补 05.03.007

repeated words 重文 04.03.091

report 报告 02.01.060

report or request for approval records 报请性文件 02.01.028

request for reply 请示 02.01.061

requirements for records execution effectiveness 文件执行效用生成要件 02.01.012

resolution 解像力 05.04.014，决议 02.01.057

restoration 档案修复 05.03.001

retention period 保管期限项 03.04.013

retrieval strategy 检索策略 06.03.018

returning system of Zhupi memorials 上缴朱批奏折制度，＊缴回朱批奏折制度 08.02.010

reversed words 倒文 04.03.090

review 综述，＊专题述评 04.02.020

review for annotating 复核 02.03.014

review of archives disclosure 开放标识项 03.04.016

review of records disclosure 公开属性项 03.04.015

revised records 修订本 02.01.073

revocation of records 撤销文件 02.01.015

rhetoric of official records 公文修辞 02.04.034

risk management of archives security 档案安全风险管理 03.03.008

role of business communications 公务联系作用 02.01.021

role of code of conduct 行为规范作用 02.01.019

role of evidence 凭证依据作用 02.01.022

role of guidance and instruction 领导指导作用 02.01.018

role of publicity and education 宣传教育作用 02.01.020

Roll House 英国藏卷馆，＊文卷堂 09.02.016

roll-up mounting 卷轴式，＊卷子装 05.03.023

ru di 入递 07.03.014

rule for selection of records type 文种选用规则 02.01.048

rules 条例 02.01.049

rules and regulations of records management 文件工作制度 02.02.007

rules of administrative affairs in the Republic of China 处务规程，＊办事规则 08.02.015

Rules of Cutting Down Archival Staffs in Hubei Military Gov-

S

shu mi yuan jia ge ku　枢密院架阁库　08.04.018

shuo tie　说帖　07.01.114

shu qi　书契　07.01.013

shu ya　署押　07.03.006

shu zhi　述旨　07.03.023

shu zuo　书佐　08.03.015

Sibylline Books　预言书，＊秘密书　09.01.010

signature　签署　02.03.021

signing for incoming records　文件签收　02.03.031

si ji dang　四季档　08.01.037

silk archives　缣帛档案　01.02.012

si lun bu　丝纶簿　08.01.038

silver film archive　银盐胶片档案，＊银–明胶型胶片档
　案　05.04.037

simple compendium　简编　04.03.024

simplification of records management　文件简化
　02.02.029

si shu　司书　08.03.047

si wu　司务　08.03.030

si wu ting　司务厅　08.04.027

Siwuting of the Ministry of Foreign Affairs in Qing Dynasty
　总理衙门司务厅　08.04.064

six features for filing　六个特征立卷法　02.05.015

si zhu qing ce　四柱清册，＊四柱册　07.01.215

sizing degree of paper　纸张施胶度　05.01.023

smart archives　智慧档案馆　06.01.044

social analysis and functional appraisal theory　社会分析与
　职能鉴定论　03.02.011

solid material insulating roof　实体材料隔热屋顶
　05.02.014

song zhuang　讼状　07.01.205

space interval of fire prevention in archival repository　档案
　库房防火间距　05.02.016

space scope of records effectiveness　文件效用空间范围
　02.01.009

Special Archives Processing Method of Central Government
　Agencies　中央各机关特种档案处理办法　08.02.030

special expressions of official records　公文专用词语
　02.04.043

specific humidity　含湿量　05.02.006

specific types of records　专用文种　02.01.047

stabilization for ink　字迹加固　05.03.017

stamp for archived records　归档章　02.05.030

standardization of archival work　档案工作标准化
　01.05.025

standards for archival work　档案工作标准　01.05.024

standards system for archival work　档案工作标准体系
　01.05.026

state archives　国家档案馆　01.04.013

statement phrase　表态用语　02.04.050

stipulation　规定　02.01.050

storage location index　档案存放地点索引　03.03.020

storage number　库房编号　03.03.017

storage shelf　库房排架　03.03.018

structure　结构　06.01.016

structure of official records　公文结构　02.04.005

studies of archival documentation compilation　档案文献编
　纂学　01.01.009

studies of archival laws　档案法学　01.01.011

studies of archival preservation and conservation technology
　档案保护技术学　01.01.010

studies of archival terminology　档案术语学　01.01.012

studies of archives management　档案管理学　01.01.006

studies of electronic records management　电子文件管理学
　01.01.014

studies of official records management　文书学　01.01.002

studies of science and technology archives management　科
　技档案管理学　01.01.007

studies of science and technology records management　科技
　文件管理学　01.01.008

studying topics　题目研究　04.03.009

style, structure and format of records　文件体式　02.01.005

style of edition　辑录方式　04.03.029

subgroup　分组合　03.01.037

subject guide　专题指南　03.04.052

subject indexing　档案主题标引　03.04.031

subject retrieval　主题检索　06.03.024

subordinate value　从属价值　01.03.005

supervision and planning of records management　文件工作
　管理　02.02.024

surplus words　衍文　04.03.089

T

table of contents 目录 04.03.123

Tai Ping Fu Jia Ge Ku 太平府架阁库 08.04.034

tai shi liao 太史寮 08.04.001

tai tou 抬头，*平阙之制 07.03.003

tallies 符木 09.01.021

tank 战备箱 03.03.011

target 标板 05.04.018

tearing strength of paper 纸张撕裂度 05.01.022

technical appraisal 技术鉴定 06.03.015

technical nature of records management 文件工作的技术性 02.02.006

telecom 电信 02.03.029

telegraph archives of Council of State 电报档 08.01.046

temperature control in archival repository 档案库房温度控制 05.02.002

template 模板 06.02.011

temporary storage of records 文件暂存 02.05.012

tensile strength of paper 纸张抗张强度，*纸张拉伸强度 05.01.017

tentative records 试行本 02.01.071

tertiary archival documentation 三次档案文献 04.02.014

text of official records 公文正文 02.04.021

text records 文本文件，*字处理文件 06.01.023

textual research on archives 档案考订 04.03.056

text without annotation 白文本 04.03.033

The Archival Arrangement Regulations of the Archive of the Palace Museum 故宫博物院文献馆整理档案规程 08.02.032

The Arrangement Regulations of the Mongolian and Tibetan Aged Volumes 整理蒙藏文旧卷办法 08.02.027

the book of the dead 死者书，*亡人书，*亡人经，*死人簿，*死人书 09.01.009

the classified catalogue of Imperial East Cabinet Archive 清理东大库分类目录 08.02.014

The Filling System of Ministry of Foreign Affair 外交部编档办法 08.02.024

the first compilation 初编 04.03.025

the first stage of selection 初选 04.03.053

the last stage of selection 定选 04.03.055

the management model of integration of different professional sectors and local administrative departments 条块结合

管理模式 01.04.006

thematic catalogues of archive 档案主题目录 03.04.056

thematic guide 专题指南 03.04.052

thematic summary 专题概要 03.05.018

theme of official records 公文主题 02.04.002

the name of fonds 全宗名称 03.01.026

The Nanjing Provisional Government Bulletin 临时政府公报 08.01.061

The National History and Archives Arrangement Method 整理国史及档案办法 08.02.026

The Official Journal of Politics in Qing Dynasty 政治官报 08.01.060

theory of two-step archives arrangement 档案两步整理论 04.01.007

The Regulations of Transferring Archives of Major Official Agencies in Tang Dynasty 诸司应送史馆事例 08.02.004

the second stage of selection 复选 04.03.054

The Secretariat of the Nanjing Provisional Government 南京临时政府秘书处 08.04.067

the supplementary compilation 补编 04.03.026

thirteen-part classification 十三部分类法 08.02.039

three elements of records 文件的三要素 06.01.015

three storerooms 三库 08.04.014

tian fu 天府 08.04.004

ti ben 题本 07.01.071

tie 帖 07.01.089

tie huang 贴黄 07.03.017

ti fu 题副 07.01.082

ti kong an du 提控案牍，*提举案牍 08.03.026

time and tense phrase 时间用语 02.04.051

time examine and correct 时间考订 04.03.059

timeliness of records management 文件工作的时效性 02.02.004

time of archiving 归档时间 02.05.004

time relation 时间联系 03.01.015

ti ming lu 题名录，*乡会试题名录 07.01.218

ting shu cong shi 听书从事 07.02.016

ti tang 提塘 08.03.039

title 题名项 03.04.003

title of archival documentation 档案文献标题 04.03.093

title of official records　公文标题　02.04.019

title structure of archival documentation　档案文献标题结构　04.03.094

ti yi an　提议案，＊提案　07.01.184

tong dian　通电　07.01.099

tong jin yin tai si　通进银台司　08.04.015

tong zheng shi si　通政使司，＊通政司　08.04.026

topic　题目　04.03.001

topic planning　选题规划　04.03.003

top secret records　绝密文件　02.01.033

top urgent records　特急件　02.01.040

total collection　总集　04.03.015

transcribed book　誊录簿，＊登记簿　09.01.011

transcription　转录加工　04.03.074

transitional phrase　承转用语　02.04.052

transverse mounting　横挂式，＊横批式　05.03.022

truncation retrieval　截词检索　06.03.021

Turfan documents　吐鲁番文书　08.01.020

Turin Papyrus　都灵纸草　09.01.001

two digit identifier　双位法　03.01.069

type of document　文种项　03.04.012

U

unimportant album　杂辑　08.02.022

uninflammable film　安全胶片　05.04.008

unit archives　部门档案馆　01.04.017

Universal Declaration on Archive　档案共同宣言，＊世界档案宣言　09.04.012

untrustworthy archives　伪误档案　03.02.022

updated version　增订本　04.03.027

urban construction archives　城市建设档案馆　01.04.016

urban development archives　城市建设档案馆　01.04.016

urgency　紧急程度　02.04.014

urgent records　急件　02.01.041

usability　可用性　06.01.022

used film　使用片　05.04.021

utilization determinism　利用决定论　03.02.009

utilization of archives　档案利用　03.05.001

V

value of topics　题目价值　04.03.008

Vatican Secret Archives　梵蒂冈秘密档案馆　09.02.019

veritable records　实录　04.04.016

version of document　稿本项　03.04.011

versions of records　文件稿本　02.01.067

vertical and horizontal orientation of paper　纸张纵向横向　05.01.016

vertical mounting　竖挂装　05.03.025

vesicular film　微泡胶片　05.04.010

video archives　录像档案　01.02.020

video records　视频文件　06.01.027

vinegar syndrome　醋酸综合征　05.04.046

W

wai ji dang　外纪档，＊别样档　08.01.043

water content of paper　纸张水分　05.01.025

waxed tablet archive　蜡板档案　09.01.004

wei　谓　07.02.014

wei cha　为查　07.02.036

wei ci　为此　07.02.075

wei guan yi　唯官移　07.02.022

wei lao zhi shu　慰劳制书　07.01.027

wei ren ling　委任令　07.01.158

wei zhao　为照　07.02.029

Wen county allied oath　温县盟书　08.01.011

wen de　问得　07.02.046

wen du yuan　文牍员　08.03.049

wheat starch paste　小麦淀粉糨糊　05.03.005

writing style of official records　公文表达方式　02.04.030

wrong words　讹文　04.03.087

wu　巫　08.03.001

wu shi　五史　08.03.005

X

xi　橄　07.01.085

xia　下　07.02.015

xiang　详　07.01.110

xiang cheng　详称　07.02.050

xiang shi lu　乡试录　07.01.220

xiang ying zhi zhao　相应知照　07.02.082

xian yue dang　现月档　08.01.036

Xia shu　夏书　08.01.004

xing yi kan he　行移勘合　07.03.018

xing zhuang　行状，＊行述，＊事略　07.01.233

xin pai dang　信牌档　08.01.032

xi shu　玺书　07.01.023

xi yin　玺印　07.03.004

xi ze　细则　07.01.173

xu an　序案　07.03.043

xu an　叙案　07.03.033

xuan　宣，＊制　07.01.049

xuan chi　宣敕，＊制敕　07.01.048

xuan fa xiang wei　悬法象魏，＊象魏悬书　08.02.002

Xuanhe mounting　宣和裱，＊宋式裱　05.03.026

xuan yan　宣言　07.01.188

xun　训　07.01.005

xun ci　训词　07.01.198

xun ling　训令　07.01.156

xu tou　需头　07.03.029

Xu Weili documents copied in South-Song Dynasty　南宋徐谓礼文书　08.01.024

Y

yan　验，＊验折　07.01.109

yan dao ri　言到日　07.02.024

yang　仰　07.02.074

yang ji zun zhao　仰即遵照　07.02.081

yang shi lei charts　样式雷图档　08.01.052

yan shuo ci　演说词　07.01.199

ya tie　牙帖　07.01.136

year book　年鉴　04.02.015

yi　移，＊遗书，＊移书，＊移会　07.01.124，议　07.01.059

yi cheng　驿丞　08.03.031

yi chuan　驿传，＊传舍，＊驿站　07.03.002

yi de　议得　07.02.044

yi fu dang　议复档　08.01.045

yi gao san zhang　一稿三章　07.03.045

yi jian shu　意见书　07.01.177

yin huang　引黄　07.03.010

yin jie　印结　07.01.143

Yinwan written slips created in the Han Dynasty　尹湾汉简　08.01.017

you fu　邮符　07.01.144

you xiang　由详　07.01.112

yu　谕，＊堂谕，＊红谕，＊传谕　07.01.096

yuan ling　院令　07.01.154

yuan shi　掾史，＊掾吏，＊掾属　08.03.013

yuan shu　爰书　07.01.201

yuan you　缘由　07.02.066

yu die　玉牒　07.01.222

yue ji　约剂　07.01.010

yue zhe bao　月折包　08.02.013

Yunmeng written slips created in the Qin Dynasty　云梦秦简　08.01.012

yu shi　御史，＊中史，＊中御史　08.03.009

yu shi tai　御史台　08.04.007

yu shi zhong cheng　御史中丞　08.03.010

yu shu　语书　07.01.021

yu zha　御札　07.01.045

yu zhi　谕旨　07.01.051

Z

zai an　在案　07.02.065

zan dian　攒典　08.03.040

zha 劄 07.01.094，札 07.01.095

zha ce 乍册，＊作册 08.03.004

zhai you 摘由 07.03.022

zhang 章 07.01.060

zhang cheng 章程 07.01.171

zhang gu 掌故 04.04.005

Zhangjiashan bamboo slips created in the Han Dynasty 张家山汉简 08.01.016

zhang shu 掌书 08.03.008

zhao 诏 07.01.028

zhao chu 照出 07.02.030

zhao de 照得 07.02.028

zhao hui 照会 07.01.126

zhao ling ji 诏令集 04.04.013

zhao ling wen shu 诏令文书，＊诏令，＊诏敕，＊制诏 07.01.024

zhao mo 照磨 08.03.034

zhao mo suo 照磨所 08.04.029

zhao shu 诏书 07.01.029

zhao shua mo kan wen juan 照刷磨勘文卷，＊照刷文卷 07.03.016

Zhao Shu Ya 诏书衙 08.04.066

zhao zhun qian yin 照准前因 07.02.076

zhe ben 折本 07.01.081

zhe cheng 折呈，＊手折 07.01.178

zheng ming shu 证明书 07.01.194

zheng shu 证书 07.01.193

zhen ren 贞人 08.03.003

zhi 制 07.01.025，旨 07.01.040

zhi ce zhang biao shu 制册章表书 04.04.003

zhi chi fang 制敕房 08.04.025

zhi chi ku fang 制敕库房 08.04.016

zhi hui 知会 07.01.127

zhi ji 质剂 07.01.011

zhi ling 指令 07.01.157

zhi shu 制书 07.01.026

zhi wen shu 质问书 07.01.185

zhi zhao 执照 07.01.137

zhong shu ke 中书科 08.04.023

zhong shu she ren 中书舍人 08.03.019

Zhou shu 周书 08.01.007

Zhouyuan oracle bones archives 周原甲骨档案 08.01.008

zhuang 状 07.01.203

zhu bi hui jiao 朱笔回缴 07.03.028

zhu bu 主簿 08.03.014

zhu juan 朱卷 07.01.216

zhun 准 07.02.054

zhun ci 准此 07.02.071

zhu pi zou zhe 朱批奏折，＊朱批谕旨，＊朱批 07.01.073

zhu shu 主书 08.03.006

zhu yu 朱谕 07.01.052

zi 咨 07.01.122，兹 07.02.041

zi chen 咨陈 07.01.167

zi cheng 咨呈 07.01.123

zi feng qian yin 兹奉前因 07.02.077

zi kai 咨开 07.02.047

zi ling 咨令 07.01.168

zou 奏，＊上疏 07.01.058

zou ben 奏本 07.01.070

zou chao 奏抄 07.01.064

zou fu 奏副 07.01.077

Zoumalou written slips created in Wu Kingdom 走马楼吴简 08.01.018

zou pian 奏片 07.01.078

zou shi chu 奏事处 08.04.037

zou shu 奏疏，＊奏议，＊章奏 07.01.057

zou tan 奏弹 07.01.066

zou yan shu 奏谳书 07.01.202

zou yi ji 奏议集 04.04.014

zou zha 奏劄，＊殿劄，＊奏事劄子，＊上殿劄子，＊轮对劄子，＊转对劄子 07.01.069

zou zhe 奏折，＊奏帖，＊折子 07.01.072

zou zhuang 奏状 07.01.065

zun cha 遵查 07.02.035

汉 英 索 引

A

阿勒楚喀副都统衙门档案　archives of Alechuka Deputy General's Yamen　08.01.055

＊哀启　ai qi wen　07.01.232

哀启文　ai qi wen　07.01.232

安全胶片　uninflammable film　05.04.008

安全片基　safety base　05.04.042

＊安折　qing an zhe　07.01.075

按语　compiler's comment;editor's note　04.03.106

案查　an cha　07.02.032

案据　an ju　07.02.039

案卷封面　file cover　03.03.031

案卷号　file number　03.01.066

案卷级条目著录格式　description of file level　03.04.023

案卷级整理　arrangement of file　02.05.013

案卷目录　catalog of files　02.05.019

案卷目录号　sequential number of file catalogue　03.01.065

案卷题名　file title　02.05.018

案照　an zhao　07.02.038

暗类编排　classified arrangement without formal class heading　04.03.100

暗褪　fading in dark　05.04.043

B

八分法　numbering using the number from one to eight　03.01.070

八千麻袋事件　Event of Eight Thousand Burlap Bags　08.04.080

巴比伦副本制度　duplicate regulation in Babylon　09.03.003

巴县档案　Ba county archives　08.01.056

白籍　bai ji　07.01.211

＊白契　min qi　07.01.223

白文本　text without annotation　04.03.033

板檄　ban xi　07.01.087

版本考订　edition examine and correct　04.03.061

＊版本选择　selection of edition　04.03.047

＊版面固定文件　fixed-layout records　06.01.030

＊版式电子文件　fixed-layout records　06.01.030

版式文件　fixed-layout records　06.01.030

版图　ban tu　07.01.018

办毕公文处置　disposition of official records　02.03.002

办法　measures　02.01.051

办公自动化　office automation;OA　02.02.010

＊办事规则　rules of administrative affairs in the Republic of China　08.02.015

＊半印勘合　kan he　07.01.145

榜示　bang shi　07.01.191

榜子　bang zi　07.01.068

饱和湿度　saturated humidity　05.02.005

保存元数据　preserving metadata　06.01.035

保管期限项　retention period　03.04.013

保护管理　conservation management　05.02.021

报告　report　02.01.060

报告书　bao gao shu　07.01.180

报请性文件　report or request for approval records　02.01.028

碑传集　bei zhuan ji　04.04.022

北档房　bei dang fang　08.04.050

＊贝叶档案　palm-leaf archive　09.01.005

备份　backup　06.02.014

备考　note for reference　04.03.107

背景　context　06.01.018

本校法　collation method according to context　04.03.084

比次　bi ci　04.04.004

比较档案学　comparative studies of archival science　01.01.013

比喻　metaphor　02.04.038

笔迹考订 examining and correcting handwriting 04.03.066

笔据 bi ju 07.01.229

笔帖式 bi tie shi 08.03.038

避讳 bi hui 07.03.001

避讳考订 examining and correcting taboo 04.03.063

边注 notes located in the left of a page 04.03.117

编敕 bian chi 04.04.009

编档 filing;copying 08.02.017

*编辑加工 processing archival documentations 04.03.070

*编辑例言 notes on the compendium 04.03.104

编辑说明 notes on the compendium 04.03.104

编年体档册 chronological style books 04.04.019

*编者按 compiler's comment;editor's note 04.03.106

*编者的话 notes on the compendium 04.03.104

编纂 compile 04.01.002

编纂大纲 outline for compilation 04.03.040

*弁言 preface 04.03.103

*便函 jian han 07.01.189

标板 target 05.04.018

标记处理 methods of dealing with marks 04.03.079

标引规则 indexing rule 03.04.033

标朱 biao zhu 07.03.019

标注原则 principle of annotation 04.03.073

表 biao 07.01.061

表态用语 statement phrase 02.04.050

*别本 fu ben zhi du 07.03.044

别集 collection of one writer's works 04.03.017

别辑 affiliated album 08.02.023

*别样档 wai ji dang 08.01.043

*兵部火票 bing piao 07.01.148

兵票 bing piao 07.01.148

禀 bing 07.01.100

禀称 bing cheng 07.02.051

*禀帖 bing 07.01.100

并列题名项 parallel title 03.04.005

补编 the supplementary compilation 04.03.026

捕获 capture 06.03.007

不分类管理法 no category of management method;archival management method of numbering 08.02.037

不同文字文稿文本 records in different languages 02.01.076

不相属关系 non-subordinate relationship 02.02.017

布尔检索 Boolean retrieval 06.03.020

布告 bu gao 07.01.098

部令 bu ling 07.01.155

部门档案馆 unit archives 01.04.017

簿册 bu ce 07.01.200

C

裁汰书吏差役办法 Rules of Cutting Down Archival Staffs in Hubei Military Government 08.02.016

参考价值 reference value 01.03.007

参考书目 reference 04.03.125

草稿 draft of records 02.01.068

草麻 cao ma 07.03.008

草莽臣 cao mang chen 07.02.007

*册(策) ming 07.01.002

*册命 ming 07.01.002

册书 ce shu 07.01.031

*册文 ce shu 07.01.031

策令 ce ling 07.01.161

策书 ce shu 07.01.030

层递 progressive 02.04.041

查 cha 07.02.031

查办 records implementation supervision 02.03.047

查得 cha de 07.02.043

长编 chang bian 04.04.002

*长期保存元数据 preserving metadata 06.01.035

唱片档案 CD archives 01.02.019

抄送机关 agency for carbon copy; agency for CC 02.04.028

撤销机关档案 archives of dismissing institution 01.02.030

撤销文件 revocation of records 02.01.015

称谓用语 appellation phrase 02.04.045

成文日期 date of issuing records 02.04.024

丞相府 cheng xiang fu; chief counselor's office 08.04.006

呈 cheng 07.01.104

呈称 cheng cheng 07.02.049

呈状 cheng zhuang 07.01.103

D

档案架　archives shelf　03.03.013

档案检索　archives search；archival retrieval　03.04.049

档案检索工具　archival finding aids　03.04.050

档案检索语言　archival retrieval language　03.04.034

档案鉴定　archival appraisal　03.02.001

档案鉴定委员会　archival appraisal committee　03.02.017

档案鉴定制度　archival appraisal rule　03.02.004

档案降密　archives downgrade　03.05.012

档案教育　archival education　01.05.004

档案接收　archival accession　03.01.003

档案解密　declassification of archives　03.05.011

档案局　archives bureau；archives administration　01.04.010

档案捐赠　archival donation　03.01.006

档案开放　public access to archives；disclosure of archives　01.05.016

档案开放原则　principle of public access to archives　03.05.002

档案考订　textual research on archives　04.03.056

档案科学技术研究工作　archival scientific and technological research work　01.05.005

*档案科研　archival scientific and technological research work　01.05.005

档案库房　archival repository　05.02.001

档案库房防火间距　space interval of fire prevention in archival repository　05.02.016

档案库房管理　administration of archival repository　03.03.024

档案库房温度控制　temperature control in archival repository　05.02.002

档案库位管理　location management　03.03.023

档案老化　archives aging　05.01.029

档案利用　utilization of archives　03.05.001

档案两步整理论　theory of two-step archives arrangement　04.01.007

档案霉变　archives mildewing　05.01.030

档案密级　archives security classification　03.05.010

档案人名索引　name index　03.04.058

档案十进编号法　archives decimal numbering method　03.01.068

档案十进分类法　decimal classification of archives　08.02.034

档案实体分类　classification of archival entity　03.01.011

档案事务所　archival affairs office　01.04.024

档案事业　archival enterprise　01.04.001

档案事业管理　archival enterprise management　01.04.002

档案事业管理体制　archival enterprise management system　01.04.003

档案室　archives room；records office　01.04.026

档案室介绍　guide to archives room　04.02.011

档案室立卷制度　filing system for Danganshi；filing system for records office　01.05.014

档案收集　archival collection　03.01.001

档案手册　Archival Manuals　08.02.031

档案术语学　studies of archival terminology　01.01.012

档案数据　archival data　06.01.007

档案数字化　archives digitization　01.05.011

档案数字资源　digital archival resource　06.01.006

档案缩微化　archives microfilming　01.05.009

档案索引　archives index　03.04.057

档案条形码　archives barcode　03.01.067

档案统计　archival statistics　03.03.001

档案、图书、情报管理一体化　integrated management of archives，books and information　01.05.008

档案网站　archives website　01.05.017

档案文献　archival documentation　04.01.006

档案文献编排体例　compilation style of archival documentation　04.03.097

档案文献编纂　compiling archival documentation　04.01.004

*档案文献编纂工作　compiling archival documentation　04.01.004

档案文献编纂工作性质　nature of archival documentation compilation　04.01.009

档案文献编纂工作原则　principles for compiling archival documentation　04.01.008

档案文献编纂学　studies of archival documentation compilation　01.01.009

档案文献标题　title of archival documentation　04.03.093

档案文献标题结构　title structure of archival documentation　04.03.094

档案文献出版物　archival documentation publications　04.03.011

档案文献汇编　compendium of archival documentations　04.02.003

档案文献加工　processing archival documentations　04.03.070

档案文献加工符号　editing mark　04.03.092

档案文献校勘　collation of archival documentation 04.03.081

档案文献刊物　periodicals of archival documentation 04.03.012

档案文献体裁　genre of archival documentation 04.02.001

档案文摘　archival digest　04.02.009

档案污染　archives contamination　05.01.031

档案箱　archival case; archival boxes　03.03.010

档案销毁　archive destruction　03.02.023

档案销毁目录　archive destruction catalogue　03.02.026

档案销毁清册　archive destruction list　03.02.025

档案销毁制度　archive destruction rules　03.02.024

档案信息　archival information　01.02.004

档案信息分类　classification of archival information 03.01.010

档案信息化　archives informatization　01.05.010

档案信息资源共享服务平台　archival information resource sharing service platform　06.01.046

档案行政　archives administration　01.05.003

档案行政管理机构　archives administration; archives authority　01.04.009

档案修复　restoration　05.03.001

*档案叙词　archival thematic words　03.04.042

*档案宣传　archival propaganda work　01.05.006

档案宣传工作　archival propaganda work　01.05.006

档案学　archival science　01.01.001

档案学史　history of archival science　01.01.003

档案赝品　forged and interpolated archives　03.02.021

档案移交　archival transfer　03.01.002

档案用耐久纸张　permanent paper for archives 05.01.037

档案有机体　archival unit as an organic whole　03.01.020

档案与信息立法数据库　Database on Archival and Information Legislation　09.04.010

档案阅览室　archive reading room　03.05.006

档案载体　archival medium　05.01.005

档案展览　archives display　03.05.007

档案征集　archival acquisition　03.01.004

档案整理　archival arrangement　03.01.008

档案整理编目　archival arrangement and description 03.01.012

档案整理工作方案　archival arrangement scheme

03.01.062

档案证明　archival verification; archival authentication 03.05.008

档案职业道德　archival professional ethics　01.05.019

档案纸张脱酸　deacidification　05.03.002

档案制成材料　archival materials　05.01.003

档案中等专业教育　archival secondary professional education　01.05.022

档案中介机构　archival intermediary agent　01.04.022

档案主题标引　subject indexing　03.04.031

档案主题词　archival thematic words　03.04.042

档案主题词法　archival thesaurus　03.04.044

档案主题分析　archival subject analytic　03.04.045

档案主题目录　archival theme catalogue; thematic catalogues of archive　03.04.056

档案著录　archival description　03.04.001

档案专题数据库　archives thematic database　04.03.013

档案专业教育　archival professional education 01.05.020

档案砖　archival brick　05.03.016

档案装具　archival container　05.02.018

档案咨询服务　archives reference service　03.05.009

档案资产　archival assets　01.02.005

档案组合　archives group　03.01.035

档房　dang fang; archives division　08.04.048

档号　archival code　03.01.063

党政机关公文格式　format of official records of party and government agencies　02.04.009

刀笔吏　dao bi li　08.03.016

倒文　reversed words　04.03.090

到　dao　07.02.073

登记　register　06.03.008

*登记簿　transcribed book　09.01.011

登记室原则　registry principle　03.01.021

登科录　deng ke lu　07.01.219

等情　deng qing　07.02.063

等因　deng yin　07.02.062

等语　deng yu　07.02.064

底图柜　base map cabinet　03.03.028

底图卷放法　base map rolling up　03.03.030

底图平放法　base map flatways　03.03.029

地理分类法　classification by geography　03.01.054

地名注释　place name annotation　04.03.112

地区组合法　filing by region　03.01.087

地域分类法　classification by region　03.01.075

递角　di jiao　07.03.011

第 N 代缩微品　N generation microfilm　05.04.034

第二价值　secondary value　01.03.004

第一价值　primary value　01.03.002

典　dian　07.01.006

典籍　dian ji　08.03.036

典籍厅　dian ji ting　08.04.038

典吏　dian li　08.03.041

典史　dian shi　08.03.027

典书　dian shu　08.03.020

点校加工　collation and punctuation　04.03.080

点扣　dian kou　07.03.026

电报　dian bao　07.01.175

电报档　telegraph archives of Council of State　08.01.046

电寄　dian ji　07.01.055

电寄档　dian ji dang　08.01.041

电信　telecom　02.03.029

＊电旨　dian ji　07.01.055

＊电子案卷　logical file　06.03.017

电子档案　electronic archives　01.02.023

电子公文　electronic administration documents　06.01.009

电子签名　electronic signature　06.02.012

电子文档　electronic document　06.01.005

电子文件　electronic records　06.01.001

电子文件管理　electronic records management　06.01.040

电子文件管理国家战略　national strategy for electronic records management　06.01.042

电子文件管理体系　electronic records management system　06.01.041

电子文件管理系统　electronic records management system；ERMS　06.02.003

电子文件管理学　studies of electronic records management　01.01.014

电子文件生命周期　life cycle of electronic records　06.01.036

电子邮件　E-mail　06.01.031

电子证据　electronic evidence　06.01.014

＊佃契　dian yue　07.01.224

佃约　dian yue　07.01.224

＊殿试录　deng ke lu　07.01.219

＊殿劄　zou zha　07.01.069

殿中禁室　forbidden rooms in the palace　08.04.005

牒　die　07.01.118

牒上　die shang　07.01.120

牒索　die suo　08.02.005

＊蝶装　butterfly mounting　05.03.027

定稿　final version of records　02.01.069

定选　the last stage of selection　04.03.055

＊定罪日簿册　Domesday Book　09.01.015

东观　dong guan　08.04.010

都灵纸草　Turin Papyrus　09.01.001

都事　du shi　08.03.028

都事厅　du shi ting　08.04.058

督催所　du cui suo　08.04.056

读校法　proofreading by reading aloud　02.03.019

度牒　du die　07.01.140

段落注　notes after a paragraph　04.03.120

对比　comparison　02.04.042

对校法　page to page proofreading　02.03.017，collation methods of using different editions　04.03.083

对外发出　sending out records　02.03.022

敦煌藏经洞　Dunhuang Grottoes　08.04.011

敦煌汉简　Han Dynasty wooden slips from Dunhuang；Han Dynasty written slips from Dunhuang　08.01.014

＊敦煌石室　Dunhuang Grottoes　08.04.011

多层分类编排　arrangement by multiple categories set by two or more kinds of classification features　04.03.099

多文组合标题法　method of drafting title for a group of archival materials with common elements　04.03.096

夺文　missed words　04.03.088

E

讹文　wrong words　04.03.087

俄罗斯档　documents of diplomatic affairs between Qing government and Russia government　08.01.050

二次档案文献　secondary archival documentation　04.02.008

F

发抄　fa chao　07.03.039

*发敕　fa ri chi　07.01.036

发日敕　fa ri chi　07.01.036

发文　issued records　02.01.043

发文处理　processing of issued records　02.03.003

发文汇集　compendium of issued records　04.02.007

发文机关标志　identifier of issuing agency　02.04.015

发文字号　issue number of records　02.04.016

法　fa　07.01.169

法定作者　legal author　02.01.004

法国宪典宝库　Charters Treasury　09.02.017

法老档案库　Archives of Pharaoh　09.02.001

*凡例　notes on the compendium　04.03.104

反差　contrast　05.04.013

范围和提要项　scope and abstract　03.04.010

梵蒂冈秘密档案馆　Vatican Secret Archives　09.02.019

方案　fang an　07.01.187

方略　fang lve　04.04.020

方略馆　fang lve guan　08.04.047

方略馆大库　Fang Lve Guan Da Ku　08.04.061

防火门　fire-resistant door　05.02.017

仿真　emulation　06.02.006

访问控制　access control　06.02.023

飞表奏事　fei biao zou shi　07.03.013

飞托　fly mounting　05.03.009

非基本史料题目　non-fundamental historical topics
　04.03.005

非结晶区　noncrystalline region; noncrystalline area
　05.01.008

非系列题目　non-series of topics; independent topic
　04.03.007

非银盐胶片档案　non-silver film archive　05.04.038

废止文件　annulment of records　02.01.016

分布式保管模式　distributed custody model　06.03.002

分层签发　hierarchy of issuing records　02.03.012

*分光感度　colour sensitivity　05.04.016

分类方案　classification scheme　03.01.045

分类检　category retrieval　06.03.023

分类流水排架法　sequence and classified shelving
　03.03.027

分类排架法　classified shelving　03.03.026

分类主题一体化标引　integration of classification indexing
　and subject indexing　03.04.028

*分亩归户票　qian piao　07.01.135

*分税归户票　qian piao　07.01.135

分组合　subgroup　03.01.037

粪土臣　fen tu chen　07.02.006

封闭格式　closed format　06.02.029

封寄与交片　feng ji & jiao pian　07.01.165

封泥　feng ni　07.03.005

封装　encapsulation　06.02.010

奉　feng　07.02.053

奉此　feng ci　07.02.070

奉批　feng pi　07.02.056

奉上谕　feng shang yu　07.02.059

奉旨　feng zhi　07.02.060

奉朱批　feng zhu pi　07.02.061

伏查　fu cha　07.02.034

符　fu　07.01.014

符木　tallies　09.01.021

府　fu　08.04.002

辅文　compilation of reference materials　04.03.102

付　fu　07.01.125

负片　negative film　05.04.023

*附辑　affiliated album　08.02.023

附件　annex of official records　02.04.022

附件说明　description of annex　02.04.023

附录　appendix　04.03.122

*附片　jia pian　07.01.079

附注　annotation　02.04.026

附注项　note　03.04.019

复合文件　compound records　06.01.012

复核　review for annotating　02.03.014

复选　the second stage of selection　04.03.054

副本　duplicated records　02.01.074

副本库　Fu Ben Ku　08.04.062

副本制度　fu ben zhi du　07.03.044

*副辑　important album　08.02.021

副题名及说明题名文字项　associate title and text descrip-
　tion　03.04.006

副详　fu xiang　07.01.111

*赋役黄册　huang ce　08.01.025

傅别　fu bie　07.01.012

覆托　cover mounting　05.03.010

G

概念相交组配　conceptual intersection　03.04.048

甘结　gan jie　07.01.142

敢告　gan gao　07.02.009

敢告之　gan gao zhi　07.02.010

敢告主　gan gao zhu　07.02.017

敢告卒人　gan gao zu ren　07.02.011

敢言之　gan yan zhi　07.02.008

感光层　photosensitive layer　05.04.039

感光度　sensitivity　05.04.015

感光介质文件　light-sensitive medium records
02.01.024

*感光灵敏度　sensitivity　05.04.015

*感光速度　sensitivity　05.04.015

感色性　colour sensitivity　05.04.016

干托　dry mounting　05.03.008

干部档案　archives of the leaders　01.02.029

纲领　gang ling　07.01.174

纲目分类法　categorical classification of archives
08.02.035

稿本项　version of document　03.04.011

告　gao　07.02.013

告令　gao ling　07.01.163

告身　gao shen　07.01.091

告示　gao shi　07.01.090

告书　gao shu　07.01.195

诰　gao　07.01.003

诰敕房　gao chi fang　08.04.024

诰命　gao ming　07.01.042

革命历史档案　history archives of revolution　01.02.036

阁抄　ge chao　07.03.025

格　ge　04.04.007

格式　format　06.02.026

格式存改　methods of dealing with format　04.03.078

格式要素　format elements　02.04.010

各机关保存档案暂行办法　Provisional Regulations for
Curation of Archives in Every Agency　08.02.028

各省市县旧档应予保存令　Orders for Curation of Aged
Archives for Every Province, City and County　08.02.025

更新　refreshment　06.02.004

工程项目分类法　classification by the characteristics of a
project　03.01.071

工序分类法　classification by process　03.01.078

工序组合法　filing by production process　03.01.082

公报　communique　02.01.064

公布　gong bu　07.01.151

公布性文件　publicly available records　02.01.038

公告　announcement to the public　02.01.062

公共档案　public archives　01.02.033

公共档案馆　public archives　01.04.012

*公共文件法　Public Records Act　09.03.004

公函　gong han　07.01.160

公开属性项　review of records disclosure　03.04.015

公开性文件　records open to access　02.01.039

*公文　official records　02.01.002

公文版记　note for carbon copy and print; note for CC and
print　02.04.027

公文版头　head of official records　02.04.011

公文标题　title of official records　02.04.019

公文表达方式　writing style of official records　02.04.030

公文材料　materials for writing official records
02.04.003

公文处理程序　records processing procedures　02.03.001

公文的备选组成　alternative composition of official records
02.04.007

公文的基本组成　basic composition of official records
02.04.006

公文份号　number of copies of official records　02.04.012

公文格式　format of official records　02.04.008

公文结构　structure of official records　02.04.005

公文文体　genre of official records　02.04.004

公文写作　official records writing　02.04.001

公文修辞　rhetoric of official records　02.04.034

公文正文　text of official records　02.04.021

公文执行效用生成实质要件　essentials requirements for
official records execution effectiveness　02.01.013

公文执行效用生成形式要件　form requirements for official
records execution effectiveness　02.01.014

公文主题　theme of official records　02.04.002

公文主体　main body of official records　02.04.018

公文专用词语　special expressions of official records

02. 04. 043

公务联系作用　role of business communications　02. 01. 021

公务文件　official records　02. 01. 002

公钥　public key　06. 02. 022

公章　official seal　02. 04. 025

古今通集库　Gu Jin Tong Ji Ku　08. 04. 033

故牒　gu die　07. 01. 121

故宫博物院文献馆　Archive of the Palace Museum　08. 04. 069

故宫博物院文献馆整理档案规程　The Archival Arrangement Regulations of the Archive of the Palace Museum　08. 02. 032

关　guan　07. 01. 116

*关聘　guan shu　07. 01. 228

关书　guan shu　07. 01. 228

*关帖　guan shu　07. 01. 228

*关约　guan shu　07. 01. 228

官府往来文书　guan fu wang lai wen shu　07. 01. 083

官契　guan qi　07. 01. 134

*官文书汇报　chronological style books　04. 04. 019

馆编件号　number of records by archives　02. 05. 029

*管勾架阁库　jia ge ku guan gou　08. 03. 023

*光谱感光度　colour sensitivity　05. 04. 016

光通量　luminous flux　05. 02. 007

光学密度　optical density　05. 04. 011

广告　guang gao　07. 01. 190

归档范围　archiving scope　02. 05. 003

归档时间　time of archiving　02. 05. 004

归档文件　archived records　02. 05. 001

归档文件编号　numbering of archived records　02. 05. 024

归档文件编目　catalog of archived records　02. 05. 025

归档文件分类　classification of archived records　02. 05. 022

归档文件分类方法　classification methods for archived records　02. 05. 008

归档文件排列　ordering of archived records　02. 05. 023

归档文件整理　arrangement of archived records　02. 05. 006

归档文件整理原则　principles of archived records arrangement　02. 05. 007

归档文件装订　binding of archived records　02. 05. 021

归档文件装盒　boxing of archived records　02. 05. 026

归档要求　archiving requirements　02. 05. 005

归档章　stamp for archived records　02. 05. 030

归卷类目　classification scheme of archived records　02. 05. 009

规程　gui cheng　07. 01. 170

规定　stipulation；provision　02. 01. 050

规范性文件　normative records　02. 01. 026

规则　gui ze　07. 01. 172

瓯函投书　gui han tou shu　07. 03. 012

贵族档案库　Archives of Nobility　09. 02. 009

国防部接收中央各军事机关过时档案办法　Regulations of Accepting the Inactive Archive from Central Military Institutions of the Ministry of Defense　08. 02. 029

国防部战史编纂委员会　Compilation Committee of History of Ministry of Defense　08. 04. 072

国际档案大会　ICA Congress　09. 04. 005

国际档案理事会　International Council on Archives；ICA　09. 04. 001

国际档案理事会东亚地区分会　East Asian Regional Branch of the International Council on Archives；EASTICA　09. 04. 004

国际档案理事会年会　Annual Conference of ICA　09. 04. 002

国际档案日　International Archive Day　09. 04. 011

国际档案圆桌会议　International Archives Round Table Conference　09. 04. 003

国际文件管理者和指导者协会　Association of Records Manager and Administrator；ARMA International　09. 04. 014

国家档案馆　state archives　01. 04. 013

国家档案全宗　national archival fonds　01. 02. 034

*国民政府国史馆筹备委员会、中国国民党党史史料编纂委员会接收档案联合办事处　Joint Archive Acquisition Office　08. 04. 070

国史馆大库　Archival Repository of National History Academy　08. 04. 063

国王档案馆　crown archives　09. 02. 014

过度标引　overused indexing　03. 04. 032

过所　guo suo　07. 01. 133

过朱　guo zhu　07. 03. 024

H

哈里斯大纸草　Great Harris Papyrus　09.01.002

*哈里斯纸草卷　Great Harris Papyrus　09.01.002

含湿量　specific humidity　05.02.006

函　official letter　02.01.065，han　07.01.129

汉本房　Han ben fang　08.04.040

汉档房　Han dang fang　08.04.054

汉票签处　Han piao qian chu　08.04.043

翰林待诏　han lin dai zhao　08.03.017

翰林院　han lin yuan；Hanlin academy　08.04.060

合挥　he hui　07.01.149

合集　collection of two writers' works　04.03.016

*合墨　he tong　07.01.231

合同　he tong　07.01.231

合檄　he xi　07.01.086

合行唤讯　he xing huan xun　07.02.079

*合议　he tong　07.01.231

和图利档　archives of Hetuli　08.01.051

劾状　he zhuang　07.01.204

核稿　draft review　02.03.005

核签　endorsement　02.03.010

贺折　he zhe　07.01.074

黑白胶片　black and white film　05.04.036

黑图档　hei tu dang　08.01.034

横挂式　transverse mounting　05.03.022

*横批式　transverse mounting　05.03.022

红白禀　hong bai bing　07.01.101

红本处　hong ben chu　08.04.045

*红本房　pi ben chu　08.04.046

红军战史编辑委员会　Editorial Board of the History of the Red Army　08.04.078

红军战史征编委员会　Collecting and Editing Committee of the History of the Red Army　08.04.079

红名篇　hong ming pian　08.01.042

*红契　guan qi　07.01.134

*红谕　yu　07.01.096

宏观鉴定论　macro-appraisal theory　03.02.010

宏观鉴定战略　macro-appraisal strategy　03.02.013

侯马盟书　Houma allied oath　08.01.009

后湖黄册库　Houhu Huang Ce Ku　08.04.031

后湖志　Hou Hu Zhi　08.04.082

后组式检索语言　post-coordination retrieval language　03.04.036

湖北革命实录馆　Hubei Revolutionary Records Museum　08.04.068

蝴蝶装　butterfly mounting　05.03.027

虎符　hu fu　07.01.015

互操作性　interoperability　06.02.025

*户口黄册　huang ce　08.01.025

*护戒牒　jie die　07.01.141

护照　hu zhao　07.01.138

画行　hua xing　07.03.020

桦树皮档案　birch bark archive　09.01.006

*皇榜　jin bang　07.01.056

皇帝档案库　Archives of Emperor　09.02.010

皇史宬　Huang Shi Cheng　08.04.032

*黄榜　jin bang　07.01.056

黄册　huang ce　08.01.025

黄档房　huang dang fang　08.04.052

黄籍　huang ji　07.01.210

*珲春副都统衙门档案　archives of Hunchun Deputy General's Yamen　08.01.054

珲春协领衙门档案　archives of Hunchun Deputy General's Yamen　08.01.054

汇编　compendium　04.03.022

*汇编参考材料　compilation of reference materials　04.03.102

汇集全宗　collection fonds　03.01.034

会典　hui dian；digest of statutes　04.04.017

会签　countersigning records　02.03.011

会商　consulting within system　02.03.006

会要　hui yao；essential documents and regulations　04.04.018

会议简介　brief introduction on conference　04.02.018

会议录　hui yi lu　07.01.183

会议文件　conference records　02.01.031

混合性档案文献　mixed archival documentation　04.02.028

火牌　huo pai　07.01.146

火票　huo piao　07.01.147

J

机读档案 machine-readable archives 01.02.022

机读文件 machine readable records 06.04.002

机密文件 secret records 02.01.034

机要交通 communication system for the delivery of confidential records 02.03.026

机要通信 postal system for the delivery of confidential records 02.03.025

机制纸 machine-made paper 05.01.036

积层架 layered shelf 03.03.015

积极修辞 advanced rhetoric 02.04.036

*基本情况统计 collection of statistical data 04.02.021

基本史料题目 fundamental historical topics 04.03.004

*基础数字汇编 collection of statistical data 04.02.021

基础数字汇集 basic figure collection 03.05.017

稽察房 ji cha fang 08.04.044

稽首 qi shou 07.02.002

极性 polarity 05.04.026

急递铺 ji di pu 08.04.021

急件 urgent records 02.01.041

集成管理 integrated management 06.01.039

集中式保管模式 centralized custody model 06.03.001

辑录方式 style of edition 04.03.029

计簿 ji bu 07.01.212

计划书 ji hua shu 07.01.186

*计籍 ji bu 07.01.212

*计书 ji bu 07.01.212

计算机辅助标引 computer-assisted indexing 06.04.005

计算机文件 computer file 06.01.008

计算机自动抽词 automatic computer word extraction 06.04.004

计账 ji zhang 07.01.214

记 ji 07.01.084

*纪略 fang lve 04.04.020

纪事考订 examining and correcting historical event 04.03.062

纪要 meeting minutes 02.01.059

技术鉴定 technical appraisal 06.03.015

祭司档案 priest archive 09.01.008

寄信档 ji xin dang 08.01.040

*寄信上谕 ji xin yu zhi 07.01.053

寄信谕旨 ji xin yu zhi 07.01.053

加密 encryption 06.02.018

加权检索 class-weighted retrieval 06.03.022

加速老化 accelerated aging 05.02.019

*家谱 pu die 07.01.221

家庭全宗 family fonds 03.01.030

家族全宗 kindred fonds 03.01.031

夹单禀 jia dan bing 07.01.102

*夹单密禀 jia dan bing 07.01.102

夹片 jia pian 07.01.079

夹注 notes between two lines of text 04.03.119

甲骨档案 archives on bones or tortoise shells 01.02.009

甲骨档案汇编 compilation of inscriptions on oracle-bone 04.04.024

甲库 jia ku 08.04.013

甲库令史 jia ku ling shi 08.03.018

架阁 jia ge 08.03.024

架阁库 jia ge ku 08.04.017

架阁库管勾 jia ge ku guan gou 08.03.023

间接档案类别 indirectly related archival category 04.03.045

间接档案全宗 indirectly related archival fonds 04.03.044

监照 jian zhao 07.01.139

兼容性 compatibility 06.02.024

笺 jian 07.01.063

笺函 jian han 07.01.189

缣帛档案 silk archives 01.02.012

拣除 jian chu 08.02.003

检简 jian jian 08.02.006

检校 jian jiao 08.03.035

检索策略 retrieval strategy 06.03.018

简编 simple compendium 04.03.024

简牍档案汇编 compilation of inscriptions on bamboo and wood 04.04.026

*简书 ming 07.01.002

见面 jian mian 07.03.036

件号 item number 02.05.027

建议书 jian yi shu 07.01.179

鉴定小组 archival appraisal group 03.02.018

江西布政使司黄册库 Jiangxi Bu Zheng Shi Si Huang Ce Ku 08.04.035

交发 jiao fa 07.03.038

交片 jiao pian 07.01.128

交折　jiao zhe　07.03.040

胶片酶解　film deterioration by enzyme　05.04.045

胶片密度　film density　05.04.012

脚注　footnote　04.03.116

剿捕档　jiao bu dang　08.01.044

*缴回朱批奏折制度　returning system of Zhupi memorials　08.02.010

校点本　collated and punctuated text　04.03.034

校对　proofreading method　02.03.016

校法四例　four collation methods　04.03.082

*校勘四法　four collation methods　04.03.082

教　jiao　07.01.088

教会档案馆　religious archives　09.02.012

教旨　jiao zhi　07.01.041

阶段组合法　filing by production stage　03.01.084

接扣　jie kou　07.03.027

接收档案联合办事处　Joint Archive Acquisition Office　08.04.070

接折　jie zhe　07.03.035

揭帖　jie tie　07.01.130

节　jie　07.01.016

节录　integration-chapter　04.03.031

节略　jie lve　07.01.113

结构　structure　06.01.016

结构组合法　filing by components of a product or an equipment　03.01.080

结晶区　crystalline region; crystalline area　05.01.007

结绳　knots　08.01.001

结尾用语　ending phrase　02.04.054

捷报处　jie bao chu　08.04.057

截词检索　truncation retrieval　06.03.021

*解题　introduction and comment on archival materials　04.03.114

解像力　resolution　05.04.014

*介质　media　06.02.001

*戒敕　jie shu　07.01.032

戒牒　jie die　07.01.141

戒书　jie shu　07.01.032

借代　metonymy　02.04.039

金榜　jin bang　07.01.056

*金匮石室　shi shi jin kui; golden box and stone room　08.02.001

*金兰簿　jin lan pu　07.01.230

金兰谱　jin lan pu　07.01.230

*金兰契　jin lan pu　07.01.230

*金兰帖　jin lan pu　07.01.230

金石档案汇编　compilation of inscriptions on bronze and stone　04.04.025

*金书铁券　dan shu tie quan　07.01.034

金文档案　archives on bronze objects　01.02.010

金耀门文书库　Jin Yao Men Wen Shu Ku　08.04.019

金字牌急脚递　jin zi pai ji jiao di　07.03.015

紧急程度　urgency　02.04.014

进画颁行　jin hua ban xing　07.03.009

进奏院　jin zou yuan　08.04.012

*禁毁年限　barrier date　03.02.014

禁毁日期　barrier date　03.02.014

经办用语　processing phrase　02.04.047

经历　jing li　08.03.033

经世文编　jing shi wen bian　04.04.023

经折装　accordion mounting　05.03.028

旧记整理处　History Archive of Puppet Manchuria　08.04.075

旧政权档案　archives of old regimes　01.02.037

居延汉简　Juyan wooden slips created in the Han Dynasty　08.01.015

据　ju　07.02.055

据此　ju ci　07.02.072

聚合　aggregation　06.01.010

聚合度　degree of polymerization　05.01.006

聚酯片基　polyester film base　05.04.041

卷查　juan cha　07.02.033

卷内备考表　reference appendix　02.05.017

卷内文件目录　list in a file　02.05.016

卷式缩微品　reel microfilm　05.04.005

卷轴式　roll-up mounting　05.03.023

*卷子装　roll-up mounting　05.03.023

决定　decision　02.01.053

决议　resolution　02.01.057

绝密文件　top secret records　02.01.033

军机处　jun ji chu; grand council　08.04.036

军机章京　jun ji zhang jing; grand councilor assistants　08.03.037

军塘　jun tang　08.04.059

K

开放标识项　review of archives disclosure　03.04.016

开放档案目录　catalogue of disclosed archives　04.02.010

开放格式　open format　06.02.028

开放式装具　open enclosure；open fittings　05.04.047

开面　kai mian　07.03.041

开箱必读　must-read for unpacking　08.02.040

楷书吏　kai shu li；beadle of regular script　08.03.021

*楷书手　kai shu li；beadle of regular script　08.03.021

勘合　kan he　07.01.145

*勘契　kan he　07.01.145

看得　kan de　07.02.042

看语　kan yu　07.03.034

拷贝片　copy film　05.04.019

科抄　ke chao　07.03.032

*科技档案　science and technology archives　01.02.025

科技档案保管单位　custody unit of science and technology archive　03.01.079

科技档案编研　science and technology archives compilation and research　04.01.005

科技档案参考资料　reference of science and technology archives　04.02.022

科技档案管理学　studies of science and technology archives management　01.01.007

科技档案汇编　compendium of science and technology archives　04.02.026

科技档案简介　brief introduction to science and technology archives　04.02.027

科技档案文摘　digest of science and technology archives　04.02.024

科技活动年鉴　annal of scientific and technological activities　04.02.025

科技文件成套性　principle of keeping the scientific and technical records created in one technical and production activity intact　03.01.091

科技文件管理学　studies of science and technology records management　01.01.008

科学技术档案　science and technology archives　01.02.025

可读性　readability　06.01.021

可也　ke ye　07.02.068

可用性　usability　06.01.022

刻画符号　carved or drawn marks　08.01.003

刻契　carved symbols　08.01.002

课　ke　07.01.207

课题分类法　classification by subject　03.01.076

孔府档案　Confucian Mansion archives　08.01.059

孔目　kong mu　08.03.032

口述历史　oral history　01.02.041

叩头死罪　kou tou si zui　07.02.003

库房编号　storage number　03.03.017

库房排架　storage shelf　03.03.018

会计档案　accounting archives　01.02.027

*快邮代电　dai dian　07.01.176

L

蜡板档案　waxed tablet archive　09.01.004

来源联系　provenance relation　03.01.014

来源原则　principle of provenance　03.01.022

莱顿纸草　Leiden Papyrus；Ipuwer Papyrus　09.01.003

兰台　lan tai　08.04.009

兰台令史　lan tai ling shi　08.03.012

蓝盾计划　Blue Shield Program　09.04.008

类户分类法　agencies and its receiving agency classification　08.02.036

*离散档案　removed archives；dispersed archives；displaced archives　01.02.040

离线归档　off-line filing；off-line archiving　06.03.010

礼部清档房　qing dang fang of Ministry of Rites　08.04.051

里耶秦简　Liye Qin slips　08.01.013

理合呈请　li he cheng qing　07.02.080

理校法　collation method according to existing knowledge　04.03.086

理由书　li you shu　07.01.182

历史档案　historical archives　01.02.008

历史价值　historical value　01.03.009

历史联系　historical relation　03.01.013

历史事件简介　brief introduction on historical event　04.02.019

立档单位　filing unit　03.01.028

立档单位与全宗历史考证　administrative history of fonds

and its originating agency　03.01.041

*立卷　filing;copying　08.02.017

立卷特征　criteria for filing　02.05.014

利用决定论　utilization determinism　03.02.009

隶属关系　relationship of administrative subordination
02.02.014

联合分类法　classification using over two standards
03.01.056

联合全宗　federated fonds　03.01.032

联合行文　jointly issued records　02.02.023

联机检索　online retrieval　06.03.019

*粮户册　huang ce　08.01.025

列宁档案法令　Lenin's Archival Decree　09.03.006

临时政府公报　The Nanjing Provisional Government Bulle-
tin　08.01.061

灵石宋代文书　Lingshi documents created in the Song Dy-
nasty　08.01.023

领导指导性文件　guidance and supervision records
02.01.027

领导指导作用　role of guidance and instruction
02.01.018

领叙词语　introductory phrase　02.04.044

令　ling　07.01.020

令史　ling shi　08.03.011

留中　liu zhong　07.03.007

*流水　liu shui zhang　07.01.226

*流水簿　liu shui zhang　07.01.226

流水账　liu shui zhang　07.01.226

六个特征立卷法　six features for filing　02.05.015

六科　liu ke　08.04.028

*龙凤合挥　he hui　07.01.149

*龙凤批　he hui　07.01.149

*龙鳞装　scale mounting　05.03.024

录　lu　07.01.206

*录副　lu fu zou zhe　07.01.076

录副奏折　lu fu zou zhe　07.01.076

录事　lu shi　08.03.048

录像档案　video archives　01.02.020

录音档案　audio archives　01.02.018

*录子　bang zi　07.01.068

*露板　lu bu　07.01.067

*露版　lu bu　07.01.067

露布　lu bu　07.01.067

露点温度　dew point temperature　05.02.003

纶音档　lun yin dang　08.01.039

*轮对劄子　zou zha　07.01.069

论事敕书　lun shi chi shu　07.01.038

罗布泊魏晋文书　Lop Nur documents created in Wei and
Jin Dynasties　08.01.019

逻辑案卷　logical file　06.03.017

逻辑归档　logical filing;logical archiving　06.03.012

履历　lv li　07.01.208

律　lv; criminal code　04.04.006

M

满本房　Man ben fang; Manchu documents office
08.04.039

*满本堂　Man ben fang; Manchu documents office
08.04.039

满档房　Man dang fang　08.04.053

满票签处　Man piao qian chu　08.04.042

满文老档　early archives in Manchu script　08.01.028

满文木牌　Manchu script in wooden tablets　08.01.029

*满洲堂　Man ben fang; Manchu documents office
08.04.039

昧死　mei si　07.02.001

蒙　meng　07.02.052

蒙此　meng ci　07.02.069

蒙古房　Meng Gu fang　08.04.041

蒙批　meng pi　07.02.057

盟府　meng fu　08.04.003

盟书　meng shu　07.01.017

*秘密书　Sibylline Books　09.01.010

秘密文件　confidential records　02.01.035

密本　mi ben　07.01.080

密闭式装具　airtight enclosure; airtight fittings
05.04.048

密封式装具　airproof enclosure; sealed fittings
05.04.049

密级和保密期限　confidentiality level and duration
02.04.013

密级项　confidentiality level　03.04.014

密集架　compact shelf　03.03.014

＊密寄　ji xin yu zhi　07.01.053
密件　classified records　02.01.032
密钥　secret key　06.02.020
民国档案　archives of the Republican period　01.02.039
＊民黄册　huang ce　08.01.025
民契　min qi　07.01.223
名称组合法　filing by project name　03.01.089
名籍　ming ji　07.01.209
名录　name catalogue　04.02.013
名人档案　archives of famous persons　01.02.032
＊明发　ming fa yu zhi　07.01.054
＊明发上谕　ming fa yu zhi　07.01.054
明发谕旨　ming fa yu zhi　07.01.054
明清档案　archives of Ming and Qing Dynasties　01.02.038
明褪　fading in light　05.04.044
命　ming　07.01.002

命令　order　02.01.052
＊命书　ming　07.01.002
谟　mo　07.01.007
＊末日裁判书　Domesday Book　09.01.015
末日审判书　Domesday Book　09.01.015
墨卷　mo juan　07.01.217
某手　mou shou　07.02.012
模板　template　06.02.011
母片　master　05.04.050
木兰档　Mulan archives　08.01.048
目录　table of contents　04.03.123
沐批　mu pi　07.02.058
＊幕宾　mu liao　08.03.044
＊幕客　mu liao　08.03.044
幕僚　mu liao　08.03.044
＊幕友　mu liao　08.03.044

N

耐火极限　duration of fire resistance　05.02.015
南部档案　Nanbu county archives　08.01.058
南档房　nan dang fang　08.04.049
南京临时政府秘书处　The Secretariat of the Nanjing Provisional Government　08.04.067
南宋徐谓礼文书　Xu Weili documents copied in South-Song Dynasty　08.01.024
＊内部鉴别　internal examination and correction　04.03.058
内部考订　internal examination and correction　04.03.058
＊内部批判　internal examination and correction　04.03.058
内部文件　internal records　02.01.036
内阁　nei ge; cabinet　08.04.022
＊内阁明发　ming fa yu zhi　07.01.054
内容　content　06.01.017
内容鉴定　content appraisal　06.03.014
内容联系　content relation　03.01.016
内收文登记　internal incoming records registration

02.03.034
泥板档案　clay tablet archive　09.01.019
＊泥封　feng ni　07.03.005
泥印　clay seal　09.01.017
拟办　handling suggestion for incoming records　02.03.041
拟稿　make a draft　02.03.004
拟合就行　ni he jiu xing　07.02.078
＊拟票　piao ni　07.03.030
年度分类法　classification by year　03.01.046
年度-问题分类法　classification by year and theme　03.01.059
年度-组织机构分类法　classification by year and institution　03.01.057
年鉴　annal; year book　04.02.015
年龄鉴定论　old age is to be respected　03.02.005
年谱　biographical chronicle　04.02.016
宁古塔副都统衙门档案　archives of Ningguta Deputy General's Yamen　08.01.053

P

排比　arranging in order　08.02.019, parallelism　02.04.040

排单　pai dan　07.03.042
排刷　coir scrub brush　05.03.012

排印本　font-changed text　04.03.038

牌　pai　07.01.092

牌开　pai kai　07.02.048

牌示　pai shi　07.01.192

判例集　selected cases　04.04.011

判日　pan ri　07.03.021

批　pi　07.01.152

批办　approval to handling suggestion　02.03.042

批本处　pi ben chu　08.04.046

批答　pi da　07.01.035

批复　official reply　02.01.054

批红　pi hong　07.03.031

批令　pi ling　07.01.164

批语去留　methods of dealing with comments　04.03.077

篇后注　notes located at the end of an article　04.03.118

片式缩微品　chip microfilm　05.04.006

票　piao　07.01.093

票拟　piao ni　07.03.030

*票旨　piao ni　07.03.030

平牒　ping die　07.01.119

平件　regular processing records　02.01.042

*平均聚合度　degree of polymerization　05.01.006

平民档案库　Archives of Civilian　09.02.008

*平阙之制　tai tou　07.03.003

平行关系　parallel relationship　02.02.016

平行文　records to parallel or non-subordinate　02.02.021

评事　ping shi　08.03.029

评注本　annotated text　04.03.035

凭证价值　evidential value　01.03.006

凭证依据作用　role of evidence　02.01.022

屏风档　ping feng dang　08.01.033

普遍利用　general use　03.05.005

普鲁士机密国家档案馆　Prussian Privy State Archives　09.02.018

普通邮寄　ordinary mail　02.03.024

谱牒　pu die　07.01.221

谱牒档案　genealogical archives　01.02.031

曝光时间　exposure time　05.04.035

Q

期请用语　expectation and inquiry phrase　02.04.049

骑缝证书　indenture　09.01.014

企业档案馆　business archives;enterprise archives　01.04.018

启　qi　07.01.062

启封　records unsealing　02.03.033

起居注　imperial diary　08.01.021

气候史档案调查项目　Archival Survey for Climate History；ARCHISS　09.04.009

气调杀虫　gas adjustment insecticidal method　05.02.013

契据登记簿　register of deeds　09.01.012

*契据集　register of deeds　09.01.012

契约类文件　contract records　02.01.030

千文架阁法　file storage methods of the Song Dynasty　08.02.007

迁移　migration　06.02.007

佥票　qian piao　07.01.135

*佥业归户票　qian piao　07.01.135

*佥业票　qian piao　07.01.135

谦敬用语　honorary phrase　02.04.053

签　qian　07.01.115

签呈　qian cheng　07.01.105

签发　issuing records　02.03.007

签发人　issuer of records　02.04.017

签署　signature　02.03.021

前端控制　headend control　06.01.038

*前记　preface　04.03.103

*前言　preface　04.03.103

潜影　latent image　05.04.030

抢救性保护　salvage conservation　05.03.013

窃　qie　07.02.025

窃惟　qie wei　07.02.026

*窃维　qie wei　07.02.026

窃照　qie zhao　07.02.027

钦此　qin ci　07.02.067

沁阳载书　Qinyang allied oath　08.01.010

青册　qing ce　08.01.026

*清代四川南部县衙门档案　Nanbu county archives　08.01.058

清档制度　regulations of archival coping　08.02.011

清检　qing jian　08.02.009

清理东大库分类目录　the classified catalogue of Imperial East Cabinet Archive　08.02.014

情　qing　07.02.040

请安折　qing an zhe　07.01.075

请示　request for reply　02.01.061

请愿书　qing yuan shu　07.01.181

求实原则　principle of respecting original archives　04.03.071

区分全宗　identification of fonds　03.01.042

权限　authorization　06.02.017

全程管理　lifecycle management　06.01.037

全集　complete works　04.03.018

全录　integration-all　04.03.030

＊全权证书　chi shu　07.01.043

全宗　fonds　03.01.025

全宗单　fonds list　03.03.005

全宗号　fonds number　03.01.064

全宗卷　file for archival fonds　03.03.022

全宗卡片　card of archival fonds　03.03.004

全宗名册　fonds roll　03.03.003

全宗名称　the name of fonds　03.01.026

全宗群　fonds complex；fonds group　03.01.040

全宗原则　principle of fonds　03.01.027

全宗指南　guide to archival fonds　03.04.051

券　quan　07.01.009

＊券书　quan　07.01.009

R

人名注释　name annotation　04.03.110

人事档案　personnel archives　01.02.028

人物简介　profile　04.02.017

人物评述注释　comment and note on historic figures　04.03.111

人物全宗　figure fonds　03.01.029

＊人物传记年表　biographical chronicle　04.02.016

任命状　ren ming zhuang　07.01.097

日历　calendar　04.04.015

＊日流　liu shui zhang　07.01.226

日期项　date　03.04.017

容灾　disaster tolerance　06.02.015

如律令　ru lv ling　07.02.021

如书　ru shu　07.02.019

如诏书　ru zhao shu　07.02.020

儒士　ru shi　08.03.043

入递　ru di　07.03.014

S

三次档案文献　tertiary archival documentation　04.02.014

＊三醋酸片基　acetate film　05.04.040

三醋酸纤维素酯片基　acetate film　05.04.040

三库　three storerooms　08.04.014

散失档案　removed archives；dispersed archives；displaced archives　01.02.040

稿月七日档案法令　Loi sur les archives de 7 messidor　09.03.005

缮印　copy printing　02.03.015

商洽性文件　negotiation records　02.01.029

商洽用语　discussion and negotiation phrase　02.04.048

商书　Shang shu　08.01.005

商业性文件中心　commercial records center　01.04.021

＊上传档　shang yu dang　08.01.035

＊上殿劄子　zou zha　07.01.069

＊上计簿　ji bu　07.01.212

上缴朱批奏折制度　returning system of Zhupi memorials　08.02.010

上尚书　shang shang shu　07.02.005

上书　shang shu　07.01.022

上书皇帝陛下　shang shu huang di bi xia　07.02.004

＊上疏　zou　07.01.058

上行文　records submitted to higher authority　02.02.019

＊上谕簿　shang yu dang　08.01.035

上谕档　shang yu dang　08.01.035

尚书　shang shu　08.03.007

社会分析与职能鉴定论　social analysis and functional appraisal theory　03.02.011

＊赦令　she wen　07.01.033

＊赦书　she wen　07.01.033

赦文　she wen　07.01.033

＊赦诏　she wen　07.01.033

申陈　shen chen　07.01.108

申令　shen ling　07.01.162

数字水印 digital watermark 06.02.013

＊数字图像文件 image records 06.01.026

数字文件 digital records 06.01.002

＊数字组件 component 06.01.011

双重鉴定 dual appraisal;content and technical dual appraisal 06.03.013

双轨制 paper-electronic double record keeping system 06.03.005

双行排架法 double shelving 03.03.019

＊双联合同 indenture 09.01.014

＊双套归档 dual-filing system;paper-electronic double archiving system 06.03.003

双套制 dual-filing system;paper-electronic double archiving system 06.03.003

双位法 two digit identifier 03.01.069

水解纤维素 hydrocellulose 05.01.010

说明 description 02.04.032

说帖 shuo tie 07.01.114

司书 si shu 08.03.047

司务 si wu 08.03.030

司务厅 si wu ting 08.04.027

丝纶簿 si lun bu 08.01.038

丝网加固法 reinforcing by silk 05.03.004

私人档案 private archives 01.02.007

私人档案库 private archives 09.02.006

私人文件 private records 02.01.003

＊私文 private records 02.01.003

私钥 private key 06.02.021

＊死人簿 the book of the dead 09.01.009

＊死人书 the book of the dead 09.01.009

死者书 the book of the dead 09.01.009

四季档 si ji dang 08.01.037

＊四柱册 si zhu qing ce 07.01.215

四柱清册 si zhu qing ce 07.01.215

讼状 song zhuang 07.01.205

＊宋式裱 Xuanhe mounting 05.03.026

酸性有害气体 acid harmful gas 05.02.009

＊随手档 Council of State's digests of memorials and edicts 08.01.030

随手登记档 Council of State's digests of memorials and edicts 08.01.030

＊随文注 notes between two lines of text 04.03.119

＊缩率 reduction ratio 05.04.017

缩微档案 microfilm archives 01.02.021

缩微胶片 microfilm 05.04.004

缩微品 microform 05.04.003

缩微摄影机 microfilm recorder 05.04.007

缩微摄影技术 microphotography;micrographics 05.04.002

缩微影像 microimage 05.04.031

缩小比率 reduction ratio 05.04.017

索引 index 04.03.126

T

他校法 collation method of using other materials 04.03.085

＊台湾文书 Danxin archives 08.01.057

抬头 tai tou 07.03.003

太平府架阁库 Jiageku of the Prefecture of Taiping;Tai Ping Fu Jia Ge Ku 08.04.034

太史寮 tai shi liao;count historian office 08.04.001

＊堂谕 yu 07.01.096

特急件 top urgent records 02.01.040

＊特权证书 letters patent 09.01.013

＊特许证 letters patent 09.01.013

特许状 letters patent 09.01.013

誊录簿 transcribed book 09.01.011

＊提案 ti yi an 07.01.184

＊提举案牍 ti kong an du 08.03.026

提控案牍 ti kong an du 08.03.026

提塘 ti tang 08.03.039

提议案 ti yi an 07.01.184

题本 ti ben 07.01.071

题副 ti fu 07.01.082

题解 introduction and comment on archival materials 04.03.114

题名录 ti ming lu 07.01.218

题名项 title 03.04.003

题目 topic 04.03.001

题目价值 value of topics 04.03.008

题目研究 studying topics 04.03.009

＊题注 introduction and comment on archival materials 04.03.114

天府 tian fu 08.04.004

＊田册 fish-scale inventory 08.01.027

条法事类 regulation collection 04.04.010

条块结合管理模式 the management model of integration of different professional sectors and local administrative departments 01.04.006

条例 rules; regulations 02.01.049

条目 entry 03.04.024

＊条旨 piao ni 07.03.030

帖 tie 07.01.089

贴黄 tie huang 07.03.017

＊铁契 dan shu tie quan 07.01.034

＊铁券 dan shu tie quan 07.01.034

听书从事 ting shu cong shi 07.02.016

＊廷寄 ji xin yu zhi 07.01.053

通报 important notification 02.01.056

通电 tong dian 07.01.099

通告 circular 02.01.063

通进银台司 tong jin yin tai si 08.04.015

通天架 overhead shelf 03.03.016

通信者分类法 classification by correspondent 03.01.050

通用文种 common types of records 02.01.046

通政使司 tong zheng shi si; bureau of transmission 08.04.026

＊通政司 tong zheng shi si; bureau of transmission 08.04.026

通知 notice 02.01.055

＊统计数字汇编 collection of statistical data 04.02.021

统计数字汇集 collection of statistical data 04.02.021

图集 atlas 04.02.023

图例 illustration 04.03.105

图书排架检校 archival examining and checking system of Yuan Dynasty 08.02.008

图像文件 image records 06.01.026

图形文件 graphic records 06.01.025

吐鲁番文书 Turfan documents 08.01.020

W

外部考订 external examination and correction 04.03.057

＊外部批判 external examination and correction 04.03.057

外国档案事业史 history of foreign archival enterprise 01.01.005

外纪档 wai ji dang 08.01.043

外交部编档办法 The Filling System of Ministry of Foreign Affair 08.02.024

外收文登记 external incoming records registration 02.03.032

＊外形鉴别 external examination and correction 04.03.057

完整性 integrity 06.01.020

＊亡人经 the book of the dead 09.01.009

＊亡人书 the book of the dead 09.01.009

王宫档案库 archives of palace 09.02.004

王国档案图书馆 library and archives of kingdom 09.02.015

微环境控制 micro-climate control 05.02.020

微泡胶片 vesicular film 05.04.010

为查 wei cha 07.02.036

为此 wei ci 07.02.075

为照 wei zhao 07.02.029

唯官移 wei guan yi 07.02.022

伪误档案 untrustworthy archives 03.02.022

委任令 wei ren ling 07.01.158

＊委任状 ren ming zhuang 07.01.097

谓 wei 07.02.014

慰劳制书 wei lao zhi shu 07.01.027

温县盟书 Wen county allied oath 08.01.011

文本文件 text records 06.01.023

＊文本选择 selection of edition 04.03.047

文档类型定义 document type definition; DTD 06.02.008

＊文档一体化 integrated management of records and archives 01.01.017

文牍员 wen du yuan 08.03.049

＊文告 gao shu 07.01.195

＊文后注 notes located at the end of an article 04.03.118

文件 records 02.01.001

文件标准化 records management standardization 02.02.027

文件标准化的形式 methods of records management standardization 02.02.028

文件处置 records disposition 03.02.003

文件处置办法 Records Disposition Regulations

08.02.038

文件传递　delivering records　02.03.023

文件档案一体化管理　integrated management of records and archives　01.01.017

文件的三要素　three elements of records　06.01.015

文件稿本　versions of records　02.01.067

文件工作　records management　02.02.001

文件工作标准　records management standards　02.02.008

文件工作程序　records management procedures　02.02.009

文件工作程序优化　optimization of records management procedures　02.02.011

文件工作的规范性　normative nature of records management　02.02.005

文件工作的机要性　confidentiality of records management　02.02.003

文件工作的技术性　technical nature of records management　02.02.006

文件工作的时效性　timeliness of records management　02.02.004

文件工作的政治性　political nature of records management　02.02.002

文件工作的组织形式　organization of records management　02.02.025

文件工作管理　supervision and planning of records management　02.02.024

文件工作机构　records management unit　02.02.026

文件工作基本原则　basic principles of records management　02.02.012

文件工作制度　rules and regulations of records management　02.02.007

文件公布　releasing records　02.03.048

文件功能　records function　02.01.017

文件管理元数据　recordkeeping metadata; records management metadata　06.01.034

文件归档　archiving records　02.05.002

文件汇编　compendia of records　04.02.006

文件级条目著录格式　description of item level　03.04.022

文件级整理　archived records arrangement on item level　02.05.020

文件简化　simplification of records management　02.02.029

文件简化的对象　object of simplification of records man-

agement　02.02.030

文件交换　records exchange　02.03.027

文件历史效用　historical effectiveness of records　02.01.011

文件连续体理论　records continuum theory　01.01.016

文件签收　signing for incoming records　02.03.031

文件清退　records checking and return　02.05.010

文件生命周期理论　records life cycle; life cycle of records　01.01.015

文件数量控制　records quantity control　02.02.031

文件双重价值论　double values of records　03.02.008

文件提要　records summary　02.03.038

文件体式　style, structure and format of records　02.01.005

文件文摘　records extraction　02.03.037

文件系列　record series　03.01.038

文件销毁　records destruction　02.05.011

文件效用　records effectiveness　02.01.006

文件效用空间范围　space scope of records effectiveness　02.01.009

文件效用人员范围　personnel scope of records effectiveness　02.01.010

文件效用时间范围　duration of records effectiveness　02.01.008

文件与档案管理项目　Records and Archives Management Program; RAMP　09.04.006

文件暂存　temporary storage of records　02.05.012

文件摘编加工　records extraction and processing　02.03.036

文件执行效用　records execution effectiveness　02.01.007

文件执行效用生成要件　requirements for records execution effectiveness　02.01.012

文件质量　records quality　02.02.033

文件质量管理体系　records quality management system　02.02.035

文件质量管理体系运行的机制　operating mechanism of records quality management system　02.02.036

文件质量特性　records quality characteristics　02.02.034

文件中心　records center　01.04.020

文件综述　records overview　02.03.039

文件组合　record group　03.01.036

＊文卷堂　Roll House　09.02.016

＊文末注　notes located at the end of an article　04.03.118

＊文内注　notes between two lines of text　04.03.119

文书处理部门立卷制度　filing system for records processing unit　01.05.015

文书档案　archives of daily operation in administrative business　01.02.024

文书档案改革运动　Reform Movement of Administrative Documents and Archives　08.04.081

文书档案连锁法　chain administrative method of documents and archives　08.02.033

文书学　studies of official records management　01.01.002

文体考订　examining and correcting genre　04.03.069

文献　documentation　04.01.001

文献编纂　compiling documentation　04.01.003

文献战略　documentation strategy　03.02.012

文种　records type　02.01.045

文种项　type of document　03.04.012

文种选用规则　rule for selection of records type 02.01.048

文字辨识　character recognition　04.03.075

问得　wen de　07.02.046

问题分类法　classification by theme　03.01.051

问题-年度分类法　classification by theme and year　03.01.060

巫　wu　08.03.001

＊无定形区　noncrystalline region；noncrystalline area　05.01.008

无酸纸　acid free paper　05.01.042

五史　wu shi　08.03.005

武昌文华图书馆学专科学校档案管理专科　Archive Management Department of the Boone Library School　08.04.074

物理案卷　physical file　06.03.016

物理归档　physical filing；physical archiving　06.03.011

X

吸收性　absorptivity of paper　05.01.027

檄　xi　07.01.085

玺书　xi shu　07.01.023

玺印　xi yin　07.03.004

系列题目　series of topics　04.03.006

细则　xi ze　07.01.173

下　xia　07.02.015

下行文　records to subordinate　02.02.020

夏书　Xia shu　08.01.004

先核后签　issuing records after reviewing　02.03.013

先组式检索语言　pre-coordination retrieval language　03.04.035

纤维素光氧化　photooxidation of cellulose　05.01.013

纤维素降解　degradation of cellulose　05.01.011

纤维素水解　hydrolysis of cellulose　05.01.009

纤维素氧化　oxidization of cellulose　05.01.012

现实价值　realistic value　01.03.008

现行文件汇编　compendium of current records　04.02.004

现行文件阅览中心　current records reading center　01.04.025

现月档　xian yue dang　08.01.036

限国内公开文件　records limited to domestic access　02.01.037

＊乡会试题名录　ti ming lu　07.01.218

乡试录　xiang shi lu　07.01.220

相对湿度控制　relative humidity controlling　05.02.004

相应知照　xiang ying zhi zhao　07.02.082

详　xiang　07.01.110

详称　xiang cheng　07.02.050

＊象魏悬书　xuan fa xiang wei　08.02.002

消极修辞　basic rhetoric　02.04.035

销毁　destruction　06.03.025

小麦淀粉糨糊　wheat starch paste　05.03.005

新来源观　rediscovery of provenance　03.01.024

信封泥板　clay tablet confidential regulation　09.03.002

信牌档　xin pai dang　08.01.032

＊行述　xing zhuang　07.01.233

行为规范作用　role of code of conduct　02.01.019

行文方向　records delivery flows within a system　02.02.018

行文关系　relationship between issuing agency and receiving agency　02.02.013

行文规则　rules of records creation and processing　02.02.022

行移勘合　xing yi kan he　07.03.018

行政官员决定论　administrators determinism　03.02.006

行政院档案整理处　File Sorting Office of Administrative

Institute 08.04.071

行状 xing zhuang 07.01.233

形式联系 formal relation 03.01.017

型号分类法 classification by the type of a product or an equipment 03.01.072

修裱 mounting 05.03.006

修补 repairing 05.03.007

修档制度 regulations of archival re-coping 08.02.012

修订本 revised records 02.01.073

*虚拟案卷 logical file 06.03.017

需头 xu tou 07.03.029

*许可证 letters patent 09.01.013

*序 preface 04.03.103

序案 xu an 07.03.043

序言 preface 04.03.103

*叙 preface 04.03.103

叙案 xu an 07.03.033

叙词 descriptors 03.04.041

叙述 narration 02.04.031

*绪言 preface 04.03.103

续编 continuation 04.03.028

宣 xuan 07.01.049

宣敕 xuan chi 07.01.048

宣传教育作用 role of publicity and education 02.01.020

宣和裱 Xuanhe mounting 05.03.026

宣言 xuan yan 07.01.188

悬法象魏 xuan fa xiang wei 08.02.002

*旋风装 scale mounting 05.03.024

选本 selection of edition 04.03.047

选编 selected works 04.03.023

*选材 selection of archival materials 04.03.046

选材标准 criterion of selecting archival materials 04.03.048

*选材大纲 outline for compilation 04.03.040

选材方案 scheme for selecting archival materials 04.03.049

选材方法 methods of selecting archival materials 04.03.051

选材卡 card of selecting archival materials 04.03.052

选材原则 principles for selecting archival materials 04.03.050

选集 analects 04.03.019

选题 selecting topic 04.03.002

选题规划 topic planning 04.03.003

学术利用 academic use 03.05.003

训 xun 07.01.005

训词 xun ci 07.01.198

训令 xun ling 07.01.156

Y

压缩 compression 06.02.019

牙帖 ya tie 07.01.136

研光 calendering 05.03.018

言到日 yan dao ri 07.02.024

衍文 surplus words 04.03.089

演说词 yan shuo ci 07.01.199

验 yan 07.01.109

*验折 yan 07.01.109

羊皮纸档案 parchment archive 09.01.007

仰 yang 07.02.074

仰即遵照 yang ji zun zhao 07.02.081

氧化纤维素 oxidized cellulose 05.01.014

氧化性有害气体 oxidation harmful gas 05.02.010

样式雷图档 yang shi lei charts 08.01.052

要辑 important album 08.02.021

业务档案 business archives 01.02.006

业务系统 business system 06.02.002

业务指导关系 business supervision relationship 02.02.015

页末注 endnote 04.03.115

液相去酸法 liquid-phase deacidification 05.03.003

一般史事注释 event annotation 04.03.109

一次档案文献 primary archival documentation 04.02.002

一稿三章 yi gao san zhang 07.03.045

一文一题标题法 method of drafting one title for one archival compendium 04.03.095

*伊浦味陈词 Leiden Papyrus; Ipuwer Papyrus 09.01.003

*伊浦味箴言 Leiden Papyrus; Ipuwer Papyrus 09.01.003

移 yi 07.01.124

*移付 fu 07.01.125

*移会 yi 07.01.124

*移书　yi　07.01.124

*遗书　yi　07.01.124

议　yi　07.01.059

议案　proposal　02.01.058

议得　yi de　07.02.044

议复档　yi fu dang　08.01.045

议论　analyze and comment　02.04.033

驿丞　yi cheng　08.03.031

驿传　yi chuan　07.03.002

*驿站　yi chuan　07.03.002

意见　opinions　02.01.066

意见书　yi jian shu　07.01.177

音频文件　audio records　06.01.028

音像档案　audio-visual archives　01.02.015

殷墟甲骨档案　oracle bones archives of Yin Dynasty ruins
08.01.006

*银-明胶型胶片档案　silver film archive　05.04.037

银盐胶片档案　silver film archive　05.04.037

尹湾汉简　Yinwan written slips created in the Han Dynasty
08.01.017

引黄　yin huang　07.03.010

引叙用语　citing phrase　02.04.046

*引言　preface　04.03.103

引用　quote　02.04.037

印发机关和印发日期　issuing agency and issuing date
02.04.029

印结　yin jie　07.01.143

*印契　guan qi　07.01.134

印章考订　examining and correcting seal　04.03.064

英国藏卷馆　Roll House　09.02.016

英国公共档案法　Public Records Act　09.03.004

影片档案　film archives　01.02.017

影响文件数量的因素　factors affecting the number of re-
cords　02.02.032

影像区　image area　05.04.032

影印本　photocopy　04.03.039

硬拷贝　hard copy　05.04.033

用印　sealing　02.03.020

用印制度　seal regulation　09.03.001

由详　you xiang　07.01.112

邮符　you fu　07.01.144

*鱼鳞册　fish-scale inventory　08.01.027

*鱼鳞图　fish-scale inventory　08.01.027

鱼鳞图册　fish-scale inventory　08.01.027

鱼鳞装　scale mounting　05.03.024

舆图档案　ancient map archives　01.02.013

语书　yu shu　07.01.021

玉牒　yu die　07.01.222

预防性保护　preventive conservation　05.03.014

预言书　Sibylline Books　09.01.010

预言书档案库　Archives of Prophecy　09.02.007

谕　yu　07.01.096

谕旨　yu zhi　07.01.051

御史　yu shi　08.03.009

御史台　yu shi tai　08.04.007

御史中丞　yu shi zhong cheng　08.03.010

御札　yu zha　07.01.045

元数据　metadata　06.01.032

元数据方案　metadata schema　06.02.009

元数据元素　metadata element　06.01.033

爰书　yuan shu　07.01.201

原生性电子文件　born-digital records　06.01.003

原始记录　original documentation　01.02.002

原始价值　original value　01.03.003

缘由　yuan you　07.02.066

院令　yuan ling　07.01.154

*掾吏　yuan shi　08.03.013

掾史　yuan shi　08.03.013

*掾属　yuan shi　08.03.013

约剂　yue ji　07.01.010

月折包　yue zhe bao　08.02.013

阅读器　reader　05.04.027

云梦秦简　Yunmeng written slips created in the Qin Dynas-
ty　08.01.012

Z

杂辑　unimportant album; miscellanea　08.02.022

*杂项档　archives of Hetuli　08.01.051

*载书　meng shu　07.01.017

载体　media　06.02.001

载体分类法　classification by medium　03.01.055

载体考订　examining and correcting medium　04.03.065

载体形态项　characteristics of medium　03.04.018

宰相档案库　Archives of Prime Minister　09.02.002

在案　zai an　07.02.065

在线归档　on-line filing；on-line archiving　06.03.009

攒典　zan dian　08.03.040

暂行本　provisional records　02.01.072

早事档　morning affairs archives　08.01.047

责任者项　author　03.04.007

增订本　updated version　04.03.027

劄　zha　07.01.094

札　zha　07.01.095

乍册　zha ce　08.03.004

摘录　excerpt　04.03.032

摘由　zhai you　07.03.022

＊债券　fu bie　07.01.012

战备箱　tank；archival war reserve case　03.03.011

张家山汉简　Zhangjiashan bamboo slips created in the Han Dynasty　08.01.016

章　zhang　07.01.060

章程　zhang cheng　07.01.171

＊章奏　zou shu　07.01.057

掌故　zhang gu　04.04.005

掌卷员　archival staff　08.03.050

掌书　zhang shu　08.03.008

诏　zhao　07.01.028

＊诏敕　zhao ling wen shu　07.01.024

＊诏令　zhao ling wen shu　07.01.024

诏令集　zhao ling ji　04.04.013

诏令文书　zhao ling wen shu　07.01.024

诏书　zhao shu　07.01.029

诏书衙　Zhao Shu Ya　08.04.066

照出　zhao chu　07.02.030

照得　zhao de　07.02.028

照度　illuminance　05.02.008

照会　zhao hui　07.01.126

照磨　zhao mo　08.03.034

照磨所　zhao mo suo　08.04.029

照片档案　picture archives　01.02.016

照刷磨勘文卷　zhao shua mo kan wen juan　07.03.016

＊照刷文卷　zhao shua mo kan wen juan　07.03.016

照准前因　zhao zhun qian yin　07.02.076

折本　zhe ben　07.01.081

折呈　zhe cheng　07.01.178

折校法　folding proofreading　02.03.018

＊折子　zou zhe　07.01.072

贞人　zhen ren　08.03.003

真实性　authenticity　06.01.019

整理国史及档案办法　The National History and Archives Arrangement Method　08.02.026

整理蒙藏文旧卷办法　The Arrangement Regulations of the Mongolian and Tibetan Aged Volumes　08.02.027

正本　original records　02.01.070

正辑　official album　08.02.020

正片　positive image　05.04.025

正签　issuing records by designated authority　02.03.008

正题名项　formal title　03.04.004

正文　main body　04.03.101

正文删节　abridgement　04.03.076

正像　positive image　05.04.024

＊证据价值　evidential value　01.03.006

证明书　zheng ming shu　07.01.194

证书　zheng shu　07.01.193

政策法令汇编　compendium of policies and decrees　04.02.005

政治官报　The Official Journal of Politics in Qing Dynasty　08.01.060

知会　zhi hui　07.01.127

＊执照　letters patent　09.01.013

执照　zhi zhao　07.01.137

直接档案类别　directly related archival category　04.03.043

直接档案全宗　directly related archival fonds　04.03.042

直接鉴定法　direct-appraisal　03.02.019

＊值月处　dang yue chu　08.04.055

职官注释　official post annotation　04.03.113

职能分类法　classification by function　03.01.052

职能鉴定论　functional appraisal theory　03.02.007

＊职掌分类法　agencies and its receiving agency classifica-tion　08.02.036

旨　zhi　07.01.040

纸草档案　papyrus archive　09.01.020

纸浆修补　leaf casting　05.03.020

纸墙　paper wall　05.03.011

纸张白度　paper whiteness　05.01.024

纸张定量　paper weight　05.01.015

纸张厚度　paper thickness　05.01.020

纸张加固　reinforcement　05.03.021

纸张紧度　paper density　05.01.021

纸张抗张强度　tensile strength of paper　05.01.017

＊纸张拉伸强度　tensile strength of paper　05.01.017

纸张耐久性　paper durability　05.01.004

纸张耐破度　bursting strength of paper　05.01.019

纸张耐折度　folding strength of paper　05.01.018

纸张施胶度　sizing degree of paper　05.01.023

纸张水分　water content of paper　05.01.025

纸张撕裂度　tearing strength of paper　05.01.022

纸张酸化　paper acidification　05.01.028

纸张酸碱度　pH value of paper　05.01.026

纸张糟朽　paper rotten　05.01.034

纸张粘连　paper conglutination　05.01.033

纸张纵向横向　vertical and horizontal orientation of paper　05.01.016

纸质档案　paper archives　01.02.014

纸质文件　paper records　02.01.023

指令　zhi ling　07.01.157

＊制　xuan　07.01.049

制　zhi　07.01.025

制册章表书　zhi ce zhang biao shu　04.04.003

＊制敕　xuan chi　07.01.048

制敕房　zhi chi fang　08.04.025

制敕库房　zhi chi ku fang　08.04.016

制书　zhi shu　07.01.026

＊制诏　zhao ling wen shu　07.01.024

质剂　zhi ji　07.01.011

质问书　zhi wen shu　07.01.185

治理性保护　curative conservation　05.03.015

智慧档案馆　smart archives　06.01.044

中国档案事业史　history of Chinese archival enterprise　01.01.004

中国国民党中央党史史料编纂委员会　Compilation Committee of the Historical Materials of the CPC Central Party History in the Chinese Kuomintang　08.04.073

中华人民共和国档案　archives of the People's Republic of China　01.02.035

中华人民共和国档案法　Archives Law of the People's Republic of China　01.04.004

中间片　intermediate film　05.04.020

＊中史　yu shi　08.03.009

中世纪文件　chrysographer　09.01.016

中书科　zhong shu ke　08.04.023

中书舍人　zhong shu she ren　08.03.019

中央各机关特种档案处理办法　Special Archives Processing Method of Central Government Agencies　08.02.030

中央文库　Central Records Repository　08.04.077

＊中御史　yu shi　08.03.009

重氮胶片　diazo film　05.04.009

周书　Zhou shu　08.01.007

周原甲骨档案　Zhouyuan oracle bones archives　08.01.008

朱笔回缴　zhu bi hui jiao　07.03.028

＊朱标　biao zhu　07.03.019

朱卷　zhu juan　07.01.216

＊朱批　zhu pi zou zhe　07.01.073

＊朱批谕旨　zhu pi zou zhe　07.01.073

朱批奏折　zhu pi zou zhe　07.01.073

朱谕　zhu yu　07.01.052

诸司应送史馆事例　The Regulations of Transferring Archives of Major Official Agencies in Tang Dynasty　08.02.004

主簿　zhu bu　08.03.014

主管架阁库　director of Jiageku　08.03.022

主书　zhu shu　08.03.006

主送机关　main sending agency　02.04.020

主题词组配标引　coordinate indexing of subjects　03.04.046

主题词组配规则　rules on coordinate indexing of subjects　03.04.047

主题检索　subject retrieval　06.03.024

注办　records annotation　02.03.044

注释　annotation　04.03.108

著录标识符号　description identifier　03.04.020

著录格式　description format　03.04.021

著录详简级次　detailed levels of description　03.04.025

著录项目　elements of description　03.04.002

专论本　one-topic text　04.03.037

专门档案　archives of specialized activity　01.02.026

专人送达　personal delivery　02.03.028

专题分类法　classification by the content and theme of archives　03.01.073

专题概要　thematic summary　03.05.018

＊专题述评　review　04.02.020

专题指南　thematic guide; subject guide　03.04.052

专题组合法　filing by theme　03.01.086

专业档案馆　archives of specialized field　01.04.014

专业分类法　classification by specialty　03.01.074

专业组合法　filing by specialty　03.01.085

专用文种　specific types of records　02.01.047

其 他

CIM 缩微品输入计算机　computer input microfilm system　05.04.029

COM 计算机输出缩微拍摄　computer output microfilm system　05.04.028

（SCPC-BZBDZF17-0019）

ISBN 978-7-03-078600-5

定价:148.00元